O preconceito em foco:
análise de obras literárias
infanto-juvenis

Coleção EDUCAÇÃO EM FOCO

- *Malungos na escola:* Questões sobre culturas afrodescendentes e educação – Edimilson de Almeida Pereira
- *O preconceito em foco:* análise de obras literárias infanto-juvenis. Reflexões sobre história e cultura – Antonio Sampaio Dória

Antonio Sampaio Dória

O preconceito em foco: análise de obras literárias
infanto-juvenis

Reflexões sobre história e cultura

Dados Internacionais de Catalogação na Publicação (CIP)
(Câmara Brasileira do Livro, SP, Brasil)

Dória, Antonio Sampaio
O preconceito em foco : análise de obras literárias infanto-juvenis : reflexões sobre história e cultura / Antonio Sampaio Dória. – São Paulo : Paulinas, 2008. – (Coleção educação em foco. Série educação, história e cultura)

Bibliografia.
ISBN 978-85-356-2180-8

1. Cultura 2. História 3. Preconceitos 4. Preconceitos – Literatura infanto-juvenil 5. Preconceitos na literatura I. Título. II. Série.

07-10017   CDD-809.93355

Índice para catálogo sistemático:
1. Preconceitos : Obras literárias infanto-juvenis : Análise crítica : literatura 809.93355

1ª edição – 2008

Texto originalmente apresentado como dissertação (mestrado) na Faculdade de Filosofia, Letras e Ciências Humanas da Universidade de São Paulo, em 2005, sob o título *A temática "preconceito" na literatura contemporânea para a juventude.*

Direção-geral: *Flávia Reginatto*
Editora responsável: *Maria Alexandre de Oliveira*
Assistente de edição: *Rosane Aparecida da Silva*
Copidesque: *Huendel Junio Viana*
Coordenação de revisão: *Marina Mendonça*
Revisão: *Ruth Mitzuie Kluska*
Direção de arte: *Irma Cipriani*
Gerente de produção: *Felício Calegaro Neto*
Capa: *Telma Custódio*
Editoração eletrônica: *Ana Maria Onofri*

Nenhuma parte desta obra poderá ser reproduzida ou transmitida por qualquer forma e/ou quaisquer meios (eletrônico ou mecânico, incluindo fotocópia e gravação) ou arquivada em qualquer sistema ou banco de dados sem permissão escrita da Editora. Direitos reservados.

Paulinas
Rua Pedro de Toledo, 164
04039-000 – São Paulo – SP (Brasil)
Tel.: (11) 2125-3549 – Fax: (11) 2125-3548
http://www.paulinas.org.br – editora@paulinas.com.br
Telemarketing e SAC: 0800-7010081
© Pia Sociedade Filhas de São Paulo – São Paulo, 2008

Para Maria Lúcia Pimentel de Sampaio Góes,
orientadora e desbravadora de caminhos.

Aos amigos Flávio Luiz Porto e Silva,
Eduardo Rezende Melo e
Roberto Martins *(in memoriam)*,
que com contribuições originais
enriqueceram este trabalho.

SUMÁRIO

UMA PALAVRA AO LEITOR – E AO PROFESSOR 11

PARTE I

DELIMITANDO O TERRENO 15
  1. Introdução 15
  2. Momento histórico 20
  3. Preconceito, racismo e ideologia 24

PARTE II

ANÁLISES DE OBRAS LITERÁRIAS 47
  1. Precursores 47
    1.1. *Cazuza*, de Viriato Correia 47
    1.2. "A terra dos meninos pelados", de Graciliano Ramos 55

  2. O feminismo, ou A questão da mulher 64
    2.1. *História meio ao contrário*, de Ana Maria Machado, e *Procu-rando firme*, de Ruth Rocha 64
    2.2. *A bolsa amarela*, de Lygia Bojunga Nunes 71

  3. A questão da negritude 82
    3.1. *Alucinado som de tuba*, de Frei Betto 82
    3.2. *E agora?*, de Odette de Barros Mott 84
    3.3. *Amor não tem cor*, de Giselda Laporta Nicolelis 101
    3.4. *A cor da ternura*, de Geni Guimarães 109
    3.5. *O menino marrom*, de Ziraldo 119
    3.6. *Os meninos morenos*, de Ziraldo e Ak'abal 127
    3.7. "Negrinha", *O presidente negro ou o choque das raças* e *Histórias de tia Nastácia*, de Monteiro Lobato 136
    3.8. *Menina bonita do laço de fita* e *Do outro mundo*, de Ana Maria Machado 151
    3.9. *O grande dilema de um pequeno Jesus*, de Júlio Emílio Braz, e *Pingo-Pingo*, de Lúcia Pimentel Góes 159
    3.10. *Contos africanos para crianças brasileiras*, de Rogério Andrade Barbosa, e *Histórias da preta*, de Heloísa Pires Lima 163

4. A questão da sexualidade em suas variantes 169
    4.1. *O amor não escolhe sexo*, de Giselda Laporta Nicolelis 169
    4.2. *A caderneta*, de Baltasar Lopes 173
    4.3. *O menino que brincava de ser*, de Georgina da Costa Martins. 177

PARTE III

REFLEXÕES HISTÓRICAS E CONFRONTO DE OBRAS 185
    1. Dados históricos e culturais: confronto final 185
    2. O feminismo na história...188
    3. Escravidão e negritude 195
    4. As opções sexuais e a cultura 211
    5. Conclusão..218

REFERÊNCIAS BIBLIOGRÁFICAS

    Bibliografia teórica..227
    Bibliografia de ficção...230

Se eu sou marrom e se meu melhor amigo não é exatamente branco, porque é que chamam a gente de preto e branco? Será que é para que fiquemos um contra o outro?

Ziraldo, *O menino marrom*

UMA PALAVRA AO LEITOR – E AO PROFESSOR

Este livro traz, entre outras reflexões, *análises literárias* de obras voltadas principalmente ao público jovem e infantil – o cerne deste estudo. Interessa, portanto, ao estudante de Letras, ao leitor crítico, ao pesquisador de literatura. E também, certamente, ao professor, ou professora, que poderá ter dúvidas a respeito dos livros a serem escolhidos, dos temas mais relevantes a serem abordados em sala de aula, e da forma como trabalhar em relação a essas obras.

O preconceito pode ser considerado um tema transversal (assim como as questões de etnia e gênero o são). A escola que se quer *inclusiva* não pode ignorá-lo. Existe preconceito na sociedade, e o preconceito penetra na escola sorrateiramente, tornando-se decisivo nas interações dos próprios alunos, que apenas reproduzem as dinâmicas sociais aprendidas em outros locais, em outros contextos. Mas a escola não deve ser apenas espelho da sociedade. Professores conscientes e críticos sabem que têm a oportunidade de influir na formação dos valores dos pequenos aprendizes, mas para isso é preciso ter clareza a respeito dos *novos valores* que serão introduzidos.

Qual é a sociedade que queremos? Uma sociedade em que o *branco* valha mais do que o *negro*? Uma sociedade em que as meninas sejam preparadas para desempenhar tarefas domésticas? Uma sociedade em que os mais pobres sejam olhados com desdém, porque não têm tênis ou roupas da moda?

Fala-se muito da *escola inclusiva*. Mas, a verdade é que é muito fácil *incluir* todos os alunos. Difícil é o que vem depois. Difícil é trabalhar com todas as diferenças e fazer com que elas sejam, ao menos, respeitadas. E a professora, ou professor, se vê sem recursos, sem rumo, em busca da varinha mágica. É difícil, porém necessário. Para os que querem uma sociedade mais democrática, igualitária, e menos violenta, é imprescindível.

Neste livro, fazemos reflexões a respeito da História. Afinal, é no processo histórico que se geram as diferenças, as distinções, os rebaixamentos. Falamos também do momento atual, em que muitas pessoas começam a exigir mudanças de rumos e maiores oportunidades.

E também oferecemos uma resposta. Não é a única, mas acreditamos em seu poder: o poder da literatura. Através de obras de ficção (para a criança, para o jovem e também para o adulto) que abordam corajosamente o preconceito, temos um leque de opções rico o bastante para começar este trabalho. E isso não significa que sejam obras perfeitas. Afinal, nem toda obra literária pode ser considerada uma obra-prima. Mas, conhecer a fundo o alcance de um texto, e suas limitações, é papel do professor. A nossa proposta é fazer uso desses títulos em sala de aula, ainda que alguns reparos possam ser feitos. Pois, adquirir uma visão crítica da sociedade, e também das obras geradas por essa mesma sociedade, faz parte do processo educativo no sentido mais amplo.

O importante é dar o primeiro passo. Levantar discussões. Para um tema tão complexo como o preconceito, não existem fórmulas ou receitas de bolo. A nossa receita pode ser simplesmente resumida assim: Vença o medo. Quebre o silêncio. E enfrente o preconceito.

Parte I

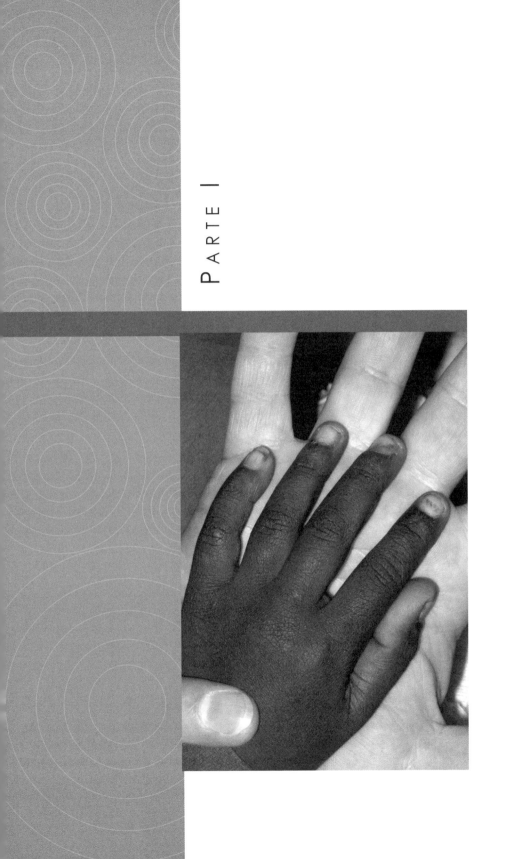

Delimitando o terreno

1. INTRODUÇÃO

O propósito deste trabalho é estudar obras literárias cujo tema principal é o preconceito. Mas, por que o *preconceito*, e não outro tema qualquer? Será que existe na literatura contemporânea uma preferência por esse assunto, em detrimento de outros? E existe um número expressivo de obras em torno do tema capaz de gerar um estudo de fôlego?

Tudo indica que sim. Autores que se dedicam a abordá-lo parecem motivados por uma postura que poderíamos chamar de *combativa*: é preciso desnudar o preconceito, enfrentá-lo, apontar saídas. Por outro lado, existe a percepção de que nossa sociedade começa a encarar o preconceito como fenômeno que não pode ser ignorado e que, por isso mesmo, merece ser combatido com leis e medidas concretas. "Racismo é crime", afirma-se em situações diversas. As cotas para as "minorias" (negros ou índios) nas universidades públicas, geradoras de polêmicas, são sinal dessas mudanças.

A mudança, porém, não se faz sem obstáculos. A internet, aparentemente tão democrática, também serve como veículo de disseminação de preconceitos, a ponto de haver movimentos *on-line* que se intitulam neonazistas.

Tudo leva a concluir que existe na literatura, hoje, um movimento que podemos chamar de Antipreconceito, e que, mesmo sem ter sido planejado, pode adquirir uma importância tão grande quanto o tema "Nacionalismo" obteve na literatura do passado. Publicam-se mais e mais obras a respeito de "minorias" específicas. É como se esses livros dissessem: é importante conhecer não apenas a si mesmo, mas também o outro. O diferente. E assim como o outro começa a ganhar uma existência mais ampla, através do imaginário, ele pode ganhar mais espaço concreto, na vida real. A tolerância, a convivência, o interesse por outras culturas podem se tornar um diferencial da nossa sociedade, ou da sociedade do nosso tempo. Esses são sem dúvida alguns dos valores mais buscados pelo homem, em várias épocas. Os ideais da Revolução Francesa – liberdade, igualdade, fraternidade, e democracia – poderiam se realizar sem a aceitação e a convivência com o diferente?

Optamos por analisar principalmente obras voltadas para o jovem e a criança. Por quê? Simplesmente porque é nesse território literário em que os autores se sentem mais livres para questionar e propor novos valores, sem o medo de parecer excessivamente otimistas e ingênuos. O fato é que, quando uma mudança de mentalidade é sugerida, o otimismo é necessário. E os autores de livros juvenis ou infantis, na falta de companhia, assumem esse risco.

O livro, como signo, nunca é um instrumento neutro no processo social, e torna-se particularmente relevante quando há uma discussão de valores em curso. O papel do livro lido por mentes em formação, assim, não pode ser menosprezado.

Fúlvia Rosemberg, analisando a produção de livros infanto-juvenis, considerou-a não apenas *reflexo* das relações existentes na sociedade, mas também *ação*:

> Quando crio ou produzo livros infanto-juvenis, estou me relacionando, no concreto, enquanto adulto, com crianças concretas. Estou agindo, da mesma forma que agem outros adultos: o médico, o terapeuta, o professor, o padre, os pais etc. Não estou refletindo imagens de relacionamento. Estou me relacionando através de um objeto interposto: o livro.
>
> [...]
>
> Por ser uma ação se servindo de símbolos, ela carrega as vantagens da criação de idéias que podem gerar utopias ou inovações precoces, adiantar-se às práticas do tempo. A literatura infanto-juvenil, além desta, teria uma vantagem particular: diferentemente dos pedagogos e filósofos que falam sobre uma relação adulto-criança, ela atua. Ela é uma relação adulto-criança. Ela se situa tanto no campo do simbólico quanto do concreto. Ela é fala e ação.[1]

---

[1] ROSEMBERG, Fúlvia. *Literatura infantil e ideologia*. São Paulo, Global, 1985. pp. 75-76.

Sendo uma *ação*, que pode levar em seu bojo utopias ou mesmo propostas inovadoras e concretas, o livro infantil ou juvenil torna-se mais relevante, e seu estudo, mais necessário. Não por acaso, escolhemos as palavras de uma autora que também elegeu o preconceito como tema de pesquisa. Ou seja, definimos a literatura como um objeto artístico que não apenas reflete ideologias correntes, mas atua no sentido de inquietar as mentes dos seus leitores, constituindo-se em crítica e possibilidade de transformação da realidade.

Temos, portanto, os dois lados da moeda definidos: de um, as mudanças sociais criando novas demandas; de outro, obras que têm o preconceito como *tema principal*. A pergunta é: será que essas obras atingem seu objetivo? Conseguem dar voz aos novos atores sociais, que insistem em ser ouvidos?

Sabemos que não bastam as boas intenções. E, no caso da literatura, as boas intenções podem até ser um empecilho para a verdadeira realização artística. A resposta a essa pergunta não pode ser dada de forma geral: precisamos examinar caso a caso, ou seja, analisar cada obra, para chegar a um veredicto. É por isso que este é um livro de *análises literárias*. E também por isso nos concentramos em obras contemporâneas, pois este cenário de mudanças é recente.

Ainda resta uma pergunta: como definir "preconceito"? E, baseando-se nesta definição, que obras seriam selecionadas para análise?

Teremos um capítulo inteiro para falar do assunto. Mas sabemos que existem grupos que *historicamente* sofrem preconceito (no Brasil e em outros países). O preconceito não acontece ao acaso, mas tem alvos específicos: os grupos hoje chamados de "minorias". Às vezes não são minorias em termos *numéricos*; a noção de minoria, do ponto de vista social, indica a falta de visibilidade e de respeito a esses grupos em suas especificidades – seja a cor do indivíduo, o sexo, ou outra qualquer. São minorias, pois "desaparecem" sob o olhar enviesado dos detentores do poder.

Não é preciso muita pesquisa para saber quais são as minorias mais atingidas pelo preconceito. Ivone Martins de Oliveira, em seu trabalho sobre o preconceito na *sala de aula*, constatou:

> a professora interessava-se por trabalhar a oralidade numa perspectiva mais ampla [...]. Incentivava e solicitava a participação dos alunos em

atividades que implicavam o falar. Mas nem todos participavam/falavam. A maioria das meninas não participava oralmente, quando a proposta era esta; silenciava quando era momento de falar.

[a professora] esforçava-se por realizar um trabalho que possibilitasse o desenvolvimento de uma imagem positiva dos alunos com relação a si próprios e com relação aos outros. No entanto, isso não era suficiente [...].

Notávamos também que um dos motivos que levavam algumas crianças a ser violentamente discriminadas pelos colegas era o fato de terem traços físicos de negritude bastante ressaltados. [...] A marginalização, a exclusão e o conflito marcavam a relação entre essas crianças e as outras: alguns alunos não queriam se sentar nem realizar atividades escolares com elas; comentários, piadas e chacotas eram feitos envolvendo essas crianças e a questão da *negritude*. Um outro aluno, que não tinha traços físicos de *negritude*, também era discriminado por colegas que o denominavam "bicha". Nesse caso, as estratégias de discriminação também eram semelhantes àquelas utilizadas com as crianças consideradas "pretas"; este aluno também era marginalizado e alvo de chacotas por parte dos colegas, também era excluído de parte da vida do grupo.[2]

Como se vê, os grupos atingidos pelo preconceito, ou simplesmente desvalorizados, são facilmente reconhecíveis. E estamos falando de uma sala de aula! Não da sociedade como um todo, que, sabemos, é apenas uma sala de aula muito maior. O reconhecimento desse estado de coisas nos leva a dividir a temática "preconceito" em subtemas como: A) o feminismo, ou a questão da mulher; B) a questão da negritude; C) a sexualidade em suas variantes. Definir categorias significa ir ao encontro de demandas que já estão *socialmente* configuradas, além de possibilitar a comparação de obras com temas semelhantes.

Existem, é claro, outras questões. As diferenças de *classe social*, a questão da *beleza*, que a autora que acabamos de citar também observou. Mas essas questões estão relacionadas às anteriores. Isso ficará mais evidente na análise de obras literárias específicas.

---

[2] OLIVEIRA, Ivone Martins de. *Preconceitos e autoconceito*. 3. ed. São Paulo, Papirus, 2004. pp. 40-42.

O objeto deste estudo foi definido. Mas cabe ainda uma pergunta. Falamos bastante de questões sociais, mas é razoável esperar que a literatura, que é arte, possa resolver uma questão não-estética? Livros devem ser escritos em benefício de uma causa?

Em primeiro lugar, devemos lembrar ter sido a transmissão de valores através de livros ou histórias narradas oralmente uma constante em nossa civilização. Negar o fato é permitir que o mesmo continue ocorrendo (ou seja, determinados valores inevitavelmente continuarão a ser transmitidos pelos livros), porém sem o benefício da consciência crítica.

Em segundo, estudiosos como Nelly Novaes Coelho entendem que a produção literária para a juventude brasileira "conseguiu equacionar os dois lados do problema: literatura para divertir, dar prazer, emocionar, e que, ao mesmo tempo, ensina modos novos de ver o mundo, de viver, de pensar, reagir, criar…".[3] Destacamos os "modos novos de ver o mundo", ou seja, livros podem estimular reflexões, questionamentos, e não simplesmente impor a *sua* visão.

Antonio Candido dá outra resposta para essa pergunta. Em *Literatura e sociedade*, o autor descreve como, em certos momentos da literatura brasileira, os escritores engajaram-se em causas sociais que serviram de motor para a criação literária. Esta tendência, fomentada em grupos de artistas, foi muitas vezes transformada em "movimento", e nesta categoria entram o movimento de libertação colonial, o anti-escravagismo, o nacionalismo. De forma geral, pode-se dizer que o engajamento social (ou político), se não foi garantia de qualidade, trouxe um ímpeto, uma motivação renovadora, dando uma nova face à literatura brasileira daquele período.

O leitor pode ainda ter dúvidas sobre como serão analisadas essas obras literárias.

A arte só pode ser analisada com critérios estéticos. Por isso dissemos que não bastam as boas intenções. Passar uma "mensagem positiva" não é suficiente. A esse respeito, podemos lembrar uma frase de Benedeto Croce, citado por Gramsci: "A arte é educativa enquanto arte, mas não enquanto 'arte educativa', porque neste caso ela é nada, e o nada não

---

[3] COELHO, Nelly Novaes. *Literatura infantil*. 7. ed. São Paulo, Moderna, 2000. p. 49.

pode educar".[4] Ou seja, a arte carregada de propósitos didáticos (a *mensagem edificante*) deixa de ser arte.

Pode-se ainda querer saber como, exatamente, realizar uma análise literária, e a resposta só pode ser dada pela *teoria literária*, o único instrumento capaz de nos guiar no entendimento da obra, na sua especificidade de fenômeno artístico.

Mas, pode-se insistir, *qual* teoria literária?

A verdade é que não existe uma única teoria literária que dê conta de uma série de obras muito diferentes entre si. Aliás, não acreditamos que a teoria venha em primeiro lugar: é a obra literária que se faz presente para, então, ser interpretada. A *Poética* de Aristóteles só existiu porque antes foram criadas as tragédias gregas. A heterogeneidade das obras impõe uma variedade de teorias. Cada obra vai nos remeter a uma visão teórica distinta, ou até a mais de uma visão, já que uma obra pode ser entendida melhor quando iluminada sob ângulos diversos.

O que pode parecer um complicador é fator de enriquecimento: o leitor terá acesso a um leque de opções de análise, o que também nos alerta para o fato de que a interpretação de uma obra nunca é definitiva. O caráter múltiplo e inesgotável dos signos artísticos pode ser comparado ao próprio rcnovar-se da vida, que é sempre a mesma e sempre diferente. Ao longo de gerações, uma obra pode adquirir faces inesperadas. As análises feitas aqui são apenas uma possibilidade de interpretação entre outras. Convido o leitor a exercitar sua capacidade crítica e discordar do que foi apresentado, pois essa também é uma forma de combater o preconceito: nunca aceitar o que nos é apresentado como uma verdade inquestionável. Devemos pensar e repensar sempre, para não nos transformar em um casulo impenetrável e resistente ao tempo, repleto de conceitos cristalizados e inadequados ao novo que sempre vem.

2. MOMENTO HISTÓRICO

Falar do momento histórico atual pode parecer uma tarefa muito pretensiosa. Partimos do pressuposto, porém, de que faremos apenas

---

[4] GRAMSCI, Antonio. *Literatura e vida nacional*. 2. ed. São Paulo, Civilização Brasileira, 1978. p. 141.

uma interpretação aproximativa. Falar do momento histórico atual significa, diante de uma série de fenômenos variados, selecionar alguns que nos dêem uma visão coerente da parte da realidade que nos interessa, isto é, a relacionada ao tema escolhido.

A preocupação atual com a questão do preconceito, como mencionamos, não está circunscrita à literatura. Na verdade, em muitas outras áreas o assunto tem ganhado relevo, gerando debates apaixonados e manchetes nos jornais. E as instituições não estão alheias a esse estado de coisas: o Poder Legislativo, o Poder Executivo, a Justiça, e também a imprensa. Embora não exista consenso, existe um inegável envolvimento de todos com a questão dos direitos de pessoas atingidas pelos preconceitos, as chamadas "minorias".

O conceito de "minoria", porém, não é de fácil definição. A ONU tentou por diversas vezes estabelecer um denominador comum. Francesco Capotorti, em um estudo de 1977, feito para a ONU, explicou que definir "minorias" e, por extensão, os seus direitos, esbarra na desconfiança de Estados que temem interferências em seus assuntos internos. Há também muitas diferenças entre as "minorias" em Estados diversos, o que não favorece um conceito comum, sem contar o temor de que medidas de proteção (ação afirmativa) desses grupos possam configurar uma discriminação às avessas. Trata-se de um terreno minado, quando o objetivo é criar leis internacionais que poderiam interferir na relação de grupos distintos dentro de um determinado país. A definição tentada por esse estudioso (que fala de minorias étnicas, religiosas e lingüísticas) não atingiu consenso. No entanto, o fato é que o termo é largamente utilizado, e medidas diversas são sugeridas para os grupos que, no cenário internacional ou no cenário doméstico de alguns países, podem ser considerados "minorias".

Quanto ao cenário doméstico brasileiro, essa preocupação muitas vezes materializa-se na criação de ONGs com objetivos específicos. E as ONGs, deve-se lembrar, muitas vezes conseguem apoios oficiais para desenvolver seu trabalho, o que legitima suas reivindicações – fato previsto e defendido pela ONU na Declaração sobre os Direitos das Pessoas Pertencentes a Minorias, em 1992. De forma geral, entende-se que essas minorias foram afastadas do centro de decisões ao longo do processo histórico, portanto, não puderam exercer sua cidadania – em outras palavras, sofreram discriminação econômica, social ou cultural. Hoje, pretende-se resgatar direitos que nunca foram exercidos plenamente – e, se existe um quase consenso a respeito da existência do preconceito, as medidas a serem tomadas para combatê-lo geram oposições extremas.

Contribui para essa conjuntura o fato de que a sociedade da era da informação muda muito rapidamente. Seu maior ícone, a internet, simboliza a queda de barreiras na comunicação interpessoal, a livre troca de informações em vários níveis. Há razões econômicas para o aumento do intercâmbio de bens culturais e materiais, sem dúvida, pois o capitalismo consegue assim aumentar seus lucros; mas o fato é que houve uma democratização real dos bens de consumo, tanto em função da flexibilização da oferta, como pela *inclusão* de novos consumidores. Paralelamente à conquista desses novos consumidores, houve uma abertura para a expressão de grupos anteriormente relegados a posições de pouco destaque. Negros, mulheres, homossexuais, índios, ou outros, têm hoje a possibilidade de expor pontos de vista e ampliar sua área de atuação, o que também contribui para a discussão de temas como preconceito, racismo, exclusão. Benjamin Abdala Junior, por exemplo, insere essas mudanças comportamentais em um quadro bem amplo:

> Se antes Hollywood construía modelos ideológicos de se estar no mundo e inculcava padrões de consumo através deles, hoje ela divide seu poder com o Vale do Silício, com a internet [...]. Pode-se afirmar, de maneira analógica, que a indústria cultural reproduz, assim, mudanças que vêm ocorrendo no próprio capitalismo, que se afasta do modelo centralizador e unidirecional de produção para a produção flexível, articulada em rede. Dessa maneira, a discussão da mestiçagem (mesclagem entre culturas diferentes) e hibridismo cultural leva a associar essas noções ao capitalismo informacional, tal como ele aparece no quadro geral do atual processo de mundialização da economia.[5]

Não é nosso propósito, aqui, discutir minuciosamente as estratégias do capitalismo, mesmo porque nem todas as transformações sociais podem ser explicadas pelo fator econômico. Queremos apenas registrar que as mudanças recentes estão bem visíveis. Por outro lado, dizer que vivemos num mundo mais democrático e aberto não significa que as práticas

---

[5] Abdala Junior, Benjamin. *Fronteiras múltiplas, identidades plurais*. São Paulo, Senac, 2002. p. 10.

autoritárias e excludentes tenham sido abolidas. A absorção de culturas periféricas pelo capitalismo, o elogio da diversidade e da "mesclagem", a intensificação dos contatos humanos, tudo isso não quer dizer que o preconceito, como fenômeno social, tenha deixado de existir. Mas hoje podemos assistir a "articulações entre setores politicamente não hegemônicos, como os movimentos supranacionais de caráter étnico, ecológico, de defesa das crianças, etc".[6]

Em setembro de 2001, aconteceu a Conferência das Nações Unidas contra o Racismo, a Discriminação Racial, a Xenofobia e a Intolerância Correlata, em Durban, na África do Sul – ou simplesmente Conferência da ONU contra o Racismo. Houve polêmica a respeito das medidas que poderiam ser adotadas (ação afirmativa, ou seja, cotas) nos diversos países, e quanto à redação do texto final. Estados Unidos e Israel, insatisfeitos com a insistência dos países árabes de qualificar de racismo as "práticas discriminatórias contra os palestinos" por parte de Israel, retiraram-se da conferência. Coincidentemente ou não, três dias depois do seu término, ocorriam os ataques terroristas ao World Trade Center, em Nova Iorque, reavivando o conflito judeu/árabe e, de forma inesperada, opondo Ocidente contra Oriente, ou o mundo cristão contra o mulçumano.

A questão do racismo e da discriminação, enfim, do preconceito, mostra-se um tema altamente mobilizador. A discussão sobre como são tratados os imigrantes em diversos países, por exemplo, é decorrência desse tema. As nações hoje devem se posicionar em relação a hábitos culturais e religiosos – na França, por exemplo, o uso do véu islâmico foi proibido. Esse posicionamento é hoje mais relevante do que a velha polarização capitalismo/comunismo, pois a recente onda de terrorismo no mundo está sendo associada muito mais a valores de grupos étnicos e religiosos distintos do que a motivações econômico-ideológicas ou a disputas por territórios – que, no entanto, estão subjacentes.

Quanto ao Brasil, a recente decisão (2003) de incluir no processo de admissão de alunos da Universidade de Brasília as chamadas cotas para negros, ou afrodescendentes (critério posteriormente estendido para as universidades federais), gera polêmicas em todos os níveis. Devido à dificuldade de se definir quem é negro e quem não é, pois o Brasil é um país mestiço, decidiu-se fotografar os postulantes às vagas. Imediatamente,

---

[6] Ibid., 27.

houve uma reação contrária e virulenta que caracterizou esse procedimento como um "tribunal de pureza racial".

Em outra área igualmente polêmica, o Brasil apresentou recentemente, junto à ONU, uma resolução que propunha o reconhecimento dos direitos dos homossexuais como "direitos humanos". A proposta, inovadora, foi batizada de Resolução Brasileira (Brazilian Resolution). O ineditismo da iniciativa angariou apoios de muitos países e também reações conservadoras de vários outros, notadamente de países menos democráticos. Aparentemente, a pressão tornou-se insustentável, pois o Brasil retirou de votação a proposta (ou não a reapresentou), causando novas reações em cadeia: organizações em vários países criticaram a decisão e passaram a procurar outro país que pudesse apresentar uma proposta com o mesmo teor. Naturalmente, se a definição do conceito "minoria" gera controvérsias, atingir consenso para a inclusão do termo "orientação sexual" em resoluções internacionais não poderia ser simples.

Gostaríamos, mas não podemos, evidentemente, de sugerir uma solução para esses e outros conflitos. Esperamos apenas que este trabalho contribua para a discussão do tema, e que a contribuição se dê com o espírito mais *democrático* e *tolerante* possível. Indicamos assim que essa é a melhor maneira de encaminhar a questão, pois essa parece ser a única estratégia, a única postura capaz de combater o preconceito em sua natureza de ódio e separação, capaz de gerar rupturas, guerras, e um permanente estado de tensão que impede, ou coloca em cheque, as relações entre países e pessoas.

3. PRECONCEITO, RACISMO E IDEOLOGIA

"Racismo? Isso não existe no Brasil. Somos uma democracia racial!" – quem já não ouviu a famosa afirmação? Se não há racismo, não há, provavelmente, preconceito, e um estudo como esse não faria sentido. Mas, se existe alguma dúvida a respeito, vale a pena ler mais um pouco.

Um dos intuitos do estudo sobre o preconceito é entender, por um lado, que explicações históricas, sociológicas ou psicológicas podem dar conta do fenômeno, e, de outro, quais são suas manifestações mais visíveis no momento atual. Fazemos, porém, uma ressalva: esta é apenas uma introdução de caráter abrangente, pois o tema é inesgotável.

Dentre os muitos estudiosos que discorreram sobre o preconceito, a breve análise feita por Antonio Candido nos interessa por se tratar de um teórico da literatura. Ele define o preconceito como um juízo falso baseado em "impulsos irracionais e falsas noções", e adverte para o caráter "natural" que ele pode assumir na sociedade, como uma reação até compreensível de um grupo em relação a outro:

> De fato a consciência da identidade implica necessariamente a verificação das diferenças, e o perigo está nesse caráter necessário, pois à medida que manifesto o auto-respeito e o apreço pelo meu grupo, tendo a valorizá-los em comparação a outros grupos.
> [...]
> Um fato a registrar é que os preconceitos costumam ser recíprocos: os grupos se pagam na mesma moeda, mas as conseqüências são diferentes, porque os mais fortes podem esmagar os mais fracos, ou os mais afastados culturalmente.[7]

Essa é uma explicação simples e direta, mas que consegue integrar as dimensões histórica, econômica e psicológica do fenômeno. Ela é útil visto que está próxima da definição estabelecida pelo senso comum. "Preconceito" é uma palavra utilizada para indicar uma predisposição negativa contra alguém ou alguma coisa, mas é também identificada como um sentimento hostil dirigido a um grupo específico, sem que haja uma justificativa clara e objetiva para isso – há, portanto, aqueles que são vítimas desse sentimento hostil.

Deve-se ressalvar que o termo "preconceito" não é de fácil definição.

O geógrafo Milton Santos, por exemplo, diante de uma pesquisa do jornal *Folha de S. Paulo* sobre o racismo, manifestou seu desagrado pelo nível de imprecisão com que o termo "preconceito" foi utilizado. Segundo ele, "essa palavra [...] não quer dizer nada e quer dizer tudo"[8], o que inutilizava os resultados da pesquisa. Por outro lado, reconheceu que não existe nenhum outro termo melhor – portanto este teria de ser mais bem definido. De certa forma, esse é um dos propósitos deste trabalho, pois

---

7 CANDIDO, Antonio. *Preconceito e democracia*. Remate de males. São Paulo, Unicamp, 1999. pp. 97-104.

8 SANTOS, Milton. É preciso ir além da constatação. In: TURRA, Cleusa & VENTURI, Gustavo. (Orgs.) *Racismo cordial*. São Paulo, Ática, 1995. p. 58.

não poderíamos falar extensamente sobre o tema sem ao menos arriscar uma definição.

O preconceito é, geralmente, entendido como um fenômeno que vai contra a razão, ou seja, a capacidade de estabelecer valores com bases sensatas, refletidas. Voltaire explora esse viés, em *Tratado sobre a tolerância*, ao discorrer sobre o julgamento de uma família protestante na França católica. O julgamento é um pretexto para várias análises históricas a respeito da intolerância religiosa. O livro é, sem dúvida, parte do esforço coletivo em separar a ação do Estado da ação da Igreja, mas Voltaire não se limita em defender a Razão e a Justiça. Ele mostra que alguns comportamentos fanáticos vão contra os ensinamentos religiosos, e como as atrocidades cometidas por protestantes ou católicos ao longo da História (poderíamos fazer um paralelo, nos dias atuais, com judeus e palestinos) depõem contra os *próprios* dogmas de suas respectivas religiões. Ou seja, ele aponta a contradição entre ação e discurso, e cita a Bíblia para provar o que está dizendo. A falta de uma base racional para aqueles atos fica evidente.

Devemos notar que *Tratado sobre a tolerância*, na verdade, tem um caráter de panfleto libertário. Utilizando um caso da justiça que já mobilizava a opinião pública, e fazendo apelos à tolerância, à justiça, o objetivo de Voltaire era sensibilizar mentes e corações para um estado de direito de fato, em que seres humanos diferentes podem conviver entre si e ter seus direitos básicos respeitados. O dado interessante é que ele usa argumentos caros a seus leitores, tentando mostrar-lhes até que ponto poderiam estar "pecando" ao ofender, desrespeitar ou agredir fiéis de outras religiões – ou seja, ele não se vale do discurso filosófico abstrato, mas apropria-se do discurso (religioso) daqueles que provavelmente se oporiam a esse estado de direito. A estratégia estava correta, pois, como veremos a seguir, o preconceito não orbita na esfera da razão e, sim, da emoção.

Sartre em *A questão judaica* (onde faz considerações que dizem respeito aos judeus, e outras que podem ser aplicadas a qualquer grupo) não utiliza a História para argumentar. Na sua conceituação, o preconceito é uma livre escolha do indivíduo que escolheu o anti-semitismo como sua *paixão*. Isso significa que, diante de um fato negativo para o qual não exista uma explicação imediata, ele, automaticamente, atribuirá a culpa a um judeu. Para tal indivíduo, essa emoção enraizada, essa idéia fixa à qual se apega, pode servir como útil explicação (ou compensação) para acontecimentos perturbadores, problemas complexos, ou emoções que ele mesmo não compreende. Diante do Holocausto, por exemplo, ele poderá dizer: "Mas os judeus controlavam o dinheiro e cobravam juros muito altos".[9] "Portanto", diz Sartre, "é a idéia que se faz do judeu que parece determinar a história, não é o "dado histórico" que faz nascer a idéia". E por que o apego tão grande a tal idéia? Porque, como já se disse, o anti-semita resolveu viver de forma *passional*. Ser racional implica duvidar de tudo e buscar a verdade, mesmo que ela seja difícil de ser encontrada. Algumas pessoas, contudo, não podem ou não querem passar por tais angústias: "O que as assusta não é o teor da verdade, da qual aliás nem desconfiam mesmo, mas sim a forma do verdadeiro, esse objeto de contornos indefiníveis". Os anti-semitas preferem, portanto, não raciocinar. E "sabem que seus discursos são levianos e contestáveis, mas se divertem com eles, e seu adversário é quem tem o dever de empregar seriamente as palavras, visto que acredita nelas; os anti-semitas têm o *direito* de brincar". Ora, essa afirmação é particularmente interessante, quando lembramos que os preconceitos são muitas vezes manifestos em piadas contadas em pequenas rodas, de forma aparentemente inofensiva. É uma *brincadeira*, em que o que está em jogo evidentemente não é o raciocínio lógico, mas o patético, as imagens consagradas socialmente (os estereótipos), de forma que o opositor dificilmente poderá assumir uma postura crítica e contestatória.

> A frase "Odeio os judeus" é dessas que as pessoas pronunciam em grupo; pronunciando-a, ligam-se a uma tradição e a uma comunidade: a dos medíocres [...] o anti-semitismo não consiste apenas no prazer de odiar; acarreta também prazeres positivos: tratando o judeu como ser inferior e pernicioso, estou também afirmando que pertenço a uma elite. Esta, diferentemente das elites modernas que se baseiam no mérito ou no trabalho, assemelha-se em tudo a uma aristocracia de sangue. Não preciso fazer nada para merecer minha superioridade, e não há como perdê-la. É dada para sempre – é uma *coisa*.[10]

Isso explica por que, ainda que existam preconceitos de classe, os preconceitos raciais são mais fortes. A análise de Sartre sobre os judeus

---

[9] SARTRE, Jean Paul. *A questão judaica*. São Paulo, Ática, 1995. pp. 15-20.
[10] Ibid., pp. 15-20.

poderia ser aplicada, por exemplo, à situação dos negros no Brasil – durante muito tempo se afirmou que havia raças superiores às outras, o que colocava confortavelmente muitas pessoas em uma situação privilegiada, sem a necessidade do *esforço*.

O estudo *Dynamics of prejudice*, de Bruno Bettelheim, baseado em pesquisas com veteranos da Segunda Guerra nos Estados Unidos, analisa o fenômeno do preconceito englobando seu aspecto psicológico e sociológico. A análise da formação psicológica do indivíduo, da sua propensão à tolerância ou à intolerância em relação aos diferentes (no caso, judeus e negros), acompanhada da análise de fatores sociais que podem estimular o preconceito (como, por exemplo, a instabilidade social), indica ser o assunto bastante complexo. Ao examinar o preconceito contra judeus e negros, Bettelheim e Janowitz concluem que são preconceitos de matizes bem diferentes.

Os negros suscitam no indivíduo preconceituoso uma rejeição dos aspectos considerados mais básicos e primários da psique, como é o caso da sexualidade. Nesse caso, os negros são associados ao Id (na terminologia psicanalítica, o Id representa o instinto, o impulso inconsciente para a satisfação dos desejos), uma força que pode se tornar perigosa se não for controlada. A idéia de negros conquistando muitas mulheres (já que sua sexualidade está sempre aflorada), fazendo sexo com elas, é especialmente perturbadora para os indivíduos preconceituosos, já que algumas dessas mulheres poderiam pertencer ao seu grupo familiar.

Os judeus, por outro lado, suscitam um temor ligado ao desempenho profissional. Os judeus são vistos como seres capacitados profissionalmente, que sabem se organizar, defender-se mutuamente e, assim, obter os melhores postos de trabalho. É uma rejeição associada ao Superego – a instância psíquica que impulsiona o ser humano às realizações –, ao comportamento socialmente adequado, mas que também é repressiva e exigente, pois entre outras funções tenta controlar os impulsos primários do Id. Os judeus, dessa forma, seriam vistos como uma espécie de "pai severo" que, no entanto, não podem ser superados, dada a sua superioridade.

Afirma-se, com base nessas interpretações, que o homem branco típico sente-se superior ao negro, mas inferior ao judeu, pelas razões indicadas acima (já que os instintos primários são considerados de natureza inferior). Mas, devo discordar aqui: *existe nesses dois exemplos um claro sentimento de inferioridade no homem branco*, pois em ambos ele teme não obter ou alcançar algo (sexo, no caso dos negros, projeção social, no caso dos judeus) que outros indivíduos obtêm com facilidade. Nos dois casos existe um forte componente de competição: a questão sexual aponta para a reprodução e a continuidade biológica; a questão profissional aponta para a sobrevivência. Voltando à nossa primeira referência, "Preconceito e democracia", podemos entender, assim, que a desvalorização recíproca entre grupos distintos, por Candido explicada como uma questão de *identidade*, está também baseada na *competição*, na premissa de que nem todos os grupos têm assegurado seu direito a um espaço físico e à sobrevivência – o que é historicamente verdadeiro.

Crochik, em *Preconceito, indivíduo e cultura*, também aponta para os fatores psicológicos, mas ressalva que, sem a *cultura*, que possibilita o desenvolvimento do indivíduo, não haveria o preconceito. O indivíduo só se forma através de uma mediação cultural.

Inicialmente, Crochik faz uma análise do indivíduo enquanto tal, mostrando, assim como Sartre e Bettelheim, que as dificuldades internas psicológicas, o medo de experimentar e refletir sobre o que causa surpresa ou estranheza, podem tornar um indivíduo preconceituoso.

> E isto ocorre – e nunca é demasiado repetir – porque o estranho é demasiadamente familiar. Como Freud pôde mostrar, o medo frente ao desconhecido, ao diferente, é menos produto daquilo que não conhecemos, do que daquilo que não queremos e não podemos reconhecer em nós mesmos através dos outros.[11]

Em outras palavras, o objeto gerador do preconceito causa no indivíduo preconceituoso o medo de que aqueles conteúdos recalcados (ou reprimidos, porque considerados inadequados) venham à tona, o que desorganizaria a estrutura psíquica construída desde cedo pela família. O exemplo dado acima vem a calhar: os negros, vistos como excessivamente sexuais, geram medo, estranheza, simplesmente porque a sexualidade não *deveria* ser expressa de maneira tão livre – ou, pelo menos, não na nossa sociedade.

Essa análise, no entanto, centra-se sobre o indivíduo enquanto tal, e o autor recusa a idéia de que a psicologia pode dar conta de toda a expli-

---

[11] CROCHIK, José Leon. *Preconceito, indivíduo e cultura*. 2. ed. São Paulo, Robe, 1997. p. 14.

cação. Para ir direto ao ponto, basta lembrar que o nazismo não foi um acontecimento que possa ser explicado apenas por um conjunto de recalques individuais (embora os recalquem existissem). Foi, ao contrário, um fenômeno construído culturalmente, em várias instâncias da sociedade, e tornou-se um fenômeno de massa. Entender como isso acontece, portanto, é tarefa imperiosa para nosso estudo.

Observemos o que acontece na nossa sociedade. A sociedade contemporânea, urbana e industrializada, define-se pela competição acirrada. A competição sempre existiu, como dissemos acima, mas o modo de produção atual e a conquista de mercados tornaram esse fenômeno mais evidente. Hoje, fala-se de competição até mesmo como algo positivo e necessário. E a industrialização traz exigências como eficiência, rapidez, produção em série e, por extensão, maior controle da natureza e do homem. Nesse contexto de eficiência, a pausa, a interrupção, a dúvida, enfim, poderiam se tornar grandes obstáculos.

A produção em série define um modelo de comportamento a ser seguido. Neste modelo, não há tempo para a reflexão ou para a discussão: é preciso cumprir tarefas. Assim, conceitos e imagens estereotipados são conseqüência deste modelo de produção e de sociedade. *Categorizar* coisas e pessoas é uma maneira de não pensar novamente nelas, não refletir sobre outras possibilidades de vida, não perder tempo. Devemos usar o verbo "ser" no indicativo; e nunca "talvez". "Assim, a estereotipia do pensamento não diz respeito somente aos conteúdos que envolve, mas também à forma de pensar que nos é exigida."[12]

Essas observações trazem-me à memória uma experiência pessoal. Trabalhando em uma escola, eu era responsável por avaliar o nível dos alunos que ali entravam. Tive a idéia, um belo dia, de dizer à coordenadora que aqueles critérios de avaliação deveriam ser revistos – no mínimo, um novo questionário podia ser feito. Temendo o tempo que seria gasto com isso, ela cortou a iniciativa pela raiz, usando um tom emocional, como se eu estivesse criando um problema – e o procedimento de avaliação, claro, não foi modificado, pois ela não pretendia alterar o funcionamento daquele "sistema". Se isso acontece em uma instituição de ensino, podemos imaginar o que acontece em outros ambientes de trabalho.

---

[12] Ibid., p. 21.

Neste modelo de sociedade, o estereótipo do trabalhador "relapso", que não produz muito e não progride (e que, portanto, precisa ser vigiado), é uma imagem útil e serve de justificativa para procedimentos de dominação. Utilizamos o exemplo do "trabalhador relapso", uma imagem corriqueira, também para mostrar como se articula a *ideologia* na sociedade: a imagem inclui a idéia de que a eficiência é necessária, desejável, e descarta quem não corresponde a tais exigências.

E já que estamos falando de "ideologia", "estereótipo", "imagem", convém definir esses conceitos.

Pode-se imaginar que "ideologia" é apenas um "conjunto de idéias", mas isso não diz tudo. O termo passou a ser muito utilizado depois dos estudos de Marx. Como explica Marilena Chauí, o conceito se refere à "transformação das idéias da classe dominante em idéias dominantes para a sociedade como um todo".[13] Ou seja, são as idéias construídas para justificar um determinado sistema de poder, como se fossem uma verdade absoluta. Nesse sentido, não pode haver ideologia dos grupos dominados, mas apenas "crítica da ideologia", baseada na experiência da exploração e da repressão a que estão sujeitos. Assim, não podemos falar de uma "ideologia feminista" (mesmo porque as feministas não planejam tomar o poder e implantar o matriarcado), mas sim de uma "crítica feminista à ideologia", que neste caso seria definida como "ideologia machista".

Crochik também segue essa linha de pensamento: "Ideologia é para nós a tentativa de se justificar qualquer forma de dominação".[14] A ideologia se transforma com o tempo, pois os poderes constituídos assumem faces diferentes em cada momento histórico.

Já "estereótipo", "imagem" e "preconceito" são conceitos muito próximos. Voltando à nossa imagem, ninguém quer ser um "trabalhador relapso". Essa imagem representa um extremo, porém um extremo de inadequação, um "exemplo negativo" cultivado com insistência pelos poderosos, e como tal torna-se estereótipo. Se o estereótipo é produzido pela cultura, o preconceito é uma decorrência deste, pois o estereótipo assimilado pelo indivíduo (como forma de não refletir sobre algo que lhe é incômodo) transforma-se em recalque preconceituoso. Se o estereótipo

---

13 CHAUÍ, Marilena. *O que é ideologia*. 2. ed. São Paulo, Brasiliense, 2001. p. 85.
14 CROCHIK, José Leon. Op. cit., p. 33.

é útil para garantir um sistema de dominação social, o preconceito é útil ao indivíduo para que ele se proteja do desconhecido.

E como a sociedade muda com o tempo, os estereótipos também mudam:

> O estereótipo sobre o escravo não é o mesmo do trabalhador que não é proprietário, embora a obediência em relação ao senhor não seja menos obrigatória. O escravo não podia se libertar de sua condição [...]; já o trabalhador que não "progride" na vida é percebido como não tendo vontade, ou não tendo competência para isso. [...] o escravo era considerado inferior por natureza, e o trabalhador também o é, por não querer ser superior por natureza.[15]

Esses exemplos também servem para mostrar o quanto os estereótipos podem se revestir de uma aparente racionalidade. "Quem não trabalha, não progride." Esta fórmula racional apenas dá uma organização formal a um procedimento autoritário: confunde-se a liberdade de expressão do pensamento com a verdade do objeto (neste caso, o outro). Ou seja, "aqueles que não progridem" são tachados como inferiores por natureza e merecedores de sua condição; na verdade, por trás dessa "naturalidade" existe um sistema que sutilmente nos faz raciocinar assim – de forma a perpetuar-se.

Mas o objeto tem a sua autonomia. O fato de esse indivíduo não progredir pode estar ligado a muitos motivos, como, por exemplo, ao fato de ser ele um "artista incompreendido" – só que esse é apenas mais um estereótipo. A dificuldade de pensar sem valer-se de estereótipos mostra porque os preconceitos são mantidos. Os estereótipos geram uma fixidez de reação diante dos objetos que é muito raramente quebrada – e o espaço que cada indivíduo ocupa na sociedade mantém-se estático.

É em função desse movimento que o autor faz uma interessante distinção entre "pré-conceito" e "preconceito".

Os pré-conceitos estão presentes na nossa experiência de mundo, pois não existe experiência pura. O fato de termos vivências anteriores (e também conceitos herdados, pelo simples fato de haver uma linguagem

---

[15] Ibid., p. 22.

comum), faz com que cada nova experiência se torne uma experiência de *comparação*.

Como estes pré-conceitos são pré-requisitos para o conhecimento, isto é, para a conceituação, a sua ausência implicaria a anulação da experiência anterior do sujeito, ao mesmo tempo que a sua predominância sobre aquilo que é experimentado anularia o objeto naquilo que este aponta de distinto do já preconcebido.[16]

Ou seja, os pré-conceitos são necessários (sem eles não haveria acúmulo de conhecimento), mas aqui se abre, ao menos, a possibilidade de conceituar esse objeto de forma diferente. Em outras palavras, é a possibilidade de modificação (ou não) dos conceitos herdados e veiculados socialmente que indica uma maior ou menor predisposição ao preconceito. O pré-conceito pode, assim, *coincidir* com o preconceito, se a experiência com o objeto for anulada – se eu não consigo ver aquilo que é novo e distinto em cada pessoa.

A razão pela qual os pré-conceitos são transformados em preconceitos sociais, e por que o indivíduo os assimila de forma tão a-crítica, é algo que merece uma análise mais detalhada.

Voltemos ao exemplo do "trabalhador relapso". Se o trabalhador comum não vê o relapso apenas sob a ótica do pré-conceito, se ele tenta entender os seus motivos, e talvez a sua revolta, pode perfeitamente se identificar com ele, se unir a ele. Surge, então, o perigo. De um lado há a possibilidade de ele afirmar a própria individualidade de forma radical, talvez até política. De outro, há o "comportamento economicamente racional responsável pela autoconservação individual".[17] O "comportamento racional" traz a noção de que a possibilidade de ser excluído do sistema (desemprego) está sempre presente. Mas, para que ele prevaleça definitivamente sobre a "possibilidade de afirmar a individualidade", é preciso criar imagens e idéias negativas que destruam e desmereçam a imagem do "trabalhador relapso", reafirmando a superioridade do "trabalhador responsável". Observemos o quanto essa estratégia é elaborada e eficiente: o "trabalhador responsável" não apenas tem mais segurança econômica, como também recebe um bombardeio de imagens e idéias

---

[16] Ibid., p. 27.
[17] Ibid., p. 37.

(ideologia) que desmerecem a possibilidade de estar à margem do sistema. Entre dois extremos, o indivíduo tende a optar pelo lado que lhe dá mais segurança (econômica e psicológica), naturalmente, e é nesse momento que o pré-conceito se torna um preconceito social – porque o sistema induz a um *comportamento conservador*, até como forma de perpetuar-se, e o indivíduo se vê praticamente sem alternativa.

Do ponto de vista psicanalítico, esse processo de assimilação de ideologias acontece através da atuação do Superego, instância psíquica responsável pela adequação do indivíduo a regras e valores sociais. O Superego é associado ao pai, que reprime e exige determinado comportamento do filho. Essa incorporação de valores sociais ocorre de forma inconsciente, desde a mais tenra infância, e o indivíduo na maioria das vezes ignora que deixa de fazer certas coisas (ou de pensar certas coisas), por medo de ser colocado à margem, por medo de ser excluído, não ser *amado* – pela sua família, depois pelo grupo social. Dessa forma, o indivíduo *incorpora* preconceitos, sem refletir sobre eles. O racional não interfere nessa assimilação; o racional vem apenas justificar a necessidade de manter tais valores:

> Sob a defesa dos valores introjetados de forma irracional encontram-se, simultaneamente, o medo e a necessidade da autoridade: medo frente à punição; necessidade devida ao sentimento de desamparo, de fragilidade. Não é casual que o preconceito, em geral, se volte contra o mais frágil e que o objeto do preconceito, por vezes, introjete a debilidade que lhe imputam.[18]

É assim, com análises que partem do indivíduo para a sociedade e, fazendo o caminho inverso, da sociedade ao indivíduo, que podemos entender o complexo fenômeno do preconceito. E o último trecho citado já aponta para uma questão relevante, de grande importância em nossas análises literárias: o fenômeno do preconceito introjetado, ou do autopreconceito. Explicamos: o indivíduo, mesmo quando é vítima de preconceito social, tende a assimilar o preconceito, e também a aceitá-lo, pois é mais seguro estar de acordo com a ideologia corrente e ocupar um lugar modesto na sociedade do que desafiar os mantenedores do poder e das idéias, arriscando-se a ser proscrito. Como foi dito, existe

---

[18] Ibid., p. 35.

o medo da punição, mas também a *necessidade* da autoridade, pois ela nos dá segurança.

O desamparo e a fragilidade, referidos por Crochik, são inerentes à condição humana. Se a princípio o homem criava mitos que explicavam a origem, o porquê das coisas, hoje a ciência não tem uma função diferente. São explicações de ordens distintas para os mesmos fenômenos, é uma tentativa sempre renovada no esforço de superar o desamparo e a fragilidade – tanto os mitos quanto a ciência representam uma "autoridade" a ser temida ou respeitada. E a ciência não é imune aos preconceitos, pois, afinal, ela se desenvolve dentro de um contexto social; a "fragilidade" de que falamos também diz respeito à fragilidade das instituições e do equilíbrio econômico, daí porque a ciência também tenta justificá-los e preservá-los. O nazismo, é bom lembrar, valeu-se de argumentos "científicos e racionais" para justificar-se, a escravidão valeu-se de idéias tidas como científicas em sua época.

Relacionando Kant, Freud e Marx, Crochik mostra a irredutibilidade do vínculo entre natureza e cultura. Em comum, os três autores enxergam o homem com um ser dominado por forças ou condicionantes que não pode controlar. Se Kant imaginava a possibilidade de uma razão capaz de eliminar todos os enganos e ilusões, Marx acreditava que só uma transformação das formas básicas de produção (a revolução socialista) poderia livrar o homem de um estado de "menoridade", pois para ele não "é a consciência que determina a vida, mas a concretude de vida que determina a forma e o conteúdo do pensamento".[19] Freud, no entanto, enxergava um eterno conflito entre o homem e o seu meio, pois nenhuma cultura poderia garantir a realização de todos os seus desejos, daí o "mal-estar da civilização". Tentar adaptar o homem a um ideal cultural só o aprisionaria ainda mais.

Emerge de todos esses pensamentos a noção de um indivíduo oprimido. Se as formas de produção justas que imaginava Marx não podem garantir a sua autonomia, e se a cultura de forma geral não permite a realização dos seus desejos, que alternativa resta ao indivíduo?

Psicologicamente, a alternativa é criar certos "mecanismos de defesa" que alterem a percepção da realidade. Esses mecanismos, que podem

---

[19] Ibid., p. 41.

assumir a forma de preconceitos e recalques individuais, são constructos da própria sociedade, como demonstramos anteriormente, e são assimilados por todos, pois permitem uma apreensão da realidade reconfortadora e auto-indulgente: os problemas sociais (ou pessoais), portanto, serão sempre atribuídos ao *outro*.

Uma das razões para a ascensão do nazismo foi a construção de uma ideologia que parecia perfeita para atuar como "mecanismo de defesa". A maioria dos alemães não poderia reconhecer, na época, que sua cultura e sua sociedade (marcada pela instabilidade política e econômica, com altíssimos índices de inflação) tinham problemas inerentes a si mesmas. O problema devia ser externo. O nazismo justapôs dois fatores aparentemente distintos, a biologia e a cultura, demonstrando que uma é conseqüência da outra. As raças puras teriam produzido uma cultura superior, portanto nada mais natural do que defender essa cultura e a pureza dessa raça. Os desejos não satisfeitos tinham uma explicação: a existência de raças inferiores que impediam a sua realização e desorganizavam a sociedade: os judeus. E os não confessados desejos humanos de dominar a natureza e dominar o próximo foram atribuídos justamente ao judeu: essa a justificativa que os alemães arianos encontraram para colocar seu desejo de dominar o mundo em marcha. A tese da raça pura (algo visível, verificável) fornecia a todo um povo a certeza de que os seus desejos expansionistas eram "naturais", quase uma missão divina.

Lembremos também o vínculo que estabelecemos anteriormente entre Superego (e, portanto, repressão, medo da autoridade) e preconceito. O governo é uma das encarnações do Superego, da autoridade, e a obediência a seus ditames é uma das formas de obter segurança individual – daí a adesão do povo alemão à cartilha nazista. Os efeitos dessa doutrina podem ser sentidos até hoje. Negros, amarelos, pardos, latinos, todas essas são denominações que visam a cor do indivíduo, assumindo freqüentemente um tom depreciativo. Todos esses grupos podem, em certos momentos, ser considerados "culpados" por problemas econômicos ou sociais.

Mas o preconceito assumiu muitas faces ao longo da História. Os gregos antigos julgavam que todos aqueles que não falavam a sua língua eram bárbaros. Os gregos, porém, foram suplantados pelos romanos, e estes também julgaram inferiores os que não falavam latim e não possuíam o seu sistema de leis: essa foi uma justificativa para seu expansionismo, seu domínio sobre outros povos.

O cristianismo trouxe, por sua vez, a perseguição aos pagãos, judeus, mulçumanos e hereges, a chamada Inquisição. "Cristão-novo", em Portugal, era o judeu que se convertia para assegurar sua sobrevivência.

A partir do século XV, o expansionismo europeu se firmou com a criação de colônias de exploração em todos os cantos do mundo: América, África e Ásia. Isso ocorreu devido à ampliação do comércio e ao surgimento de uma nova mentalidade: a capitalista. Tratava-se de obter o máximo de lucro. E como obtê-lo? Através do trabalho escravo. E como justificá-lo? Apelando para a inferioridade dos outros povos, principalmente do povo africano, que para o capitalista de então era simplesmente uma mercadoria: algo a ser comercializado, vendido, exportado. A cor da pele foi um fator essencial para esse processo. A superioridade da cultura, da civilização e da raça branca européia era a justificativa maior para a sujeição não só de negros, mas também de outros povos. "Os bandeirantes brasileiros eliminaram, em 50 anos, 1 milhão de índios; e, da África, foram negociados para a América, em 300 anos de escravidão, mais de 20 milhões de pessoas".[20] Um dos argumentos era que esses povos deveriam se tornar *civilizados*; outro argumento era que eles deveriam se tornar *cristãos*.

Pode-se imaginar que, com o fim da escravidão, essa mentalidade acabou. Ledo engano! Até o século XIX, quando houve a abolição em muitos países, incluindo o Brasil, não havia muita preocupação em relação ao negro: sua condição de escravo já dizia tudo, e ele não ameaçava o branco. Com a libertação, surgiu uma questão de fundo cultural e econômico: qual seria a posição do negro na nova sociedade? Séculos de escravidão não podiam ser ignorados, e os brancos (europeus, como o inglês Buckle e o francês Gobineau) criaram teorias que demonstravam a inferioridade do negro: o chamado "racismo científico". Explica Skidmore: "Um tal corpo de pensamento racista sistemático não existia, ainda, na Europa de 1800. Por volta de 1860, todavia, as teorias racistas tinham obtido o beneplácito da ciência e plena aceitação por parte dos líderes políticos e culturais dos Estados Unidos e da Europa".[21]

Dessa forma, a sociedade continuava estruturada e dividida entre superiores e inferiores. Os pensadores brasileiros mais importantes da época (fim do século XIX) aderiram a essa ideologia. A preocupação

---

[20] Santos, Joel Rufino dos. *O que é racismo*. 15. ed. São Paulo, Brasiliense, 1994. p. 23.

[21] Skidmore, Thomas. *Preto no branco*. 2. ed. São Paulo, Paz e Terra, 1989. p. 65.

com o negro, sua influência "negativa" na formação da raça brasileira, foi tão grande, que a decisão de *branquear* o Brasil através da imigração européia se tornou uma política governamental. A idéia de importar trabalhadores da China foi duramente combatida, também por preconceito de raça. O Brasil, com sua mistura, não era bem visto na Europa, e os intelectuais brasileiros, ainda "colonizados", sofriam com tal desprezo.

O racismo científico, deve-se acrescentar, era também uma ideologia que garantia a continuidade do sistema colonial (na África, principalmente, e na Ásia) na passagem do século XIX para o XX. Friedrich Ratzel, por exemplo, era um pensador que justificava esse sistema abertamente. Uma das justificativas para mantê-lo era a de que um povo forte tinha direito de dominar os mais fracos. O racismo científico foi tão aceito que se tornou moda fazer tabelas com medidas cranianas de todas as raças. Mas a exploração econômica dessas colônias (fornecendo matérias-primas e expandindo o mercado) não era um motivo menos importante.

O século XX presenciou o racismo em suas manifestações mais terríveis: o segregacionismo (o *apartheid,* na África do Sul, que estabelecia a separação total entre as raças) e o genocídio (na Alemanha nazista). Porém, com as duas grandes guerras mundiais, e as decorrentes mudanças políticas, as colônias iniciaram seus movimentos de independência.

Os negros das colônias africanas se engajaram também em um movimento de independência *cultural.* Perceberam que haviam sido aviltados durante séculos, e passaram a afirmar a identidade da sua raça, a identidade negra. O movimento *Négritude* fazia críticas diretas ao "mundo branco", ao "mundo europeu". Críticas mais do que justas, pois a Europa, que afirmara ser a mais avançada das civilizações, era agora, depois das guerras, exemplo de destruição e barbárie. Não podia mais defender a "superioridade" do seu povo e da sua cultura, como antes.

A forma que os negros encontraram para defender sua identidade exemplifica algumas afirmações feitas aqui, anteriormente: escolheram a *poesia*. Foi, portanto, através da literatura, que estabeleceram um *processo de tomada de consciência*, propondo a criação de uma nova mentalidade, necessária para a efetivação da independência política.

Negros afirmando sua identidade e criticando os brancos – mas isso não é racismo?, pode-se perguntar. Sartre, em "Orfeu Negro", definiu muito bem essa postura como "racismo anti-racista". Ou seja, quando se trata de reparar um mal feito a um povo durante séculos, ir para o extremo oposto acaba sendo uma atitude justificável, até uma necessidade. É assim que a poesia negra dessa época deve ser lida: como um grito de indignação, um clamor por justiça e uma volta às raízes.

Sociologia da negritude, de Maria Carrilho, descreve como o movimento dos poetas e intelectuais africanos evoluiu historicamente.

A premissa da autora é a de recusar qualquer teoria racial que veja especificidades inatas entre indivíduos de um grupo étnico. O que a preocupa é "a herança de esquemas, estereótipos, palavras, adquiridos nos séculos durante os quais ideologias racistas se radicaram entre os povos europeus".[22] Defende o uso da expressão "grupo étnico" ao invés de "raça", proposta da própria Unesco, pois acredita que é através das palavras que os preconceitos se perpetuam – do que não podemos discordar.

Descreve o movimento *Négritude* de forma bastante crítica. Os escritores e teóricos do movimento preferiram o termo "raça", e tentavam definir as qualidades que distinguiram o povo de pele negra de qualquer outro povo – considerando, por exemplo, que o negro seria mais intuitivo. A posição do intelectual negro, verifica a autora, ainda era um tanto incômoda, pois este já havia assimilado a língua, os costumes, os valores do país colonizador, mas não era aceito naquele mundo "superior".

Quando analisa a produção escrita dos pais do movimento *Négritude*, Aimé Césaire e Léopold S. Senghor, a autora mostra suas discordâncias, principalmente em relação ao segundo, que trafegou entre a militância cultural e a política. A sua afirmação "a emoção é negra, como a razão é helênica" (também registrada como "o sentimento é negro, e a razão é branca"), por exemplo, suscitou inúmeras controvérsias. A respeito dessa frase, Abdala Junior afirma:

> Na verdade, formulações discursivas desse teor acabam por *privilegiar e mitificar a perspectiva européia* e circunscrever a identidade – no primeiro caso [Nabuco], a nacional brasileira e, no segundo [Senghor], de ordem étnica – ao não construído, a natureza contraposta à civilização.[23]

---

[22] CARRILHO, Maria. *Sociologia da negritude*. Lisboa, Edições 70, 1975. pp. 52-55.
[23] ABDALA JUNIOR, Benjamin. Op. cit., p. 48. (Grifo nosso.)

A maior discordância de Carrilho se dá em relação a determinadas análises de Senghor, que tende a justificar aspectos da cultura tribal africana, sem enxergar neles a exploração do homem pelo homem, ou a exploração da mulher:

> A pretensa igualdade entre a mulher e o homem em África, pela qual não seria necessária qualquer batalha social nesse sentido, já que "a mulher é livre", encontra um outro exemplo acusador na cerimônia da clitoridectomia praticada nas raparigas, em algumas tribos, entre as quais os Kikouyou, do Quênia.[24]

O trecho parece-nos significativo, por contrapor dois preconceitos diferentes. O preconceito contra o negro, apontado por Senghor, fica em segundo plano quando se enxerga nesse mesmo discurso um preconceito contra a mulher. Isso mostra o quanto os preconceitos estão disseminados na sociedade, o quanto esse tema é cheio de meandros dos quais, porém, não se pode fugir. Feminista, marxista, a autora acaba elaborando um discurso em que seu próprio pensamento, mais que as teses de *Négritude*, ganha destaque.

As teses libertadoras, contudo, estarão sempre sujeitas a interesses diversos (políticos e econômicos, por exemplo) e, portanto, a críticas e posições divergentes.

De qualquer forma, no fim deste volume faremos mais reflexões a respeito do preconceito, a partir dos subtemas específicos.

Mas, como dissemos, este estudo também inclui reflexões sobre as manifestações do preconceito e as propostas mais recentes para combatê-lo. Trata-se de verificar a atuação de grupos ou movimentos contemporâneos, como por exemplo as ONGs.

No artigo intitulado "Multiculturalismo e educação", a historiadora Maria Aparecida da Silva confronta a idéia de multiculturalismo à de uma educação anti-racista. O multiculturalismo teria, em síntese, o propósito da tolerância a outras culturas, o que implica a idéia de "concessão", enquanto a educação anti-racista seria uma proposta mais combativa em relação às políticas, concepções e práticas que reiteram a primazia de um grupo sobre outros. Evidentemente, seria útil discorrer com

---

[24] CARRILHO, Maria. Op. cit., p. 128.

vagar sobre as posturas "multiculturalista" e "anti-racista", verificando o alcance e as formulações de cada uma.

No estudo *Do silêncio do lar ao silêncio escolar; racismo, preconceito e discriminação na educação infantil*, de Eliane Cavalleiro, temos a defesa de uma educação voltada para o combate ao preconceito, sem que essa postura ganhe um nome específico. Seu propósito é "subsidiar estratégias que elevem a auto-estima de indivíduos pertencentes a grupos discriminados e criar condições que possibilitem a convivência positiva entre as pessoas".[25] A autora considera que a escola, juntamente com a família, é por excelência o espaço da socialização da criança e, portanto, "escola e família, juntas, representam a possibilidade da transformação do pensamento sobre a realidade social construída sob 'ideologias', como o 'mito da democracia racial'".

Concordamos com a afirmação, e podemos acrescentar: a auto-imagem (ou autoconceito) de cada criança dependerá muito da postura do professor.

O Estatuto da Criança e do Adolescente (Lei 8.069/91) assegura ao aluno "direito de ser respeitado por seus educadores, e ter respeitados os valores culturais, artísticos e históricos próprios no contexto social da criança e do adolescente". A autora destaca, principalmente, a *ausência* desse tema no planejamento escolar. Como o título do trabalho indica, é o "silêncio" sobre essa temática, silêncio da instituição escolar, silêncio da família, silêncio do professor ao ver espocarem conflitos entre crianças desde a fase pré-escolar, que faz com que o preconceito, e a relativa desvantagem social dos negros, permaneça como uma característica da sociedade brasileira.

Há também nesse estudo referências a outros estudos sobre a instituição "escola", como a dissertação de Raquel de Oliveira,[26] que mostra o quanto a discriminação sutil feita pelos profissionais de educação, assim como pelos livros didáticos, pelo currículo e pelos meios de comunicação, passa despercebida por crianças negras.

---

[25] CAVALLEIRO, Eliane. *Do silêncio do lar ao silêncio escolar;* racismo, preconceito e discriminação na educação infantil. São Paulo, Contexto, 2000. pp. 10-13.

[26] OLIVEIRA, Raquel de. *Relações raciais na escola:* uma experiência de intervenção. São Paulo, PUC. 1992. (Dissertação de mestrado.)

Um estudo recente da Unesco[27] mostra que o preconceito (apelidos, comentários discriminatórios, ofensas) enfrentado pelas crianças negras torna-as menos produtivas do que as brancas. Ou seja, suas notas são menores.

É preciso lembrar, sempre, que a absorção de conceitos (e preconceitos) se dá não apenas dentro da família, mas também na escola. A instância psíquica Superego (de que já falamos) diz respeito a todas as autoridades exteriores, e o professor é uma dessas autoridades. Feltrin, em *Inclusão social na escola*, cita Vygotsky, lembrando: "De fato, na escola a criança vai encontrar um ambiente que lhe possibilita uma vivência social diferenciada daquela da família. Aí, a criança recebe informações e experiências capazes de provocar transformações e desencadear novos processos de desenvolvimento comportamentais".[28]

O professor, portanto, deve lembrar que é também um transmissor de valores. Se ele se cala diante do preconceito, perpetua-o. Se ele mesmo tem algum preconceito, ainda que inconsciente, acaba por reforçar os estereótipos, acaba por *reproduzir* a ideologia construída como instrumento de dominação. O primeiro passo para o professor, ou professora, portanto, é tornar-se consciente desse estado de coisas. Manifestar pena, comiseração, não exigir o mesmo de todos os alunos, são também formas de preconceito.

É preciso estar atento à *linguagem*, pois ela é o grande veículo dos preconceitos.

Como indicou Joel Rufino dos Santos, que tal se evitássemos as expressões "preto de sujeira", "magia negra" e "serviço de preto",[29] assim como muitas outras? Será que conseguimos, ao menos, refletir sobre a linguagem que usamos?

Vários estudos mostram a falta de diretrizes para a discussão da temática étnica no campo da educação infantil. A pesquisa de campo de Eliane Cavalleiro, em uma escola municipal de educação infantil (EMEI), revela a dificuldade dos profissionais da educação em lidar com o assunto, além da falta de preparo reconhecida pelas próprias professoras.

---

[27] Cf. Ofensas racistas afetam desempenho escolar. *O Estado de S. Paulo*, São Paulo, 7 fev. 2007.

[28] Feltrin, Antonio Efro. *Inclusão social na escola;* quando a pedagogia se encontra com a diferença. 2. ed. São Paulo, Paulinas, 2006, p. 74.

[29] Santos, Joel Rufino dos. Op. cit. pp. 66-68.

Nossa postura, a esse respeito, é clara: acreditamos que, se livros de literatura enfocando o preconceito fossem adotados desde a pré-escola, esse "silêncio" sobre o assunto seria imediatamente quebrado, pois a literatura, como poderosa construção simbólica, penetra a consciência do indivíduo, tanto em nível profundo como em nível imediato, possibilitando, por exemplo, a discussão do tema, uma apreensão diferenciada dele, rompendo com as imagens sociais preconcebidas ou estereotipadas.

Vale a pena lembrar que a Lei 10.639/03 altera a Lei de Diretrizes e Bases da Educação Nacional de 1996 no sentido de instituir o estudo da História e da Cultura da África e dos Afrodescendentes na grade curricular dos estabelecimentos de ensino médio e fundamental. É uma medida que pode modificar a realidade, embora dependa, naturalmente, da forma como a lei será implementada, e da capacitação dos profissionais envolvidos. Não por acaso, Salvador, onde a maioria da população é negra, foi a primeira capital brasileira a adotar a universalização das exigências dessa lei na rede pública de ensino.

Parte II

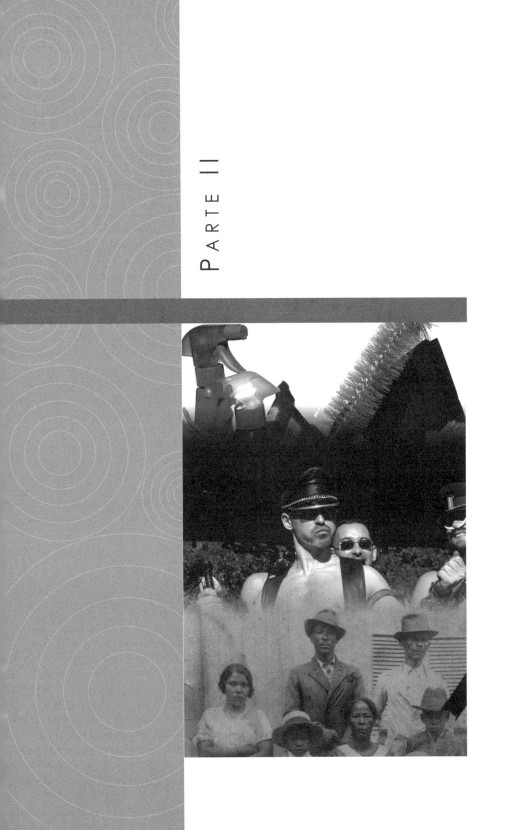

Análises de obras literárias

1. PRECURSORES

O preconceito, como vimos, não é a marca de uma sociedade, ou de um tempo. Está presente em todos os lugares, em todas as épocas. Procurar esse tema na literatura brasileira, portanto, poderia render um estudo sem limite; amores impossíveis, devido a diferenças de classe social ou diferenças étnicas, por exemplo, foram matéria de inúmeros escritores.

Tentar provar, por outro lado, que Machado de Assis e Lima Barreto tiveram uma mentalidade avançada para a época e combateram o preconceito poderia render um estudo ainda mais extenso – além de polêmico, pois a esse respeito muitos estudiosos já se pronunciaram.

Vamos ao que nos interessa: as obras voltadas ao leitor jovem ou infantil, que abordam o tema diretamente, sem meias-palavras. São os *precursores* dessa postura, hoje muito mais difundida.

Monteiro Lobato, no conto "Negrinha", pode ser considerado um deles. Esse conto, porém, será analisado mais à frente. Fiquemos agora com *Cazuza*.

1.1. *CAZUZA*, DE VIRIATO CORREIA

Houve uma época em que a literatura infanto-juvenil era claramente orientada para a transmissão de valores aos pequenos. Sem pudor, autores indicavam o que era certo, o que era errado, não só através do enredo, mas também de palavras dirigidas ao leitor, disfarçadas na voz de uma personagem. Monteiro Lobato combateu essa tendência, mas, como qualquer autor, transmitiu os seus valores de maneira mais ou menos velada, dependendo da obra.

A partir de Lobato (mas não imediatamente depois), passou-se a valorizar a obra que trouxesse *prazer* ao leitor jovem – aventura, imaginação, emoção, beleza eram qualidades que podiam, ou deveriam, substituir o didatismo anterior.

Considerando-se essas duas tendências como opostas, *Cazuza*, publicado em 1938, está situado no meio termo. De um lado, traz o autêntico prazer da leitura, utilizando o ponto de vista do narrador-menino, fazendo-o cúmplice do leitor em seu descobrir o mundo. De outro, não evita as *moralidades* que foram marca da literatura anterior, através de inúmeros ensinamentos passados através do discurso das personagens, ou até por fábulas contadas durante a narrativa.

As moralidades dominam esse romance, definindo valores, posturas, atitudes que seriam corretas. Nesse caso, pode-se pensar, é um livro *ultrapassado*.

Um exame da literatura infanto-juvenil como um todo, porém, nos faz ver que essa tendência *didática*, ainda que disfarçada, nunca desapareceu. Há um fator que explica isso. As crianças foram e serão sempre educadas pelos adultos: desaprovar comportamentos indesejáveis, anti-sociais, será sempre uma constante no processo educativo. Um livro infantil não poderá, jamais, trazer um exemplo considerado inadequado sem deixar explícita (ou implícita) uma censura a tal comportamento. Do contrário, os pais, ou educadores, barrarão o acesso da criança ao livro. É bom lembrar que até os contos de fadas já foram considerados inadequados à criança, por seu conteúdo muitas vezes violento, ou excessivamente "imaginativo".

Cazuza sobrevive ao tempo. E por quê? Simplesmente porque, além de sua qualidade literária, as situações nas quais as personagens infantis cometem erros e são corrigidas pelos adultos, que apontam o certo, são verossímeis. A criança de hoje, embora mais livre, passa certamente pelas mesmas situações, ouve conselhos, é admoestada. E os comportamentos anti-sociais continuarão a ser desaprovados – ainda que o escritor de hoje evite a postura abertamente moralizante e/ou didática. Podemos afirmar, porém, que, *implicitamente*, essa postura continua presente em inúmeras obras, o que naturalmente é matéria para discussão e debates.

O preconceito não é o tema central de *Cazuza*, mas é um dos temas principais.

Cazuza é um romance dividido em três partes. Na primeira, Cazuza vive em um povoado do Maranhão. Na segunda, vai para a vila. Na terceira, para a capital, São Luís. Além da clara delimitação geográfica, observamos que as três partes correspondem a três momentos decisivos na formação do menino:

1. Na primeira, a Natureza predomina. Animais e seres humanos habitam o mesmo espaço e às vezes se confundem. Um exemplo é quando a mãe de Cazuza censura seu costume de aprisionar passarinhos. O menino, porém, prende um jacamim. Nesse momento, a mãe do filhote, um jacamim "maior do que uma galinha", ataca Cazuza com bicadas que atingem seu olho esquerdo. Ou seja, a mãe da personagem principal e a mãe-ave são personificações (representações) da mesmíssima idéia, como se entre elas não houvesse hiato, ou como se uma fosse extensão da outra. A infância, passada nesse ambiente selvagem, não encontra maiores obstáculos para suas manifestações, a não ser os obstáculos naturais, como no exemplo dado. Outro exemplo é o da sucuri que estrangula uma bezerra. A Natureza, portanto, ensina, mas também pode ser ameaçadora.

2. Na segunda parte, na vila, a Natureza fica em segundo plano. Aparece como um elemento exterior, apenas "observado" pelas personagens. Um exemplo é a "vaquejada", em que vaqueiros montam nos bois, diante de um grande público. A Natureza, portanto, encontra-se sob controle, não traz mais nenhuma ameaça considerável.

3. Na terceira parte, a Natureza desaparece. Nenhum elemento natural é representativo o suficiente para desviar a atenção do narrador. Ele mora na capital, estuda em um colégio, é esse contexto social que conduz sua existência. O interesse recai sobre os seres humanos e suas relações.

Paralelamente a esse progressivo afastar-se da Natureza, temos representações da instituição *escola*. Na primeira parte, no povoado, o professor é João Ricardo, cuja postura é a de exigir silêncio total e acerto nas respostas, do contrário os alunos são castigados com *bolos* de palmatória e reguadas na cabeça. Na segunda parte, na vila, a escola é representada por Dona Janoca, que tem prazer em ensinar e acolhe os alunos maternalmente. Na terceira, em São Luís, a figura de destaque é João Câncio (com o diretor Lobato em segundo plano), que, apesar de esquisito, se revela um autêntico e respeitado educador.

Observemos: quanto mais afastado da Natureza, mais evoluído se encontra o ensino. Quando a Natureza predomina, o professor é um verdadeiro bárbaro: seu sadismo fica evidente ao incluir punições físicas mesmo quando os alunos acertam. Quando a Natureza está em segundo plano, a professora é maternal, e preocupa-se em passar bons ensinamentos morais. E quando a Natureza desaparece, o professor é um homem culto, com lições cívicas a respeito de vários assuntos, principalmente História do Brasil. Representa-se, assim, o afastamento da Natureza em direção à Civilização.

Para analisar esse romance, podemos nos valer do método de Antonio Candido, exposto em *Literatura e sociedade*, que, ao tratar da relação entre essas duas, define alguns conceitos essenciais.

Para ele, embora os fatores sociais sejam de fato condicionantes *externos* da obra literária, ao atuar e influir na sua constituição de forma determinante, tornam-se fatores essenciais na obra, portanto *internos*. Os fatores sociais podem, assim, ser considerados elementos da construção artística ou, ainda, da *estrutura* (outro conceito importante) da obra. A estrutura artística da obra pode, propositadamente ou não, reproduzir de forma simbólica a estrutura social. Candido descarta o determinismo de certas abordagens, que estabelecem entre o meio e a obra um nexo causal (ou seja, a obra como mero *produto* da sociedade), e o estruturalismo radical, que vê a obra como um universo fechado e autônomo. Sua proposta é, em síntese, superar a "tradicional dicotomia entre fatores *externos* e *internos*".[1]

São três os elementos definidores do processo artístico: autor, obra e público, sem esquecer o *efeito* que tal obra causaria, este o quarto elemento – sua existência é, em si mesma, uma condição para o reconhecimento do caráter social da literatura.

Essas considerações são particularmente úteis para a análise de *Cazuza*. Como vimos, a estrutura do romance é claramente dividida em três partes distintas. Em que medida a *estrutura interna* da obra é uma representação da estrutura da sociedade?

---

[1] CANDIDO, Antonio. *Literatura e sociedade*. 8. ed. São Paulo, T. A. Queiroz, 2000. p. 14. (Grifo nosso.)

Não podemos esquecer, é claro, da contribuição do autor. Sabemos que a sociedade não se apresenta "dividida em três partes". Trata-se de uma visão da sociedade; mas que visão é essa?

Na passagem da primeira para a segunda fase, e depois para a terceira, há o apagar-se da Natureza para dar lugar a uma organização social mais complexa. Mas o narrador (expressando muito provavelmente o pensamento do autor) em nenhum momento lamenta o fato, não é ele um "saudosista", não chora a inocência perdida. A conclusão final é que o menino tornou-se um "homenzinho". Essa obra pode ser considerada um "romance de formação" (*bildungsroman*), em que a personagem principal, em contato (ou confronto) com as idéias, os valores do seu tempo, forma-se, desenvolvendo sua personalidade.

Quanto às idéias que Cazuza encontra pela frente, pode-se dizer que ele as absorve sem conflito. Contudo, cada parte do romance traz idéias distintas, e os ensinamentos do professor João Câncio prevalecem sobre os demais.

A sociedade apresentada por Viriato Correia pode ser entendida assim: são três momentos (definidos por espaços distintos) característicos do desenvolvimento do Brasil. A natureza selvagem define o primeiro momento. As qualidades humanas aí presentes são a hospitalidade, o amor parental, a convivência pacífica entre os grupos sociais. É o Brasil primitivo. Em seguida, no momento intermediário, temos a iniciativa individual (das professoras, que tomam para si a tarefa de reformar a escola) como mobilizadora do progresso: há um avanço, porém limitado pelas poucas oportunidades. No terceiro momento, uma estrutura social complexa é apresentada, e o que se impõe a essa estrutura é a visão do professor João Câncio, que explica como se deu a formação do Brasil e quais são as formas de desenvolvê-lo ainda mais (valorizando, por exemplo, a ação do homem, e não a Natureza em seu estado original). Se no primeiro momento não havia muitas diferenças, no terceiro existem distinções evidentes entre os grupos sociais e o decorrente conflito – gerado, em grande parte, pelo preconceito. Mas esse ponto negativo não significa que o avanço social deva ser impedido. A exaltação das qualidades do homem brasileiro, o interesse pelo progresso, a fé no predomínio da justiça, predominam sobre os possíveis obstáculos.

Os três Brasis apresentados por Correia podem coexistir (são todos verossímeis), mas a preferência pelo Brasil mais avançado – com idéias também mais avançadas – fica clara, pois serve como parâmetro para o jovem, e uma volta ao passado sequer é cogitada. Poderíamos entender essa divisão trinária assim:

1) A primeira parte simboliza o Brasil primitivo (poderíamos dizer: escravocrata), dominado por uma estrutura autoritária e obsoleta, representada pelo temido e pouco eficiente professor João Ricardo. A mãe de Cazuza não concorda com o ensino que é dado ao filho, mas não toma a iniciativa de confrontar o professor. Não há diálogo.

2) Na segunda parte, a professora da vila, dona Janoca, concentra seus esforços em transmitir valores como *dignidade, compaixão, respeito*. Seu esforço é reconhecido pela comunidade, onde a religiosidade ou os festejos religiosos estão presentes. Uma personagem característica desse momento é o velho Honorato, que foi voluntário da guerra do Paraguai. Evoca-se, dessa forma, os valores da segunda metade do século XIX.

3) Na terceira, o professor João Câncio, por sua vez, não ignora os valores morais, mas transmite ensinamentos *cívicos* (e intelectuais) que dizem respeito à História e envolvem uma reflexão mais profunda – ele se contrapõe a uma visão de Brasil comum no começo do século, que exaltava a natureza brasileira, as dimensões continentais do país de forma *ufanista* ("nossos bosques têm mais vida, nossa vida, mais amores"), como lembra Skidmore: "Milhares de escolares – futuros membros da elite – aprenderam no compêndio de Afonso Celso (publicado em 1901) que seu país era um paraíso geográfico escolhido por Deus como nação mais favorecida na idade moderna".[2]

As idéias de João Câncio, em contraponto ao ingênuo ufanismo, podem ser resumidas assim: "A pátria é o homem" ou "O verdadeiro patriotismo é aquele que reconhece as coisas ruins do seu país e trabalha para melhorá-las".[3]

Podemos afirmar, portanto, que o autor dá lições de *moral e cívica* e discute questões como "pátria, trabalho e educação, temas de grande

---

[2] SKIDMORE, Thomas. *Preto no branco*. 2. ed. São Paulo, Paz e Terra, 1989. p. 117.

[3] CORREIA, Viriato. *Cazuza*. 35. ed. São Paulo, Companhia Editora Nacional, 1988. pp. 154, 173.

relevância na construção da ideologia do Estado Nacional, que se pretendia arquitetar no momento em que a obra foi escrita".[4]

A estrutura do livro, conclui-se, não é apenas representação dos diversos Brasis do começo do século, mas das diferentes *mentalidades* que se confrontavam para firmar-se como a melhor alternativa para pensar o Brasil República e, conseqüentemente, planejar seu futuro. O Brasil dos anos 1930 ainda era um Brasil à procura de uma identidade, como o movimento modernista, da década anterior, havia indicado. Em *Cazuza*, essas mentalidades são expressas pelos profissionais da educação. A vinculação Ensino-História não é, evidentemente, casual.

Antonio Candido aponta que "a) o artista, sob o impulso de uma necessidade interior, orienta-o segundo os padrões da sua época, b) escolhe certos temas, c) usa certas formas e d) a síntese resultante age sobre o meio".[5] A intenção do autor de Cazuza de "agir sobre o meio", ou seja, influenciar seus leitores, está clara. As formas escolhidas incluem a apologia, o discurso moralizante, o apólogo e a fábula: refletem, sem dúvida, os padrões de pensamento daquela sociedade, o que se julgava correto para a infância.

Contudo, é ao tratar do preconceito que o autor dá seu passo mais ousado.

Desde o começo do romance, há equilíbrio entre personagens negras e brancas. Cazuza, o narrador, é um menino branco, mas os negros não ficam em segundo plano: o velho Mirigido é uma figura folclórica, da qual as crianças têm medo, e as mães se valem do preto velho para fazer com que os filhos tomem óleo de rícino; ele colabora, fingindo ser um comedor de crianças. Vovó Candinha é outra personagem negra: contadora de histórias, exercita o poder de levar as crianças a outros mundos.

Na segunda parte, o narrador apresenta seus colegas de classe:

> Entre as meninas não havia nenhuma mais inteligente que a Conceição, filha da Martinha, cozinheira do juiz de direito.

---

[4]   Fava, Antonio Roberto. *Cazuza*, ou a cartilha das virtudes. Net, Campinas, *Jornal da Unicamp*, 17 jun. 2002. Disponível em: <http://www.unicamp.br/unicamp/unicamp_hoje/ju/junho2002/unihoje_ju177pag11.html>. Acessado em: 17 jun. 2002.

[5]   Candido, Antonio. Op. cit., p. 21.

Pretinha como um carvão, olhos muito vivos, riso muito branco, não podia estar parada um instante. Tinha "bicho-carpinteiro" [...].[6]

Na terceira parte, os alunos mais inteligentes são dois: Jaime, branco e rico, e Floriano, negro e pobre. Haverá, no final, uma competição entre os dois pela medalha de ouro.

É evidente que não pode ser apenas coincidência o fato de que os melhores alunos sejam negros. Como dissemos anteriormente, a idéia de que o atraso no Brasil se devia ao grande contingente de população negra foi predominante, pelo menos até 1920. Viriato Correia contrapõe-se a essa visão, e podemos arriscar uma afirmação: foi o primeiro autor de literatura infanto-juvenil a abraçar a causa do negro. Em sua obra, não há estereótipos, e a figura do negro "inteligente" combate tudo o que havia sido dito sobre ele. Outra obra pioneira, valorizando o negro, fora lançada pouco antes, em 1933: *Casa-grande e senzala*, de Gilberto Freire, um ensaio sociológico.

A defesa veemente do negro, honrando o seu trabalho na construção do Brasil, é feita pelo professor João Câncio. É o que chamamos de discurso "moralizante", pois a conclusão está contida no próprio discurso. Entretanto, de forma menos explícita, o autor também inclui outras "minorias", como a dos deficientes físicos, na figura de Biluca. Ao longo de toda a narrativa existe uma apologia das virtudes humanas que, como se demonstra, nada tem a ver com a posição social. Os pais de Cazuza, dona Janoca, e também o professor João Câncio, além de outros, incutem em Cazuza (e nas outras crianças) o respeito por todo ser humano, independente de sua condição financeira. Isso não significa, porém, que esta seja uma verdade coletiva.

Como fica claro na terceira parte, o preconceito predomina quando se vive em uma organização social mais complexa. Jaime, o aluno branco e rico, é adulado por todos; Floriano, o negro pobre, ignorado. Essa distinção baseada na posição social e na cor é mantida até o fim, conduzindo a narrativa a seu desfecho. Um desfecho que, magicamente, consegue integrar as qualidades presentes nesse livro, a saber: a defesa dos valores humanos mais nobres, a tensão e o suspense criado pela narrativa, a emoção. Não é pouco. Viriato Correia pode, com todos os méritos, ser considerado um precursor desse movimento, ou postura, a que demos o nome de "antipreconceito".

---

[6] CORREIA, Viriato. Op. cit., p. 79.

1.2. "A TERRA DOS MENINOS PELADOS", DE GRACILIANO RAMOS

A experiência de leitura do conto "A terra dos meninos pelados" é diametralmente oposta à leitura de *Cazuza*. O leitor não terá dúvidas de que esse conto aborda diretamente o preconceito, tema principal da obra, e de que seu público são as crianças (a primeira frase é explícita: "Havia um menino diferente dos outros meninos"). No entanto, ao contrário de *Cazuza*, não conseguirá definir a "moral da história", nem mesmo tirar dela valores e posturas *exemplares*, que possam ser seguidos pelo leitor-aluno. Em lugar das *moralidades*, encontramos a imaginação sem freios e arreios, livre como um cavalo selvagem.

Percebe-se, assim, o porquê da sobrevivência do gênero didático-moralista: ele aponta um caminho seguro, verbaliza suas conclusões, ajuda o profissional de educação em sua tarefa de separar o joio do trigo: o Bem não se confunde com o Mal, e o Mal é exorcizado.

"A terra dos meninos pelados" (embora publicado na mesma época), ao contrário, joga o leitor em uma espécie de *sonho*: dele, ao acordar, guarda imagens coloridas e mescladas, em que figuras exóticas voam, interagem, e de repente desaparecem, deixando apenas uma lembrança vaga e confusa.

No entanto, é possível sonhar o mesmo sonho várias vezes, e discernir, aos poucos, códigos e imagens inspiradores.

Raimundo é um menino careca, com um olho preto e o outro azul. Por essas características, sofre discriminação. A solução está em ir para um lugar em que não só todas as crianças, mas todos os seres, têm um olho preto e outro azul. Para o leitor crítico, trata-se de uma fantasia; para o leitor iniciante, um mundo paralelo, mas real.[7] Não importa. A leitura implica a aceitação de regras tácitas: acolhemos o universo imaginado pelo autor como *possível* (melhor ainda: *verossímil*), do contrário o ato de ler perde seu sentido.

Aponta Osman Lins: "com 'A terra dos meninos pelados', Graciliano Ramos obtém em 1937 um prêmio de Literatura Infantil, con-

---

[7] Usamos aqui a classificação de Nelly Novaes Coelho, que distingue os leitores em: pré-leitores, iniciantes, em-processo, fluentes e críticos. (Note-se que esta não é uma classificação etária.)

cedido pelo Ministério da Educação".[8] A qualidade literária impõe a disciplina de leituras repetidas e cuidadosas: os próprios *preconceitos* presentes no ato de ler, que exigem *unidade de tempo e lugar,* e verossimilhança, precisam ser deixados de lado para que uma leitura sensível e "descondicionada" possa acontecer. Se isso é difícil para o adulto, para a criança não o é, pois nela os condicionamentos sociais ainda não foram totalmente assimilados.

Pode-se imaginar que, diante de uma obra baseada na imaginação delirante, o melhor caminho seja produzir uma interpretação igualmente delirante. Em outras palavras, o pesquisador deveria ser tão criativo e livre como o próprio autor da obra. É um engano. São justamente as obras que em certa medida nos confundem que devem ser analisadas com os instrumentos mais básicos da teoria literária. Quando o terreno é acidentado e misterioso, escuro, devemos ter à mão os apetrechos mais simples: bússola, lanterna, mapa. E uma boa dose de humildade.

Espaço e *tempo.* Não existe obra que não se situe de alguma forma dentro desses parâmetros, mesmo que seja para negá-los. Raimundo, a personagem principal, hostilizado pelos vizinhos, começa a desenhar na calçada "coisas maravilhosas do país de Tatipirun". E, depois de outras provocações, vai para esse país imaginário, perto de sua casa. É um mundo diferente: "enquanto caminhava, o monte ia baixando, baixando, aplanava-se como uma folha de papel. E o caminho, cheio de curvas, estirava-se como uma linha. Depois que ele passava, a ladeira tornava a empinar-se e a estrada se enchia de voltas novamente".[9]

A primeira personagem a encontrar, um carro, tem um olho preto e um azul (característica de todas as personagens que encontrará, além das cabeças peladas), e voa para não atropelá-lo. A laranjeira, por sua vez, sai da estrada para lhe abrir passagem, e lhe oferece uma laranja.

Estamos no terreno do *maravilhoso* (palavra usada pelo próprio escritor, ao falar de "coisas maravilhosas"), ou seja, no terreno do fantástico, do que a razão não pode explicar (Aristóteles define o maravilhoso como *irracional*). Mais importante do que essa definição, porém,

---

[8] LINS, Osman. O mundo recusado, o mundo aceito e o mundo enfrentado. In: RAMOS, Graciliano. *Alexandre e outros heróis.* 20. ed. Rio de Janeiro. 1981.

[9] RAMOS, Graciliano. *Alexandre e outros heróis.* 20. ed. Rio de Janeiro, 1981. p. 105.

é perceber que este universo contrasta ou se opõe ao universo descrito anteriormente, realista, onde vive Raimundo.

Se no primeiro universo predomina a diferença (e o preconceito), no segundo predomina a semelhança – semelhança estabelecida por aquilo que a personagem tem de mais distintivo, que são os olhos de duas cores e a careca, pois, afinal, há outros contrastes: "Raimundo deixou a serra de Taquaritu e chegou à beira do rio das Sete Cabeças, onde se reuniam os meninos pelados, bem uns quinhentos, alvos e escuros, grandes e pequenos, muito diferentes uns dos outros".[10]

Além da semelhança que transforma Raimundo em um *igual,* existe colaboração e harmonia: o monte se abaixa, a estrada se torna reta, o rio se estreita, a laranjeira é amigável e generosa ("Em Tatipirun ninguém usa espinhos", diz ela). As aranhas tecem as roupas usadas por todos, as cigarras cantam sobre discos de vitrola, soltos no ar. Aparentemente, um universo sem conflito. O único antagonista é o "espinheiro-bravo", mas este não chega a participar da história.

O *espaço* onde se desenrola o enredo, portanto, é o espaço da *utopia*. Porém, é a utopia gerada pelo desejo de Raimundo. Tudo o que ameaça essa personagem (animais, pessoas, e também objetos típicos da modernidade, como o carro) se torna um elemento de colaboração. Mesmo quando acha que estão caçoando dele, por não saber quem é Caralâmpia, Raimundo está, na verdade, equivocado:

> O tronco soltou uma risada e pilheriou:
> — Deixe de tolice, criatura. Você se afogando em pouca água! As crianças estavam brincando. É uma gente boa.[11]

O espaço definido pela narrativa, portanto, é o *espaço-negação* do espaço conhecido por Raimundo. As personagens, por extensão, são negações daquelas que ele conhecia: amigáveis, sem preconceitos, sem medos e, além disso, não envelhecem. Não há adultos na terra dos meninos pelados.

E o *tempo*? Com surpresa, Raimundo descobre que ali não existe noite, não chove, não é preciso se abrigar – por conseqüência, o tempo não passa. É, também, o *tempo-negação* do tempo que ele conhece.

---

[10] Ibid., p. 109.
[11] Ibid., p. 110.

E, assim, o leitor pode se perguntar, com razão: qual o sentido de uma obra que nega o espaço e nega o tempo? A utopia define-se como um não-lugar, um sonho, uma fuga da realidade hostil. Mas a literatura pode ser uma fuga? Evidentemente, nossa tendência é responder: não! E, assim, procuramos um sentido mais profundo, uma "moral da história", como se não pudéssemos abdicar de uma explicação para o que acabamos de ler. De certa forma, voltamos àqueles parâmetros antigos da literatura e ansiamos por uma *moralidade*. Não podemos aceitar que a obra seja vã.

Poderíamos responder, é claro, que um lugar onde não há hostilidade nem discriminação corresponde a um antigo desejo humano, e que, no fundo, o autor nos presenteia com um lugar desse tipo, alimentando nossos sonhos de harmonia, de superação das diferenças (*igualdade, liberdade, fraternidade*). Contudo, para aqueles que conhecem a obra de Graciliano Ramos, isso parece improvável: não é um autor voltado às utopias, nem às evasões. E voltamos a nos perguntar: o que ele quis dizer?

As perguntas desse gênero, ainda que aparentemente ingênuas, não devem ser abafadas.

A moralidade explícita não é a única forma de concluir uma obra; por outro lado, sua ausência não indica alheamento.

Observemos: durante a narrativa, Raimundo repete "preciso estudar minha lição de geografia". Esse é o motivo pelo qual deve voltar para casa. Curioso, pois o mundo dos meninos pelados é o mundo da "não-geografia": os rios se estreitam, as montanhas descem, nada é fixo. O narrador, na terceira pessoa, não deixa claro o que sente o pequeno Raimundo diante desse novo universo: há surpresa, às vezes satisfação, mas ao final parece predominar a estranheza. A frase "preciso estudar minha lição de geografia" pode indicar que esse mundo, tão amigo, e tão estático, na verdade não satisfaz o seu desejo. Ele pretende voltar.

O mundo geográfico tem barreiras físicas, ameaças e conflitos. Mas ele volta. Do que terá sentido falta?

A resposta pode ser dada, talvez, ao examinarmos a estrutura da obra. Mas a *estrutura*, aqui, não se refere ao conceito de "estrutura" dado por Antonio Candido, por uma razão muito simples: afirma o crítico que a estrutura da obra pode, propositadamente ou não, reproduzir de forma simbólica a estrutura social. Já concluímos que o mundo apresentado em "A terra dos meninos pelados" não corresponde ao mundo social que nós conhecemos, portanto a analogia entre a obra e a sociedade é impossível, precisamos de outros conceitos que dêem conta da análise. Conceitos, talvez, que possam nos trazer a compreensão do fantástico.

Todorov, em *Introdução à literatura fantástica*, estabelece: "O fantástico ocorre nessa incerteza. [...] O fantástico é a hesitação experimentada por um ser que só conhece as leis naturais, face a um acontecimento aparentemente sobrenatural".[12]

Poderíamos dizer, talvez, que essa *hesitação* explica a volta de Raimundo para casa. Ele se surpreende com esse mundo imaginário, mas não concebe sua existência ali, pois as coisas parecem não fazer sentido.

Nelly Novaes Coelho aponta que entre a "literatura realista" e a "literatura fantasista" pode existir um meio termo: "A *literatura híbrida* parte do Real e nele introduz o Imaginário ou a Fantasia, anulando os limites entre um e outro. É, talvez, a mais fecunda das diretrizes inovadoras. Os universos por ela criados se inserem na linha do Realismo Mágico, tão em voga na Literatura Contemporânea".[13]

"A terra dos meninos pelados" pode ser considerado um híbrido, pois parte do real, e a ele volta. Contudo, percebemos que uma *definição* não é uma *explicação*. Até agora, avançamos pouco em nossas possibilidades de interpretação.

Uma análise panorâmica do texto nos faz ver que o movimento da personagem pode ser descrito assim: 1. É hostilizado no mundo em que vive; 2. Cria e vai para um mundo imaginário, sem conflitos; 3. Volta para casa.

Essa estrutura equivale ao percurso que Joseph Campbell descreve em *O herói de mil faces,* e que se tornou comumente chamado de "a jornada do herói". Em milhares de histórias, lendas, mitos, de diferentes culturas, Campbell encontrou uma estrutura semelhante: o herói sai de

---

[12]   TODOROV, Tzvetan. *Introdução à literatura fantástica*. São Paulo, Perspectiva, 1975. p. 31.
[13]   COELHO, Nelly Novaes. *Panorama histórico da literatura infantil/juvenil*. 4. ed. São Paulo, Ática, 1991. p. 265.

seu mundo habitual, enfrenta novas realidades, e, no fim, retorna transformado à vida normal. Não importa que esse mundo seja imaginário: é um mundo novo, estranho a seu mundo de origem, e que proporciona descobertas. Se percebermos o conto "A terra dos meninos pelados" em sua estrutura mítica, será mais fácil entender que o sentido dessa jornada é fazer o herói passar por experiências transformadoras, e que sua volta ao universo de origem indica necessariamente a validade (e a importância) da experiência vivida: sua curiosidade, suas inquietações, suas dúvidas, sua busca do novo foram, pelo menos em grande parte, satisfeitas. Ele já é outro.

Qual é a transformação sofrida por Raimundo em sua jornada? Essa é a pergunta que deve guiar nossa interpretação.

As palavras inspiradoras de Fernando Savater podem nos dar alguma luz:

> Os contos celebram a confiança perplexa, alerta e por fim jubilosa do homem em si mesmo. Ou de cada homem em si mesmo. Ou de cada homem em si mesmo e dos homens no que todos os homens têm de humano. Essa confiança é mais forte e mais profunda do que a procura a todo custo do "final feliz".[14]

Essa é uma pista valiosa, já que o conto de Graciliano Ramos não apresenta nada parecido com um "final feliz". E não é exagero afirmar que Raimundo adquiriu uma "confiança mais forte e mais profunda". No final da história, ele volta exatamente ao lugar onde as crianças caçoavam dele: ou seja, deixou de ser um menino acuado. E seu lugar de origem não se tornou mais harmonioso; a diferença é que *ele* perdeu o medo.

Entre as muitas personagens do conto, destacamos o *menino sardento*, que, curiosamente, não tem nome. Ele anuncia que "tem um projeto". Antes que possa explicar seu projeto, outras personagens entram na história, outros diálogos acontecem. Mas o menino sardento mantém-se fixo em sua idéia.

Quando, finalmente, surge a oportunidade, explica: ele não gosta de suas sardas, e tem o projeto de fazer com que *todos* tenham sardas.

---

[14] SAVATER, Fernando. A paisagem dos contos. *O Correio da Unesco*. Rio de Janeiro, ano 10, n. 8, ago. 1982.

Raimundo concorda que as sardas não são bonitas, mas não acha esse projeto muito bom: todos iguais seria monótono. Raimundo não quer ter sardas, e dá o exemplo do anão: e se ele quisesse que todos fossem anões? O menino sardento acha que o caso do anão é diferente.

Nesse momento, as cigarras e as aranhas intervêm: a cigarra diz que a idéia é "palavreado à-toa". O menino sardento não aceita essa opinião e tenta colocar as aranhas e as cigarras "em seu lugar":

> — À-toa nada! — bradou o sardento. — Cigarra e aranha não têm voto. Cada macaco no seu galho. Isso é assunto que interessa exclusivamente aos meninos.
> — Eu aqui represento a indústria de tecidos. — replicou a aranha arregalando o olho preto e cerrando o azul.
> — E eu sou artista — acrescentou a cigarra. — Palavreado à-toa.[15]

É uma postura autoritária e talvez por isso o projeto não vingue.

A similaridade com o caso de Raimundo fica evidente, pois a terra dos meninos pelados é a criação do mundo baseado na semelhança: a semelhança do que, nele, Raimundo, incomodava. Mesmo que nessa terra os meninos não caçoem uns dos outros, a diferença pode incomodar, como indica o menino sardento. O fato de ele não ter um nome indica, talvez, que somente com a aceitação de si próprio seria possível a construção de sua identidade. O menino sardento é o espelho mais nítido que Raimundo encontra em sua jornada: possivelmente, através dele, se dá conta do próprio autoritarismo na criação desse universo imaginário: um universo feito à *sua* imagem e semelhança. Talvez, através dele, tenha se conscientizado de sua própria não-aceitação.

O relato de Caralâmpia pode também ter servido de alerta a Raimundo: ela esteve ausente, e o mundo que conheceu é ainda mais extravagante:

> — Não me interrompa — respondeu a Caralâmpia. — Os guris que eu vi têm duas cabeças, cada uma com quatro olhos, dois na frente e dois atrás.
> — Que feiúra! — exclamou Pirenco.

---

[15] Ramos, Graciliano. Op. cit., p. 121.

— Não senhor, são muito bonitos. Têm uma boca no peito, cinco braços e uma perna só.

— É impossível — atalhou Fringo. — Assim eles não caminham. Só se for com muleta.

— Que ignorância! — tornou Caralâmpia. — Caminham perfeitamente sem muleta, caminham assim, olhe, assim.

Pôs-se a saltar num pé.[16]

Raimundo repete que quer voltar para "estudar a minha lição de geografia". É uma obrigação. Sente saudade antecipada desse mundo feliz, mas não põe em dúvida a necessidade da volta. Esse sentimento não precisa ser explicado: o herói arquetípico sempre sente essa necessidade. A jornada só se completa com o retorno: "Quero bem a vocês. Vou ensinar o caminho de Tatipirun aos meninos da minha terra, mas talvez eu mesmo me perca e não acerte mais o caminho".[17]

A possibilidade de voltar é mantida com uma espécie de nostalgia, mas o próprio Raimundo não está convencido. Terá aprendido, talvez, que os universos imaginários são todos possíveis e belos, mas que a sua fixidez (pois aí o tempo não passa) indica um indesejável congelamento da experiência e da vida. Faz sentido, talvez, visitá-los uma vez, mas não duas.

O desejo do menino sardento e o relato de Caralâmpia podem ter contribuído para a conscientização de Raimundo de que o lugar visitado era um *não-lugar*. O lugar das possibilidades infinitas e que, no entanto, não traz desafios. A ausência de conflitos nesse mundo é significativa: só mesmo a insatisfação do menino sardento produz um princípio de tensão. Não havendo conflito, ou desafio, Raimundo se apega a um inexplicável sentimento de dever (a lição de geografia), algo que ele mesmo não pode explicar (esse dever vem do exterior, pois ele diz: "Sei lá! Dizem que é necessário. Parece que é necessário. Enfim... não sei"), mas que o chama de volta.

O fato de esse universo não trazer conflitos não indica ausência de interesse. De fato, estamos muito condicionados ao enredo construído a partir de conflitos cuja resolução é, por si mesma, a razão de ser da

---

[16] Ibid., p. 128.
[17] Ibid., p. 131.

narrativa. "A terra dos meninos pelados" sai dessa trilha e só indica conflitos subjacentes, interiores, a serem adivinhados pelo leitor. A ausência de tensão tem sua contrapartida na imaginação delirante, com potencial para fascinar o leitor mirim.

O sentido maior do conto é proporcionar para a personagem um mergulho em *si mesma*. Essa é a explicação mais plausível e que melhor pode ser comparada com a função que todos os mitos ou contos tiveram no passado, quando eram significativos para uma determinada coletividade. Como lembra Campbell:

> Numa palavra: a primeira tarefa do herói consiste em retirar-se da cena mundana dos efeitos secundários e iniciar uma jornada pelas regiões causais da psique, onde residem efetivamente as dificuldades, para torná-las claras, erradicá-las em favor de si mesmo (isto é, combater os demônios infantis de sua cultura local), e penetrar no domínio da experiência e da assimilação [...].[18]

A referência aos "demônios infantis de sua cultura local", curiosamente, encaixa-se como uma luva no percurso de Raimundo, pois eram de fato (literalmente) os "demônios infantis" que o perseguiam. A superação – interior e exterior – desse conflito torna-se a *moralidade* que nunca é explicitada, mas que pode ser verdadeira e libertadora para muitos leitores.

A interpretação desse conto poderia ser mais extensa, pois ele traz outras personagens que nem chegamos a examinar. Mas a rota foi traçada. Lançado antes mesmo de *Cazuza*, e com características quase opostas, "A terra dos meninos pelados" nos mostra o potencial infinito e atemporal da literatura, indicando ser Graciliano Ramos não só um precursor da abordagem do tema "preconceito", mas também de técnicas e processos narrativos que apenas recentemente encontraram utilização mais ampla na literatura infantil, quando as amarras "moralizantes" foram rompidas de forma sistemática, em prol da liberdade de expressão.

---

[18] CAMPBELL, Joseph. *O herói de mil faces*. 9. ed. São Paulo, Cultrix, 2004. p. 27.

2. O FEMINISMO, OU A QUESTÃO DA MULHER

2.1. *HISTÓRIA MEIO AO CONTRÁRIO*, DE ANA MARIA MACHADO, E *PROCURANDO FIRME*, DE RUTH ROCHA

Pode parecer estranho realizar a análise de dois textos literários *ao mesmo tempo*. Mas explicaremos o porquê. Abriremos esta análise com uma referência teórica que ao mesmo tempo servirá como justificativa e delimitará o campo a percorrer.

Atentemos para, nestas considerações de Carlos Reis sobre a análise da obra literária, a utilização dos conceitos *código, mensagem, ideologia*:

> Por outras palavras: o estabelecimento de conexões entre os *códigos* e a *mensagem* que originam pode ser inspirado por um movimento operatório cujo objetivo consiste em, com base na problemática referida, explicar a eleição e o realce conferido a determinados *códigos*, em detrimento dos preteridos pelas específicas circunstâncias extra-semióticas que caracterizam a emissão da *mensagem*; é obedecendo a esta idéia que uma análise pode, por exemplo, procurar justificar os *códigos temáticos e ideológicos* vigentes no romance neo-realista tendo em conta primacialmente a situação de compromisso político-social vivido pelo emissor da *mensagem* em questão.
>
> [...]
>
> a análise semiótica procurará verificar o processo segundo o qual as normas instituídas em determinada altura e unanimemente aceitas durante certo lapso de tempo, começam a ser substituídas por outras, muitas vezes tidas inicialmente como francamente "escandalosas" frente à tradição literária vigente.[19]

Em outras palavras, a relação existente entre os *códigos* (a forma literária) e a *mensagem* (o conteúdo a ser transmitido) depende em grande parte das "circunstâncias extra-semióticas que caracterizam a emissão da mensagem". Essa expressão poderia ser traduzida como "as condições de

---

[19] Reis, Carlos. *Técnicas de análise textual*. Coimbra, Almedina, 1976. pp. 278-279. (Grifos em itálico nossos.)

produção da obra literária" ou, mais simplesmente, as tensões sociais em jogo, e a posição assumida pelo escritor frente a tais tensões.

Observemos que os trechos citados vinculam a "problemática referida" (sem dúvida aqui se está falando de questões relevantes do ponto de vista social) a "códigos" específicos (entendidos como códigos literários, ou escolhas estéticas que melhor traduzam certos temas), sendo o resultado a produção de uma "mensagem" definida por um "emissor" (o escritor em questão). Nesse raciocínio está embutida a idéia de uma "ideologia" a ser transmitida pela mensagem. Aqui, contudo, não se trata de ideologia "dominante", como definimos anteriormente, mas de ideologia como idéias que podem ser críticas da ideologia dominante.

Todas essas considerações, um tanto longas, é verdade, foram feitas como preparação para entendermos como duas obras tão parecidas, de duas autoras distintas, podem surgir em curto espaço de tempo. É o caso de *História meio ao contrário* e *Procurando firme*. Faremos uma breve exposição sobre as obras para em seguida interpretá-las.

Ana Maria Machado e Ruth Rocha optaram por uma releitura de contos de fadas tradicionais que poderia ser considerada uma paródia, pois seu desenvolvimento leva a situações inversas às encontradas nesses contos. Ou seja, não temos a consagrada solução pacificadora em que os conflitos se dissipam e as personagens são (re)conduzidas aos papéis sociais preestabelecidos. O ponto de partida das duas histórias pressupõe o conhecimento por parte do leitor dos contos tradicionais, o que faz crer que o confronto entre velhos e novos valores é a própria razão de ser das duas obras.

No caso de *História meio ao contrário*, o escopo é mais amplo. Temos a típica situação inaugural em que um equilíbrio é rompido. Nesse caso, por um motivo banal: a descoberta pelo Rei de que a noite *rouba* o dia. O rompimento, se observado com atenção, dá-se em vários níveis: rompe-se a idéia de que um Rei possui sabedoria; rompe-se o desconhecer (ignorância) em prol do conhecimento; rompe-se a noção de que um conto de fadas é animado por lutas justas e necessárias. Personagens arquetípicas são colocadas em cheque: o Rei não é sábio, o Povo não é subserviente, a Princesa não é submissa e casadoira – já de início a visão crítica de que governantes são pueris e desligados da realidade se estabelece. A seguir, dá-se o conflito entre as forças da natureza *versus* a força arbitrária do Rei (que quer prender o ladrão do dia), e as primeiras vencem.

No curso dos acontecimentos, personagens assumem papéis imprevistos: o Povo não obedece ao Rei; a Pastora apaixona-se pelo Príncipe Encantador e fica com ele; o Príncipe abre mão de seu *status* nobiliárquico; a Princesa diz que não quer casar com o Príncipe, pois prefere conhecer "outras terras, outros reinos". Como se vê, a demolição dos preconceitos e estereótipos sociais e sexuais é clara.

No caso de *Procurando firme*, temos a história clássica de um Rei, uma Rainha, um Príncipe e uma Princesa vivendo no castelo. Também há um dragão. O conflito se dá quando um Príncipe, depois de enfrentar o dragão, encontra a Princesa – e ela não se entusiasma nem um pouco. O mesmo acontece com um segundo Príncipe que aparece na história. A Princesa se revela uma rebelde que não aceita a educação que lhe é imposta, mas, ao contrário, vale-se da educação dada ao seu irmão para sair "pelo mundo, procurando não sei o quê, mas procurando firme". Como se vê, até mesmo algumas soluções e frases escolhidas pelas autoras são semelhantes.

Devemos sublinhar que a primeira obra citada fornece mais elementos de análise, pois opera uma desconstrução em vários níveis, especialmente se levadas em consideração as expectativas do leitor de obras infanto-juvenis tradicionais; o próprio título já indica isso. Lúcia Pimentel Góes viu nessa obra um exemplar do "gênero carnavalesco", e mais especificamente uma "sátira menipéia",[20] de acordo com a conceituação de Mikhail Bakhtin. Essa definição indica tratar-se de uma obra cômico-séria, que "experimenta" conteúdos e formas sem apoiar-se na tradição, ou, antes, brinca com ela, sem definir previamente qual será o resultado. A marca de tal criação é a liberdade: conceitos, verdades estabelecidas, estilos de narrar, tudo poderá ser remexido e alterado, e o resultado será sempre uma obra que faz pensar, choca, inova, ou simplesmente faz rir.

Não vamos nos aprofundar na análise dessa obra específica, pois o nosso objetivo é comparar e definir semelhanças entre as duas obras citadas. *Procurando firme* é menos provocativa e inovadora, e ainda assim percorre um caminho semelhante ao de *História meio ao contrário*. Vejamos os pontos em comum entre ambas:

---

[20] GÓES, Lúcia Pimentel. *Introdução à literatura infantil e juvenil*. 2. ed. São Paulo, Pioneira, 1991. pp. 139-143.

1) As duas narrativas podem ser consideradas paródias dos contos de fadas tradicionais, ou dos contos mágicos, principalmente porque a tradicional solução "casaram-se e foram felizes para sempre" (Em *História meio ao contrário*, o narrador alerta que muita história acaba assim, mas "este é o começo da nossa") é deixada de lado em benefício de um final aberto, em que pelo menos uma personagem terá a vida toda diante de si, sem definir de antemão o seu destino.

2) A personagem contemplada com esse final aberto, nos dois casos, é a Princesa, como indicamos. A coincidência só pode ser explicada por uma visão de mundo feminista. Nos contos tradicionais, a Princesa não tem papel atuante e decisivo; cabe a ela apenas sonhar com o Príncipe e recebê-lo em casamento. Aqui, ela não aceita esse destino; quer, ao contrário, sair em busca de experiências, e sozinha. No caso de *História meio ao contrário*, a Princesa inicialmente é menosprezada:

> — Que horror! — exclamou o Rei.
> — Deve ser lindo — suspirou a Princesa.
> — Cale a boca, menina — ralhou a Rainha.[21]

A Princesa que não tem voz termina afirmando: "Nada disso. Minha história quem faz sou eu. Posso até casar com esse Príncipe. Mas só se ele e eu quisermos muito".[22] O casamento, portanto, deixa de ser uma solução natural. Em *Procurando firme* a recusa da Princesa em aceitar o destino comum das princesas é o ponto-chave da narrativa, já indicado no próprio título.

3) Atualidade. Confrontando o código atemporal (ou vagamente medieval) dos contos de fadas, ambas as obras conseguem, através do vocabulário escolhido, dar a noção de que estão falando do Brasil de hoje. Ruth Rocha cita doces e pratos típicos: baba-de-moça, fios-de-ovos, vatapá. Ana Maria Machado faz referências ao hino nacional: "Gigante adormecido [...] Deitado eternamente [...] risonhos lindos campos [...], bosques cheios de vida",[23] além de outras. Como se percebe pelas citações, *História*

---

[21] MACHADO, Ana Maria. *História meio ao contrário*. São Paulo, Ática, 1979. p. 20.
[22] Ibid., p. 38.
[23] Ibid., p. 27.

meio ao contrário é politicamente mais instigante. A personagem Gigante, que remete ao Brasil, e parece ser a encarnação das forças da natureza (que vencem a força da lei arbitrária), mereceria uma análise específica. Ao contrário das narrativas tradicionais, em que o gigante é ameaçador, o gigante aqui é caracterizado por sua passividade, pois dorme o tempo todo, mas no auge do conflito auxilia o povo em sua luta para preservar a natureza tal como ela é.

4) Humor e subversão do código lingüístico através da ironia. Tratando-se de paródias, o humor surge como recurso natural da narrativa. O linguajar pomposo típico dos contos de fadas transforma-se em anedota. Exemplos: o repetitivo uso de "real" diante de todos os substantivos e verbos relacionados ao rei, no caso de Ana Maria Machado; e a retórica comparativa, no caso de Ruth Rocha, como em "branca como as nuvens no inverno".

5) Metalinguagem. Sendo a paródia uma subversão do código literário a que se refere, a metalinguagem é utilizada, nas duas obras, como uma espécie de "mediadora da leitura", pois as referências aos contos tradicionais, ao fato de se estar contando uma história, à própria obra que não se pretende tradicional, servem como um guia para o leitor desavisado, que poderia se confundir com os propósitos da obra. A metalinguagem também facilita a introdução de idéias novas, por comparação, como no exemplo em que se diz "Viver feliz para sempre não é fácil, não. Para falar a verdade, nem é muito divertido. Fica tudo tão igual a vida inteira que é até sem graça".[24] É evidente que todos esses recursos, somados, pressupõem conhecimento e certo amadurecimento do leitor: para aproveitar a obra em sua inteireza deverá conhecer os contos de fadas tradicionais.

6) Diálogo com o leitor. O recurso da metalinguagem induz ao diálogo direto do narrador com o leitor, como se a história estivesse sendo contada oralmente. Nas duas obras, o uso de "você", fazendo referência a quem está lendo a história, torna a narrativa uma espécie de conversa. No caso de *Procurando firme*, esse recurso é mais explicitado, e o leitor sente-se tão participante e tão importante quanto as personagens.

---

[24] Ibid., p. 6.

Como se pode perceber, são muitas as coincidências entre as duas obras: de técnicas narrativas, de linguagem, de enredos, de mensagens. Como explicar essa coincidência? Será que uma obra é plágio da outra? Considerando a extensão da obra das duas autoras, podemos afirmar que essa explicação não faz sentido.

A explicação pode ser encontrada, em parte, na citação feita como introdução a esta análise: *o estágio de desenvolvimento* de uma sociedade é que pode explicar o uso de certos "códigos" lingüísticos preferenciais ("realce conferido a determinados códigos"), em função de "mensagens" que devem ser transmitidas naquela situação social ("específicas circunstâncias extra-semióticas que caracterizam a emissão da mensagem"). Podemos concluir que a permanência do gênero "conto de fadas" ganha outra dimensão (uma dimensão crítica) quando alguns elementos são atualizados; no caso das obras analisadas, o elemento comum é uma visão assumidamente feminista, em que a mulher deixa de ser um prêmio destinado a outrem e passa a ter voz ativa e a determinar seu destino. Lembremos que Carlos Reis também se refere a um "compromisso político-social" por parte do autor. É um processo em que, como foi dito, "as normas instituídas em determinada altura e unanimemente aceitas durante certo lapso de tempo começam a ser substituídas por outras, muitas vezes tidas inicialmente como francamente 'escandalosas' frente à tradição literária vigente".[25]

Se os contos de fadas sobreviveram por séculos, com sua força arquetípica enraizada no inconsciente coletivo, isso não impede que passem por uma revisão de valores, principalmente quando isso é feito de forma humorística: a "tradição", de alguma forma, deve adaptar-se aos tempos.

A explicação para a similaridade entre as obras está na dinâmica social, na transformação de valores, e essas mudanças não poderiam ser monopolizadas por um único autor. Georg Lukács, estudando a relação entre literatura e sociedade, afirmou:

> Nem a ciência, nem os seus diversos ramos, nem a arte, possuem uma história autônoma, imanente, que resulte exclusivamente de sua dialética interior. A evolução em todos esses campos é determinada

---

[25] Reis, Carlos. Op. cit., p. 279.

pelo curso de toda a história da produção social, no seu conjunto [...].
A gênese e o desenvolvimento da literatura são parte do processo histórico geral da humanidade.[26]

Essa explicação, possuindo uma raiz marxista, aponta principalmente para os fatores econômicos determinantes do curso da história. Poderíamos afirmar que o capitalismo amplia seu campo de atuação a todos os segmentos da sociedade; e a competição acirrada que comprime os salários atira as mulheres, antes no papel de esposas, ao mercado de trabalho, para a necessária complementação da renda familiar. As mulheres, agora como profissionais, não se encaixam ou não mais se identificam com as arquetípicas personagens dos contos de fadas; em tal situação, típica do momento histórico atual, surgem naturalmente escritoras cuja releitura dessas tradicionais histórias só poderia ser parodística – e feminista.

Contudo, explicações como essa podem levar a conclusões errôneas, como a que considera a literatura como um "produto", ou "efeito" de um processo histórico. A simplicidade do raciocínio é tentadora, mas é preciso lembrar que Lukács fez diversas ressalvas ao citar e explicar que os próprios Marx e Engels rejeitaram uma relação mecanicista entre economia e arte, ou entre sociedade e literatura. A relação é dialética, como o é a base filosófica do pensamento marxista. E a concepção dialética da história indica que a "consciência" dos indivíduos tem um papel a desempenhar na evolução econômico-social. Consciência que pode ser expressa, entre outras formas, pela arte. Dessa forma, as autoras estudadas não apenas refletem mudanças sociais, mas também demonstram uma intencionalidade crítica e transformadora. A relação entre arte e sociedade, enfim, devido à sua complexidade, não poderia ser reduzida a uma fórmula.

A semelhança entre as duas obras estudadas aponta para um fenômeno amplo (falaremos do feminismo com vagar ao final deste estudo) que recusa estereótipos sociais e almeja o desenvolvimento do indivíduo (especificamente, da mulher) em sua singularidade. Eis a razão para tantas coincidências temáticas e estilísticas.

---

[26] LUKÁCS, Georg. *Ensaios sobre literatura*. Rio de Janeiro, Civilização Brasileira, 1965. pp. 12-13.

2.2. *A BOLSA AMARELA,* DE LYGIA BOJUNGA NUNES

Analisar criticamente uma obra como *A bolsa amarela* envolve algumas dificuldades. A primeira diz respeito à fortuna crítica que a autora acumulou, ganhadora de dois importantes prêmios literários, o Hans Christian Andersen, em 1982, e o Astrid Lindgren, em 2004. Não podemos ignorar o que foi escrito sobre sua obra, sob pena de proferir julgamentos que soarão apenas como obviedades, sem avançar nas possibilidades de interpretação. A segunda dificuldade está na própria obra. Se para o leitor comum essa é uma história instigante, para o crítico a ampla criatividade da autora impõe-se como desafio, como indicação de que os instrumentos de análise crítica podem não dar conta da tarefa, a não ser que, como fez a própria autora com os seus instrumentos, sejam reinventados ao longo do percurso.

A bolsa amarela apresenta-nos a menina Raquel, filha caçula não levada muito a sério por sua família, personagem que narra em primeira pessoa. Quando a família recebe presentes – roupas e objetos usados – de uma tia rica, ela resolve ficar com a bolsa amarela, rejeitada por todos os outros, ao adivinhar que poderia guardar dentro dela suas muitas vontades: a vontade de ser escritora, a vontade de ser menino e a vontade de crescer. A bolsa, de tão grande e sem limites, acaba se tornando a casa onde outras personagens podem se abrigar: o galo, o alfinete, "a" guarda-chuva, e depois outro galo. Eles interagem com a narradora, revelando seus sonhos, suas dificuldades e, muitas vezes, a inadequação ao meio em que vivem. O galo, por exemplo, não quer ser dono do terreiro e responsável pelas galinhas. O segundo galo, por sua vez, não consegue deixar de ser um galo de briga, simplesmente porque o seu pensamento "foi costurado".

Laura Sandroni define essa estrutura como "história dentro da história",[27] já que novas personagens trazem novas e inesperadas narrativas, em adição à história inicial. Vê também aí uma combinação de dois planos: o horizontal (fatos seqüenciais) e o vertical (a narrativa volta-se para os problemas interiores de cada personagem). Para ela, a autora discute comportamentos sociais que lhe parecem falsos e absurdos, e o impulso

---

[27] SANDRONI, Laura. O universo ideológico de Lygia Bojunga Nunes. Net, Rio de Janeiro, Consultoria de Líng. Portuguesa e Literatura, nov. 2002. Disponível em: <http://www.collconsultoria.com/artigo2.htm>. Acesso em: nov. 2002.

de escrever da narradora Raquel seria uma forma de inventar (ou reinventar) o mundo. Em consonância com essa interpretação, os membros do júri responsáveis pelo prêmio Hans Christian Andersen afirmaram a respeito de Lygia Bojunga: "A riqueza de suas metáforas é espantosa, bem como seu domínio técnico na elaboração da narrativa e na perfeita fusão do individual e do social".[28]

Tereza de Moraes, em sua tese de mestrado, identifica na obra de Lygia Bojunga, assim como na de outras escritoras, um olhar atento sobre a questão do feminismo e a emancipação da mulher. "A personagem principal vive em conflito consigo e com a família que a reprime de três grandes vontades: crescer, ser um garoto e se tornar uma escritora".[29]

Ricardo Azevedo vê nessa obra o tema do autoconhecimento, "uma especulação singular e poética a respeito da busca do sentido da existência",[30] por uma personagem que é "humana como todos nós".

Nelly Novaes Coelho, na mesma linha, define a obra como "romance de aprendizagem", no qual se aprofunda "a problemática geratriz de seu universo de ficção: a necessidade essencial do autoconhecimento, pois este é o verdadeiro caminho que leva o eu ao conhecimento do outro, que lhe é complementar; ou melhor, que leva o eu à experiência dinâmica do nós".[31] Vê também valores como o estímulo à imaginação criadora, que se dá principalmente através da escrita, a "importância do pensamento, da consciência interior", assim como a discussão dos preconceitos que "tradicionalmente separam homem e mulher".

Voltando a Laura Sandroni – seu livro *De Lobato a Bojunga* destaca a relevância da autora no panorama das letras nacionais voltadas à criança e ao jovem –, para ela *A bolsa amarela* dá início ao trabalho de interiorização da narrativa, que marcará a obra de Lygia Bojunga.

---

[28] Ibid.

[29] MORAES, Tereza de. *Literatura e escritura*: caminhos da liberação feminina. Araraquara, Unesp, 2001. Tese de doutorado. Disponível em <http://www2.uol.com.br/aprendiz/n_noticias/academia/id060202>

[30] AZEVEDO, Ricardo. Livros para crianças e literatura infantil: convergências e dissonância. Net, São Paulo, 20 out. 2004. Disponível em: <http://www.ricardoazevedo.com.br/>. Acesso em: 20 out. 2004.

[31] COELHO, Nelly Novaes. *Dicionário crítico da literatura infantil e juvenil brasileira*. São Paulo, Edusp, 1990, p. 661.

Cada um dos personagens que mora dentro dela representa de algum modo a própria Raquel, as diversas facetas de sua iniciante personalidade. [...] O Guarda-chuva que deseja ser mulher e permanecer criança são vontades não admitidas conscientemente por Raquel.

[...]

O Alfinete de fralda que cabe tão bem no bolso-bebê da bolsa amarela é o único a permanecer com Raquel quando ela, já amadurecendo, supera seus conflitos interiores, pois a infância é uma etapa integrada à vida adulta para sempre.[32]

Do ponto de vista da significação social, Sandroni vê a denúncia do autoritarismo, da opressão sobre a criança: "A bolsa amarela tematiza essencialmente a opressão de Raquel ante a família que não lhe permite o direito de ser".[33] Mas através do ato de escrever ela conseguirá resistir a essa opressão, ao "reinventar o mundo, estabelecendo com ele relações amadurecidas".

E, ao buscar uma significação para o enredo, explica:

em *A bolsa amarela* e nos títulos subseqüentes o fantástico torna-se elemento constituinte do psiquismo humano. Há conflitos que se resolvem através da fantasia, sendo esta entendida como parte integrante da vida psíquica da criança. Fazendo-se uma leitura psicanalítica, a bolsa amarela é o inconsciente de Raquel onde seus três desejos (o desejo de crescer, de ser homem e de escrever) são reprimidos até que ela própria, trabalhando-os através das histórias que inventa, ou seja, no processo de criação, supera-os e atinge a compreensão de si mesma e a aceitação do outro.[34]

Outro ponto de partida para a análise dessa obra está na significação dos nomes escolhidos para as personagens. Esse recurso não é uma novidade em termos de possibilidade interpretativa; muitos estudiosos referem-se ao significado dos nomes próprios, adivinhando as intenções do autor na caracterização das personagens; Warren e Wellek, por exemplo, indicam esse mecanismo:

---

[32] SANDRONI, Laura. *De Lobato a Bojunga*. Rio de Janeiro, Agir, 1987. pp. 83-84.
[33] Ibid., pp. 110-115.
[34] Ibid., pp. 122-123.

A forma mais simples de caracterização é o nome. Cada "apelativo" é uma espécie de vivificação, animização, individualização. [...] Ahab e Ismael, de Melville, demonstram o que se pode fazer com a alusão literária – neste caso, bíblica – como forma de economia de caracterização.[35]

Raquel, entre outros tantos nomes bíblicos da obra, significa "ovelha", ou "mansa como uma ovelha", aquela que esperou 14 anos para se casar com Jacó, e ainda teve de dividi-lo com a irmã, sendo bastante desvalorizada ao longo da vida em função de sua infertilidade. Morre no parto do segundo filho. A referência ajuda-nos a compreender porque Raquel sente-se excluída, como a que "nasceu fora de hora" (sendo bem mais jovem que os irmãos), porque não gosta do próprio nome e cultiva o desejo de ser menino.

Em contraste com "Raquel", temos "Lorelai", o nome da amiga-inventada de Raquel. Lorelai, de origem celta, significa "rocha". Não é um nome bíblico, pertence à mitologia pagã. É uma personagem que não aceita o destino, e à punição que lhe é imposta (por ter amado o homem errado) prefere matar-se, jogando-se de um rochedo. Torna-se maga.

Potencializando o contraste, existem duas personagens chamadas "Lorelai": a amiga-inventada, e a Lorelai da Casa dos Consertos. Esta gosta de seu nome, e gosta de ser menina.

Outra personagem do tipo "amigo-inventado" é André, que significa "homem viril, másculo, forte, valente". É com quem ela se comunica no início, escrevendo bilhetes em nome dele. Há também os nomes "Rei" ("soberano, principal"), e "Afonso" ("guerreiro totalmente preparado para o combate"), e depois "Terrível", reservados para os galos. Nos casos de "Rei" e "Terrível", os nomes correspondem exatamente ao que se espera das personagens – da mesma forma que "Raquel" indica a mansidão desejável em toda menina. No entanto, nem Raquel, nem Rei, e posteriormente nem Terrível, querem seguir o traçado imposto já de início pela escolha de seus nomes. Raquel ambiciona ser como Lorelai. A invenção das personagens masculinas, por outro lado, indica seu desejo de ser menino. Esse desejo será contrabalançado pelo aparecimento da personagem "Guarda-chuva", que, ao nascer, *optou* por ser mulher.

---

[35] WARREN, Austin; WELLEK, René. *Teoria da literatura e metodologia dos estudos literários*. São Paulo, Martins Fontes, 2003. pp. 295-296.

Regina Zilberman e Ligia Cademartori Magalhães enxergam também, assim como Laura Sandroni, uma similaridade entre as obras de Lobato e Bojunga. As crianças são colocadas no centro de seus mundos ficcionais; a diferença principal é não terem as personagens de Lobato conflitos de identidade, enquanto as de Bojunga vivem o processo de construção de si mesmas, uma conquista penosa. O mundo de fantasia de *A bolsa amarela* simboliza as dificuldades e os desejos da personagem Raquel. A condução da história representa a evolução de uma situação reprimida até a liberação dos três desejos da narradora.

> A bolsa, porém, é o símbolo de maior densidade da narrativa. Apresenta características ambicionadas por Raquel: tem cor viva e variável, é grande; não está só, pois tem a companhia da alça; não está vazia, porque guarda dentro de si sete bolsinhos. Além disso, é relevante a propriedade da bolsa de guardar coisas, é um lugar fechado, um esconderijo para os desejos reprimidos. Lá Raquel guarda suas três vontades e seus pertences: a Guarda-chuva, o Alfinete de fraldas, os galos, os nomes e os retratos. A correlação da bolsa com o inconsciente é embasada, ainda, pelos atributos de depositária de tudo que é pensado pela menina, por ser levada sempre "a tiracolo" e ser ardorosamente defendida da curiosidade dos demais. As alterações de peso da bolsa são igualmente representativas: o peso aumenta à medida que a repressão cresce e só com a liberação dos desejos ela tornar-se-á leve.[36]

Um aspecto interessante da análise das autoras está no significado do Alfinete de fraldas. Para elas, é uma metonímia da infância, um objeto que, apesar de abandonado e considerado imprestável, insiste em "escrever" (riscando na palma da mão), afirmando sua utilidade e, assim, estimulando a personagem Raquel a também afirmar a sua identidade: "o alfinete sobreviveu ao desprezo e apontou uma modificação possível, a vontade de escrever – ordenação da fantasia –, propiciou a criação de um mundo mágico e, através dele, o domínio sobre o real".[37] É por isso que no final da narrativa Raquel conserva o Alfinete.

Como se pode perceber, até de modo exaustivo, as possibilidades de interpretação da obra *A bolsa amarela* são inúmeras. Em princípio,

---

[36] MAGALHÃES, Ligia Cademartori; ZILBERMAN, Regina. *Literatura infantil:* autoritarismo e emancipação. São Paulo, Ática, 1982. p. 148.

[37] Ibid.

não discordamos de nenhuma das linhas interpretativas adotadas pelos estudiosos, por entender que nenhuma delas exclui as demais; é a arte revelando seu poder múltiplo, sua significação abrangente, em suma, é a escrita "carregada de significado até o máximo grau possível",[38] na definição de Lúcia Pimentel Góes.

Cabem, porém, algumas observações. Se por um lado concordamos que as personagens criadas para morar na bolsa amarela representam projeções de aspectos psicológicos ainda não resolvidos da menina-narradora, entendemos que a imediata associação entre a bolsa amarela e o "inconsciente" da menina Raquel (esse foi o termo utilizado tanto por Laura Sandroni, como por Ligia C. Magalhães e Regina Zilberman nos trechos citados) é apressada e incorreta.

Temos aqui uma definição precisa de *inconsciente*:

> Freud não foi o primeiro pensador a descobrir o inconsciente [...]. No entanto, foi ele, sem dúvida, quem acabou por fazer dele o principal conceito de sua doutrina [...]. Com Freud, de fato, o inconsciente deixou de ser uma "supraconsciência" ou um "subconsciente", situado acima ou além da consciência, e se tornou realmente uma instância a que a consciência já não tem acesso, mas que se revela a ela através do sonho, dos lapsos, dos jogos de palavras, dos atos falhos etc. O inconsciente, segundo Freud, tem a particularidade de ser ao mesmo tempo interno ao sujeito (e a sua consciência) e *externo a qualquer forma de dominação pelo pensamento consciente.*[39]

A questão não é apenas de terminologia. Identificar a bolsa amarela com o inconsciente é aproximar essa obra dos contos de fadas, por exemplo, em que os conteúdos inconscientes afloram através dos símbolos. E os contos de fadas, vale lembrar, foram criados em uma época em que esse mecanismo não tinha sido decifrado – nem pelos autores, nem pelos leitores.

A bolsa amarela propõe um mecanismo mais complexo. Não que não existam ali conteúdos inconscientes. Eles sempre irão aflorar nas atividades humanas, seja nos "jogos de palavras", seja na arte. No entanto, como o trecho citado indica, o ser humano *não* tem acesso ao inconscien-

---

[38] Góes, Lúcia Pimentel. Op. cit., p. 15.
[39] Roudinesco, Elisabeth & Plon, Michel. *Dicionário de Psicanálise*. Rio de Janeiro, Jorge Zahar, 1997. (Grifo nosso.)

te de forma consciente, não o domina; ao passo que Raquel tem plena consciência de estar colocando seus desejos dentro da bolsa – ela tem total acesso a eles. Procura dar um destino a seus desejos, como sujeito atuante e dono de si. Também é incorreto dizer que seus desejos são reprimidos. ("Além disso, é relevante a propriedade da bolsa de guardar coisas, é um lugar fechado, um esconderijo para os desejos reprimidos."[40]) Ela realiza o desejo de escrever desde o início, e realiza o desejo de ser menino através da criação. A família, sim, a reprime, a ridiculariza, mas nem mesmo a família poderia reprimi-la em seu desejo de crescer, por exemplo, porque tal desejo não pode ser reprimido na prática.

Os conteúdos recalcados, no dizer psicanalítico, permanecem inconscientes e represados – são os desejos que nem mesmo o indivíduo pode admitir para si. (Como vimos: "O inconsciente, segundo Freud, tem a particularidade de ser ao mesmo tempo interno ao sujeito (e a sua consciência) e externo a qualquer forma de dominação pelo pensamento consciente".) Raquel os admite. No início da narrativa, ela já se conhece o suficiente para saber o que deseja, embora reconheça não ser fácil pôr suas vontades em prática – consciência que aflora de maneira exemplar já na primeira e significativa frase do livro: "Eu tenho que achar um lugar para esconder minhas vontades".[41] O título desse capítulo é "As vontades". Portanto, trata-se de uma abordagem bastante distinta da que atribui seus desejos ao "inconsciente", mesmo porque o inconsciente jamais poderia ser verbalizado dessa forma.

Repetimos: associar a *bolsa amarela* ao *inconsciente* é uma interpretação apressada. E também vaga, porque todos os contos com elementos fantásticos poderiam ser explicados da mesma maneira.

Raquel esconde seus desejos na bolsa – mas aqui *esconder* é diferente de *reprimir*. É talvez seu exato oposto, pois suas vontades, de uma forma ou outra, serão realizadas. Nesse sentido, essa é uma obra na qual os conhecimentos acumulados ao longo de décadas a respeito da psique humana foram assimilados, revelando-se na consciência da própria narradora, mesmo sendo esta uma pré-adolescente. Associar a bolsa ao inconsciente, portanto, seria tornar a personagem Raquel mais primitiva e indefesa do que realmente o é. Torná-la uma "personagem" de um

---

[40] MAGALHÃES, Ligia Cademartori & ZILBERMAN, Regina. Op. cit., p. 148.
[41] NUNES, Lygia Bojunga. *A bolsa amarela*. Rio de Janeiro, Casa Lygia Bojunga, 2003. p. 9.

mundo de fantasia e não a "autora" do mundo de fantasia que ela quer e consegue ser.

Assim, entendemos a "bolsa amarela" como a representação do *mundo interior* da personagem, criado principalmente por sua *imaginação*. Um mundo rico, onde ela pode se abrigar, refletir e encontrar as respostas através de lenta maturação. A repressão da família, que é real, encontra sua contrapartida na rebelde atividade criativa da menina – ela não aceita a repressão da família como fato consumado. Nesse sentido, os "conteúdos reprimidos" têm aqui um caráter muito mais *social* do que *psicanalítico*. E, nesse caso, faz sentido falar de "preconceito" como temática central da narrativa. O desejo de crescer revela o preconceito sofrido pelas crianças, a falta de respeito e o pequeno espaço a que são relegadas. O desejo de ser menino indica, de maneira clara, o preconceito sofrido pelo gênero feminino, com menos direitos, menos autonomia, menos desafios, comparando-os aos dos meninos. E o desejo de escrever indica a possibilidade da reflexão e superação dos problemas causados por esses mesmos preconceitos: quanto aos privilégios masculinos, por exemplo, eles acabam sendo colocados em xeque. Assim, acreditamos haver uma ênfase mais social nessa narrativa do que a suposta pelas análises anteriores.

Além do exposto, deve-se lembrar que a descrição do autoritário sistema do galinheiro ganha uma dimensão maior quando nos lembramos da situação política da época em que a obra foi publicada, 1976 – plena vigência do regime militar. Não podemos nos esquecer de que, para Raquel, escrever configura-se como rebeldia. A personagem oposta à Raquel é Terrível, que teve seu pensamento costurado e não consegue pensar de outra forma (uma alusão à censura política).

É também curioso o fato de nenhum dos estudiosos ter usado o termo "metalinguagem", pois trata-se de um romance dentro do romance. Até o aparecimento da bolsa, a história de Raquel acontecia no ambiente familiar: o cotidiano vivido de forma "realista". André, a personagem inventada, é ridicularizado pela família. Quando ganha a bolsa, ela decide: vai escrever um romance, ou seja, dessa vez sua imaginação terá privacidade. Aí começa uma história com elementos fantásticos. No entanto, não é pura e simplesmente uma história fantástica: é ainda a história de uma personagem criadora do seu mundo. É a história de alguém cujo cotidiano não lhe é favorável, portanto cria um mundo paralelo. Se esse mundo é fantástico, isso se deve à liberdade autoconsentida, fato que coloca o romance, como um todo, em outro nível: no nível de uma obra contemporânea, em que a "consciência" do sujeito enunciador evoluiu e inclui uma reflexão metalingüística. À luz dessa observação, as personagens não são apenas projeções de Raquel, são a realização em si mesmas de um desejo, da mesma forma que a obra de arte é uma realização para o artista. Existem mecanismos de *projeção*? Sim. Mas o ponto em que essa obra se destaca é a abertura de uma nova possibilidade para a narradora e para o leitor: a possibilidade de criação.

Nas obras anteriormente estudadas, *História meio ao contrário* e *Procurando firme*, também há comentários metalingüísticos situando a obra em uma perspectiva comparatista em relação aos contos tradicionais. Mas, aqui, a reflexão metalingüística indica o potencial transformador da criação para o próprio criador. Como diz o galo-personagem: "Mas aí eu fiquei inventado e tive que resolver o que é que eu ia fazer da minha vida".[42] As personagens não abandonam o autor. E como a autora é também personagem, o leitor pode acompanhar os efeitos da imaginação dentro dela, ou seja, dentro de uma perspectiva real, de uma personagem verossímil, de carne e osso. O leitor, de certa forma, é instado a criar, ou imaginar situações e personagens. E isso em uma idade em que a disposição para a fantasia é muito grande, portanto bastante passível de ser encarada como uma sugestão prática. Trata-se, evidentemente, da função primordial da literatura, alcançada por muitas obras que conseguem, com comentários metalingüísticos ou não, jogar o leitor num mundo de fantasia em que ele não apenas lê, mas completa o lido com sua imaginação e suas próprias fantasias. Ocorre apenas que em *A bolsa amarela* essa proposição é desnudada, tornada cotidiana.

Em uma análise com viés semiótico, Maria dos Prazeres Mendes, embora não analise especificamente *A bolsa amarela*, reflete sobre os procedimentos criativos de Lygia Bojunga Nunes, dando ênfase ao papel desempenhado pela imaginação:

> Peirce compara nosso instinto para o vôo imaginativo com o instinto para o vôo físico dos pássaros. Toda pessoa viveria num mundo

---

[42] Ibid., p. 34.

duplo: o mundo exterior – das percepções – e o mundo interior – das fantasias, habitando os dois, mas considerando-os distintos.[43]

Na obra de Lygia Bojunga há um vai-e-vem contínuo entre os dois mundos, em uma tentativa de resgatar seu projeto criador – e diríamos, também, de vivenciá-lo em seus meandros. Maria dos Prazeres define o que seriam fantasias: "as fantasias são aqueles estados em que as imagens absorvem o eu para dentro de si mesmas a tal ponto que o sentido de oposição entre o eu e o outro desaparece (Colapietro, 1989: 31)". É, de certa forma, aquilo que ocorre com Raquel e suas personagens: uma espécie de fusão. Durante a narrativa, Raquel pode ser menino e menina, adulto e criança. Conseqüentemente, pode vivenciar os prós e contras de cada situação.

Ao longo de suas obras, Lygia Bojunga teria levado esse mecanismo a seu extremo, desmistificando a ilusão proporcionada pelas imagens literárias. Percebemos, de fato, que existe uma fusão entre autor, personagem e leitor, um movimento de diálogo: a metalinguagem é uma conseqüência dele. Como diz Maria dos Prazeres, "temos aqui a invenção da invenção", ou "ficção de ficção", como em um espelho. Não havendo mais as fronteiras nem os papéis tradicionalmente estabelecidos de autor e leitor – sendo a *personagem* um terceiro entre eles – e, com o desnudamento do processo criativo, o leitor é colocado em outro patamar, no qual seu mundo interior também é alargado – e de forma mais consciente. Afinal, não conseguimos pensar na metalinguagem apenas como exercício estético, a ser apreciado pelos estudiosos das formas literárias.

O leitor comum é provocado por esse desnudamento do processo criativo. É como se a autora dissesse: "criar é olhar para dentro de si", incluindo aí todas as dúvidas, hesitações e vazios resultantes dessa tentativa. Como no final ela "solta" a vontade de ser menino e a vontade de crescer, em forma de "pipas", temos, também, a indicação de que o uso da imaginação é libertador.

Outro ponto de destaque na obra é a forma como se trabalha a diferença dos sexos. Quanto à personagem "Guarda-chuva", já foi indicado nas análises anteriores o fato de ela simbolizar tanto a possibilida-

---

[43] MENDES, Maria dos Prazeres. Diálogos autorais, leituras de obras contemporâneas de Brasil e Portugal. In: MESQUITA, Armindo (Org.). *Pedagogias do imaginário*. Lisboa, Asa, 2002. pp. 278-279.

de positiva do ser feminino quanto a dificuldade de realizar o desejo de crescer (a personagem enguiça ao ficar "passando de pequena para grande, e de grande para pequena"). Os estudiosos citados não comentaram, porém, a abordagem do sexo feminino em paralelo com o masculino. Raquel quer as vantagens do ser masculino? Pois o Galo-Rei-Afonso não as quer. É muita responsabilidade. É muito poder acumulado em um só indivíduo. Assim, a autora, através da personagem Raquel, indica que o ser masculino também enfrenta fórmulas comportamentais coercitivas, portanto também sofre. A questão da mulher ainda está em foco, pois sabemos ser Raquel a criadora dessa personagem. É mais do que isso: é o sexo feminino pensado de forma conjunta com o masculino, afinal, homem e mulher são parceiros, e não poderia haver uma solução para um que não fosse também solução para o outro; não poderia haver uma reflexão separada.

Consciente das dificuldades dos homens, Raquel deixa a inveja de lado e consegue valorizar o feminino. A solução para a convivência é indicada pela "Casa dos Consertos", em que todos fazem tudo de forma alternada e cooperativa, para não enjoar. (Deve-se dizer que a Casa dos Consertos indica o possível "conserto" de muitas questões levantadas na obra: o autoritarismo, a hierarquia, os papéis masculino/feminino rigidamente pré-estabelecidos.) Mais uma vez, comparando a solução apontada aqui com a de *História meio ao contrário* e *Procurando firme*, verificamos um amadurecimento maior. As personagens femininas daquelas histórias, as princesas, saem pelo mundo procurando desafios e conquistas, tal como o herói arquetípico de Campbell, portanto, adotando um comportamento tido como masculino. E o fazem *sem integrar o elemento masculino em suas vidas*, ou seja, sem definir a sua relação com o homem: se essa relação será romântica, de amizade, ou de outra natureza. Elas apenas partem, realizando de certa forma o mesmo desejo de ser menino de Raquel; seu destino é aberto, mas "em separado" do destino masculino. Bojunga, ao contrário, propõe a integração.

A necessidade de integração do masculino com o feminino também está no destino de "Terrível". Ele morre no final, por ser incapaz de modificar seu pensamento costurado. Contudo, na história imaginada e escrita por Raquel, a linha arrebenta e, assim, Terrível sofre um renovador batismo e passa a viver no mar (água = transformação) junto a um pescador. A ajuda da linha forte e da linha de pesca é essencial, pois ambas simbolizam o elemento feminino. Por outro lado, o destino que no final une Afonso, o galo, e a Guarda-chuva também indica a convivência e a colaboração mútua entre os sexos. Ele era o único ouvinte capaz de entender a linguagem da Guarda-chuva. Ela, por sua vez, socorre-o nos seus vôos, atuando como pára-quedas. Trata-se, portanto, de um autêntico e romântico final feliz, enfaticamente modernizado em seu escopo.

3. A QUESTÃO DA NEGRITUDE
3.1. *ALUCINADO SOM DE TUBA*, DE FREI BETTO

Escolhemos essa obra por ter o autor abertamente decidido narrar uma história em que o preconceito racial é denunciado, assim como são denunciadas as condições sociais dos menos afortunados, a corrupção reinante no país e outras mazelas.

O narrador é um menino de aproximadamente 13 anos, negro e repentinamente sem família. O fato se dá porque a família é retirada do barraco, que é destruído. De pouco vale a argumentação de que a lei do usucapião lhes garantiria a posse do terreno: o pai é preso por desacato à autoridade. Ao mesmo tempo, descobrimos ser esse homem um tocador de tuba que se expressa através do instrumento.

Logo imaginamos que as opções estéticas do autor vão se dar através deste contraponto: a dura realidade, em que dados técnicos e até jornalísticos são oferecidos, em oposição ao lirismo: lirismo do pai-músico, lirismo do menino ao descrever sua realidade. Mas a trama se complica: sem nenhum motivo aparente, esse menino, Nemo, é preso; na cela, conhece meninos de rua; em seguida, empreende uma fuga e, sem achar os pais, começa uma nova vida, na qual vai aprender sobre crimes e estratégias de sobrevivência; ele e outros meninos fugitivos não têm onde morar. As sucessivas alterações de seu destino remetem a um universo kafkiano, cujas leis nunca são claras. A alternância dos espaços percorridos por ele também confunde: a rua, a casa de um relojoeiro amigável, um hospital, um camburão, uma viagem a Mato Grosso, o manicômio em Franco da Rocha.

Se por um lado o caráter de denúncia está claro (com destaque para a denúncia contra o preconceito racial: "Já viu negro rico, dono de empresa, cientista ou presidente da República? Neste país, negro só faz sucesso naquilo que a escola não ensina, como música e futebol. Isso de ficar com a bunda presa em sala de aula é coisa de branco"[44]), as opções estéticas do autor parecem confusas. Terá sido justamente o ímpeto de denunciar mazelas que torna essa obra tão complexa, tanto do ponto de vista do enredo quanto dos recursos expressivos? Vejamos as personagens que a compõem: os meninos assaltantes de rua; os policiais que fazem acordos com esses meninos; Alice, filha de senador, a menina que faz parte do Clube das Meninas Solidárias; Shirley e Cleópatra, dois travestis ou transexuais que moram numa casa onde doentes de Aids são tratados; seu Nicolau, que tem inúmeros relógios e discorre metafisicamente sobre o tempo; Cotó, cujas pernas foram perdidas em um acidente de trem; uma prostituta e outros.

Nemo acaba encontrando seu pai no manicômio de Franco da Rocha, mas ele não está no seu estado normal, e chama o próprio filho de "pai". O menino resolve levá-lo ao Ceará, onde a mãe mora. O que aparentemente seria o fim da história é o começo de uma outra: seus irmãos já tomaram rumo na vida, e ele resolve ir trabalhar em Serra Pelada. Passa um ano em regime de trabalho escravo, até que consegue fugir e resolve ser caminhoneiro em Conceição do Araguaia.

Os espaços geográficos retratados no livro são representativos de quase todo o Brasil. Mas a questão que nos intriga é a multiplicidade de personagens e situações, entre as quais se incluem, por exemplo, quatro mortes: as mortes dos travestis, a do menino de rua, Panqueca, a do senador, pai de Alice – três são assassinatos. Ainda que o autor tenha se valido de uma linguagem viva, entre o coloquial (gírias) e o poético, a efabulação deixa dúvidas quanto à sua eficácia. Pois, como dissemos, os acontecimentos sucedem-se tal qual um sonho, sem muito nexo. Sim, possivelmente a vida de um menino de rua é tão confusa quanto essa história, mas não podemos deixar de pensar que foi de certa forma a perplexidade diante de uma situação incompreensível o que levou o autor a assumir uma postura engajada, de denúncia, e ir relatando, abarcando, incluindo em seu escopo mais e mais "revelações". E, nesse caso, quem acaba sofrendo são as personagens, sem espaço para se desenvolver, para mostrar ao jovem leitor que seu drama também é importante – e relevante do ponto de vista social. Por outro lado, incluir um político na trama cria a falsa noção de que a explica-

---

[44] BETTO, Frei. *Alucinado som de tuba*. São Paulo, Ática, 2000. p. 25.

ção por esse estado de coisas pode ser encontrada na organização das instituições políticas – promessa que não se cumpre, mesmo porque seria ambiciosa demais.

A intenção que adivinhamos no princípio, de misturar um relato da dura realidade com instantes de lirismo, só se realiza parcialmente: o instrumento musical (tuba) perde sua importância no decorrer da história, e os comentários metafísicos do relojoeiro a respeito do tempo, embora poéticos, não alteram a percepção da personagem principal a respeito do mundo que a cerca.

Ficamos, ao final, apenas com a imagem de Nemo, jovem negro que enfrenta todas as situações adversas possíveis, mas cujo destino é sempre solitário. Tivesse o autor restringido o alcance da sua denúncia e focalizado a sua atenção nas emoções do protagonista, nos seus sonhos, no preconceito enfrentado por ele, teríamos talvez mais clareza sobre a questão da exclusão social em todos os seus níveis.

3.2. *E AGORA?*, DE ODETTE DE BARROS MOTT

No romance juvenil *E agora?*, a autora apresenta-nos o tema do preconceito a partir dos conflitos vividos pela protagonista Camila, adolescente de 13 anos que se torna uma jovem adulta ao longo da narrativa. Filha de um homem branco de origem portuguesa com uma mulher negra, descendente de escravos, ela divide-se entre essa dupla identidade racial (já explícita na capa, onde aparece seu rosto metade branco e metade negro), principalmente pelo fato de que aparenta e pode passar por branca. O rosto recortado ao meio por duas cores contrastantes indica a temática e o partido da autora: sabemos que um rosto assim não existe, portanto temos um símbolo da condição interna da personagem, da divisão que pode ter uma causa genética, mas que é percebida como um conflito, uma inadequação, o que também é evidenciado pelo olhar perplexo e ansioso da figura.

A narrativa em diversos momentos assemelha-se a uma apropriação do conto *Cinderela*, em outras versões chamado de *Borralheira*: o tema da rivalidade fraterna aparece com as irmãs mais velhas, uma negra, outra mulata, invejosas da sua beleza e brancura, e que não perdem oportunidade de fazer ironias e comentários sarcásticos, qualificando-a de "descascada". Em resposta, Camila fecha-se em mutismo, e torna-se uma jovem tímida que reflete sobre a própria identidade, não encontrando respostas.

O preconceito, demonstrado às avessas pelas irmãs, é sem dúvida o fio condutor da narrativa, e cumpre analisá-lo por todos os ângulos. Já no início, a protagonista é submetida a uma prova, da mesma maneira que Cinderela sofria maus tratos: ela tem que ir à venda para comprar fiado, e quem a incumbe dessa tarefa é a mãe. Observe-se o paralelismo entre as narrativas: a figura da madrasta aparece de forma tematizada na mãe, que, por ignorância ou falta de percepção, a submete a uma situação vexaminosa, pois o dono da venda a repreende pelo não pagamento das contas acumuladas. A cena propõe uma associação que será constante na história: a questão racial soma-se à miséria, e ambas, em alguns momentos, confundem-se.

Quanto ao preconceito racial propriamente dito, ele é apresentado como um fenômeno enraizado na própria sociedade, manifestado na vizinhança ou na escola: frases depreciativas a respeito dos negros, a surpresa pelo fato de Camila ter mãe tão escura. Mas no núcleo familiar o preconceito racial ganha outros significados. A implicância das irmãs é sempre atribuída à sua sorte de ter nascido branca. Isso a transforma numa autêntica Cinderela, pois trata-se de alguém que sofre e é punida sem saber exatamente a razão – e esse é um acontecimento comum na infância. De acordo com a explicação de Bruno Bettelheim, em *A psicanálise dos contos de fadas*, a culpa que a criança sente vem do processo de socialização a que é submetida, pois muitos dos seus desejos são reprimidos, e ela só pode entender essas exigências como uma censura a seu verdadeiro ser. No caso de Camila, soma-se a essa censura explícita das irmãs as pulsões edípicas que sente pelo pai (também presente nas versões mais primitivas do conto *Cinderela*), pois com ele se identifica, já que é belo e branco, enquanto a mãe é descrita como feia e inadequada. Como se vê, o fato de ter nascido branca pode ser facilmente entendido como uma traição à mãe e também às irmãs, que não cansam de sublinhar o fato. Assim, o preconceito racial assume aqui um caráter existencial e psicológico mais profundo. Ser branco é uma dádiva só recebida por ela, Camila, e, como Cinderela, ela aceita todos os maus tratos com abnegação, pois talvez no fundo concorde com essa culpa, que só será redimida depois que o pecado for expiado.

Essa interpretação pode sugerir que esta é uma análise de cunho conteudístico. "Segundo o tipo de discurso no qual se projeta o elemento da obra, teremos uma crítica sociológica, psicanalítica ou filosófica".[45] *E agora?* suscitaria, assim, uma crítica psicanalítica, e em menor grau sociológica. Mas este é, na verdade, um atalho para uma compreensão mais abrangente, como veremos a seguir.

O elemento de transformação desse quadro inicial de equilíbrio (equilibrado em termos, pois os conflitos estão presentes) é o aparecimento de uma fada madrinha, que oferece a Camila, como se por mágica, a oportunidade de ascensão social. A fada é uma senhora de 60 anos à procura de uma dama de companhia, e ela torna-se efetivamente sua madrinha, permitindo que Camila estude e viva em sua casa como um membro da família. O mundo de feiúra e pobreza é substituído por um mundo de beleza e oportunidades. E Camila deseja ser vista como alguém da família – em outras palavras, a traição à mãe/madrasta se consuma. Em algumas versões do conto original (dos Grimm) a figura da mãe aparece na árvore que é plantada sobre seu túmulo. A madrinha é, portanto, a mãe-branca de Camila. E, inevitavelmente, temos a figura do príncipe, um jovem estudante de medicina que se encanta por ela e inicia um namoro sério, pensando em casamento.

Todos esses milagres têm um preço alto a ser pago, que é o afastamento de Camila de sua realidade original: a pobreza, a origem mestiça. Afastamento e negação. A mentira, tal como a carruagem que se transforma em abóbora, ou o sapatinho de vidro perdido, carrega o constrangimento do efêmero e tem prazo de validade: o príncipe-pretendente não poderia realizar scus objetivos (casamento, filhos, ascensão social) sem passar pelo filtro dos pais de Camila e, assim, desfazer a ilusão: durante o longo namoro, ela se diz filha de fazendeiros.

O seu maior constrangimento é a questão racial. O príncipe aceitaria a possibilidade de ter filhos mulatos? Na dúvida, ela posterga a revelação. Com a morte da madrinha, Camila volta para casa e deixa uma carta ao noivo, confessando tudo. Naturalmente, ela espera que ele, tal como o príncipe de Cinderela, se esqueça dos vestidos, dos sapatinhos, reconheçendo nela as suas qualidades inatas, o seu valor. Mas ele se sente enganado, traído, e sua reação, sem ser conclusiva, dá título à narrativa: *E agora?*.

---

[45] TODOROV, Tzvetan. *As estruturas narrativas.* São Paulo, Perspectiva, 1969. p. 59.

A questão racial nesse romance aparece vinculada a tantos sentimentos contraditórios que é trabalhoso decompô-la. Observamos que a cor clara de Camila aparece ao mesmo tempo como uma bênção e uma traição. Mas é uma traição à família. Diante da sociedade, é uma bênção, e nesse contexto a cor escura é um castigo. A primeira dúvida que a história suscita poderia ser formulada assim: até que ponto retrata o microcosmo da protagonista Camila, e a partir de que ponto pode ser entendido como um retrato da sociedade?

A visão de mundo apresentada em obras de ficção não pode nunca ser confundida com a visão da personagem principal, pois há e haverá sempre um hiato entre o discurso das personagens e a narração propriamente dita. Em *E agora?*, a narrativa divide-se em:

A) discurso confessional na primeira pessoa (Camila);

B) narração onisciente na terceira pessoa.

Teríamos assim, a princípio, um equilíbrio entre subjetividade e objetividade, ou um equilíbrio entre o *eu* do narrador e o *ele* do herói, como definiu Jean Pouillon, citado por Todorov.[46] Quando há uma fusão dos dois (ou seja, quando o narrador assume a visão do herói), a presença do narrador fica mascarada por seu apego à personagem principal. Pelo fato de haver dois discursos distintos em *E agora?*, na primeira e na terceira pessoa, poderíamos supor que essa fusão seria evitada, até como uma forma de mostrar a diferença entre um discurso preconceituoso e outro não-preconceituoso. No entanto, o discurso na terceira pessoa também se cola aos pensamentos de Camila, tornando-se seu sucedâneo. Dessa forma, o discurso na terceira pessoa não assume um caráter de neutralidade, ou de relativa neutralidade. As mensagens antipreconceito aparecem através de outras personagens, como uma espécie de antídoto para os sentimentos negativos e autopreconceituosos de Camila: o negro nunca teve a oportunidade de mostrar seu valor, mas a ciência prova que ele tem a mesma capacidade do branco. Diz a madrinha:

> O negro no Brasil é um marginalizado, apesar de se falar e jurar que aqui não há racismo, não há diferença entre o ser branco e preto. Você mesmo ainda criança encontrou o desmentido na mãe que ameaça

---

[46] Ibid., p. 62.

a filhinha, chamando o negro para pegá-la, os empregos melhores são para os brancos, branco e preto dificilmente se unem em casamento. Por quê? O que há de melhor, de superior, na raça branca? Há? Os sociólogos que fazem estudos comparativos afirmam que essa diferença é somente uma questão socioeconômica. O negro no Brasil teve sua origem na escravidão, depois, livre não teve vez nenhuma, Camila, sempre marginalizado.[47]

No entanto, há também na narrativa vozes e opiniões que vão exatamente na direção contrária, e essas vozes não se apóiam, como disse Sartre,[48] no discurso lógico, na razão, como o discurso da madrinha, mas têm um caráter essencialmente passional: todas as vezes em que se fala de uma personagem negra, é para dizer que ela é feia:

> Examina-se com atenção. Que horror se tivesse saído preta, nem gosta de pensar nisso! As duas irmãs mais velhas, Marta e Marina, são bem escuras: uma preta e a outra mulata! Puxaram pela mãe, pela família dela, todos pretos, descendentes de escravos! E pretos de nariz esborrachado, carapinha e lábios grossos! Daí a briga entre elas.[49]

Essa é a voz interior da personagem principal. Mas, como apontamos anteriormente, o mesmo tom depreciativo a respeito dos negros aparece na narração em terceira pessoa:

> Enquanto a filha toma café, dona Antonieta alisa os cabelos duros, encarapinhados, e tenta se lembrar: "Foi depois daquela febrona? Antes? Ou depois do "trabalho"? Eram duas velas, um pouco de cabelo, um sapo morto".
> [...]
> O ônibus chega, elas sobem, sentam-se no mesmo banco. Quem as vê nunca pensará em mãe e filha, no parentesco que as une. Nenhuma semelhança entre aquela preta gorda, baixa, e a jovenzinha fina, cabelos lisos. [50]

---

[47] MOTT, Odette de Barros. *E agora?*. 4. ed. São Paulo, Brasiliense, 1976. p. 72.
[48] SARTRE, Jean-Paul. *A questão judaica*. São Paulo, Ática, 1995.
[49] MOTT, Odette de Barros. Op. cit., pp. 9-10.
[50] Ibid., p. 11.

Como se vê, esses trechos não se referem aos pensamentos de Camila; têm, ao contrário, uma suposta objetividade descritiva. Pode-se argumentar que esses fragmentos retratam pensamentos de personagens secundárias observando a cena, pessoas humildes que não tiveram a oportunidade de desfazer o nó do preconceito através das racionalizações e dos estudos científicos e sociológicos. Temos, portanto, ao longo da obra *E agora?* discursos inconciliáveis, pelo fato de acontecerem em níveis diferentes. De um lado o saber racional, científico. De outro, um sentimento reiterado durante toda a narrativa, expressando algo que nenhum discurso humanístico consegue corrigir: a rejeição ao aspecto físico dos negros. Até mesmo a generosa madrinha espanta-se com a diferença de cor entre Camila e sua mãe. E Léia, a assistente social da fábrica, que se aproxima da família de Camila com um discurso antipreconceito, a ponto de conviver e dormir na casa deles, também vê essa realidade de um ponto de vista desvantajoso para o negro: "Léia observou a jovem, notou a delicadeza de seu porte junto à mãe tão preta. Como ela reagia a essa situação? Estaria presa ao preconceito racial – ou o amor filial vencia todas as convenções?".[51]

Note-se como a antítese é construída: "delicadeza de seu porte" é contrastado com "mãe tão preta". Mas o que o porte tem a ver com a cor? Em princípio, deveria haver nesse fragmento uma comparação entre os tons de pele. Comparando valores diferentes, estabelecendo um contraste que não é enunciado com clareza, ou até mesmo *ocultando* a real significação do pensamento dessa personagem, esse trecho parece estar inserido em um contexto cultural condicionado que agrega à cor branca certas qualidades, enquanto a cor negra aparece, por si só, como algo negativo – essa é a razão pela qual certas características, em nada convergentes, podem ser aproximadas. As palavras, como moléculas instáveis, agregam-se e desagregam-se em torno do aspecto racial, estabelecendo comparações que nunca deixam explícito a que vieram. O fragmento anteriormente citado não é diferente: nele, aparecem valores distintos colocados em pé de igualdade: "nenhuma semelhança entre aquela preta gorda, baixa, e a jovenzinha fina, cabelos lisos". Observe-se que o adjetivo "fina" parece opor-se à "gorda", no entanto a palavra "fina" é comumente utilizada para denotar qualidades não necessaria-

---

[51] Ibid., p. 69.

mente físicas. No sentido conotativo, ela remete à "educação, delicadeza, elegância, refinamento".

Essa antítese parece estar presente em toda a narrativa. Um aspecto facilmente verificável é o fato de que, ao longo da obra, o esforço de dignificação do negro não passa pela beleza. Durante toda a narrativa, não há nenhuma palavra elogiosa ao aspecto exterior dos negros, com uma única exceção: "Em sua casa encontrou Marina, que, por saber-se bonita, era menos briguenta que a mais velha".[52]

Mas, como já foi reiterado, Marina é a irmã mulata, enquanto a mais velha é negra. Assim, no único momento em que se abre a possibilidade de beleza para os negros, fica claro que esta restringe-se aos mulatos, mais claros, enquanto os mais escuros são, por dedução, menos bonitos e mais briguentos. São, portanto, as três irmãs: A) Camila, branca, belíssima; B) Marina, mulata, bonita; e C) Marta, negra, feia.

Nesse ponto, indagamo-nos: esses trechos visam à elaboração de um retrato crítico da sociedade ou o preconceito logrou penetrar todos os discursos, e até mesmo a própria confecção da obra? Pois a beleza, dentro desse elaborado microcosmo, surge com a força e a importância que nenhum discurso humanístico consegue atingir. São a beleza e a brancura, afinal, que permitem que a jovem Camila seja um sucedâneo de Cinderela? Teria a madrinha sido tão generosa com uma das irmãs mais escuras? Essas questões não são respondidas ao longo da narrativa, mas seu desenlace parece trazer a resposta: as irmãs mais velhas casam-se com homens negros como elas, mantendo suas aspirações dentro dos mesmos horizontes proletários em que viviam desde a infância; Camila é a única que pode sonhar mais alto e que tenta chegar mais alto. Como nada indica o contrário, essa é a inevitável conclusão à qual pode chegar o leitor: o único passaporte para a ascensão social é a "branquitude".

Essa leitura interpretativa, deve-se salientar, emerge a partir da própria fabulação criada pela autora, pela delimitação dos espaços sociais/existenciais destinados às personagens brancas ou negras.

Para entender melhor essa questão, podemos nos valer do conceito de estrutura a que nos referimos inicialmente, assim como dos conceitos

---

[52] Ibid., p. 26.

utilizados por Álvaro Machado e Daniel-Henri Pageaux para definir os "elementos de uma poética da imagem",[53] e assim desvendar dados subjacentes à fabulação.

Quando pensamos na *estrutura* dessa obra (no sentido que Antonio Candido deu ao conceito, relacionando a estrutura social com a estrutura da narrativa), o que emerge como determinante, além da semelhança com o conto *Cinderela*, é a construção dos espaços temporais e do espaço físico.

1. O tempo

O tempo correndo linearmente indica um progressivo afastamento de Camila de seu ambiente de origem. Embora mestiça, ela aproxima-se de forma decisiva do universo dos brancos e incorpora-se a ele, cumprindo o que se exige de alguém que quer fazer parte do universo da classe média: estudar e obter um diploma. A família torna-se apenas uma lembrança, vivida através de cartas.

2. O espaço

Quanto aos espaços físicos, inicialmente temos a vila muito pobre onde mora a família de Camila e, em contraste, o bairro arborizado do Sumaré, onde mora a madrinha. Depois que Camila passa a morar aí, há um distanciamento maior: sua família vai para o interior, onde a vida é igualmente simples, porém mais saudável. A madrinha fica doente, e assim ambas mudam-se para Santos, aumentando a distância inicial de forma que esta se torna intransponível. Essa cisão radical é um reflexo dos sentimentos de Camila, sem dúvida, mas também representa uma separação econômico-social para a qual os dados concretos – oportunidade de trabalho, círculo social, hábitos – concorrem de forma clara. E a cisão torna-se mais aguda com a constatação de que um universo é negro (ou mestiço), enquanto o outro é totalmente branco; o primeiro migra para o interior, o segundo se fixa na direção contrária, o litoral. Essa é a "estrutura" da sociedade que os condicionantes espaço-temporais determinam. Não há possibilidade de intercâmbio, transposição – a estratificação da sociedade brasileira, assim, encontra aí uma representação mais eloqüente do que se poderia esperar.

---

[53] MACHADO, Álvaro Manuel & PAGEAUX, Daniel-Henry. *Da literatura comparada à teoria da literatura*. 2. ed. Lisboa, Presença, 2001. p. 54.

Álvaro Machado e Daniel-Henri Pageaux, ao estudar como as imagens literárias (em geral veiculadoras de preconceitos) são criadas, definem os elementos que as constituem. O conceito de imagem aqui, deve-se explicar, está ligado ao estudo da assimilação de uma cultura por outra cultura; assim, fala-se da "imagem do estrangeiro":

> Assim concebida, a *imagem literária* pode ser definida como sendo um conjunto de idéias sobre o estrangeiro incluídas num processo de *literarização* e também de *socialização*, quer dizer, como elemento cultural que remete à sociedade. Esta nova perspectiva obriga o investigador a ter em conta não só os textos literários em si, mas também as condições da sua produção e da sua difusão, bem como de todo o material cultural com o qual se escreve, pensa e vive.
>
> [...]
>
> O estudo da imagem deve dar menos importância ao grau de "realidade" duma imagem do que ao seu grau de conformidade com um modelo cultural previamente existente, de que importa conhecer os componentes, os fundamentos, a função social.[54]

Quanto aos elementos que constroem a imagem literária, os estudiosos definem quatro: 1) a palavra (a adjetivação, por exemplo, ou os automatismos na escolha do vocabulário, ou o processo de comparação); 2) as relações hierarquizadas (entre os elementos constitutivos do texto, os núcleos temáticos, os sistemas de oposições); 3) o quadro espaço-temporal; e 4) o sistema de relação das personagens.

Quanto à palavra adjetiva, já mostramos que aos negros são reservados os vocábulos que conotam feiúra, enquanto com a brancura de Camila ocorre o oposto ("pele morena, cabelos lisos", "parece uma alemoa, de tão branca!", "o fato de ter pele branca e aqueles olhos quase claros dava-lhe a possibilidade de representar nas festinhas escolares").[55]

Quanto às palavras e mais especificamente à linguagem utilizada nessa narrativa, ambas resgatam uma oralidade representativa dos ambientes retratados. O texto flui como uma conversa (as exceções são os textos de cunho sociológico, já citados). O que chama a atenção, nessa escolha, é o uso de aspas em alguns poucos diálogos. As aspas destacam algumas

---

[54] Ibid., p. 50.
[55] MOTT, Odette de Barros. Op. cit., pp. 7-21.

expressões com tal estridência, que poderia se falar até em um "discurso estrangeiro". Embora existam expressões populares em abundância, o uso das aspas ficou restrito a duas manifestações específicas. A primeira consiste nos erros de português que a mãe de Camila comete; a segunda refere-se às gírias utilizadas pelos jovens amigos de Camila. Quanto aos erros ("Muita gente lá onde 'nóis morava' tinha inveja dela ser tão branca"; "Ah, 's"isqueci' de contar, a fábrica vai pra lá porque 'tava' poluindo o ar, é isso, não é?"; "Graças a Deus e a 'Virge' do Rosário."),[56] deve-se salientar que estão restritos à mãe de Camila, a personagem negra por excelência. Quanto ao pai branco, também de origem humilde, às vezes ele utiliza palavras como "tou" (estou), mas em suas falas as aspas nunca são utilizadas. Isso nos permite concluir que o negro, nessa narrativa, equivale ao "estrangeiro"; os jovens, embora periféricos na obra, com suas gírias, também mereceriam a alcunha de "estrangeiros".

Quanto ao quadro espaço-temporal, já refletimos sobre o efeito que o progressivo afastamento provoca.

Mas, quando pensamos nas relações hierarquizadas (no sentido mais amplo) e no sistema de relação das personagens, a análise torna-se mais esclarecedora. Todorov, ao valer-se da semântica estrutural para analisar obras literárias, sugere que:

> O primeiro passo [...] consistiria em estudar as personagens de uma narrativa e suas relações. As numerosas indicações dos autores [...] mostram que tal personagem se opõe a tal outra. Entretanto, uma oposição imediata das personagens simplificaria essas relações, sem nos aproximar de nosso objetivo. Seria melhor decompor cada imagem em traços distintivos e colocá-los em relação de oposição ou de identidade com os traços distintivos das outras personagens da mesma narrativa. Obter-se-ia assim um número reduzido de eixos de oposição, cujas diversas combinações reagrupariam esses traços em feixes representativos das personagens.[57]

Machado e Pageaux sugerem um procedimento muito semelhante:

> É importante, antes de mais, identificar os grandes sistemas de oposições que estruturam o texto (Eu *versus* o Outro), as principais unida-

---

[56] Ibid., pp. 13-36.
[57] TODOROV, Tzvetan. Op. cit., p. 35.

des temáticas que permitem determinar as grandes seqüências através das quais são descritas as características do estrangeiro, os elementos catalisadores da imagem do estrangeiro. Trata-se, nesse caso, de uma leitura verdadeiramente estrutural.[58]

A coincidência de métodos pode ser explicada provavelmente pela influência declarada que esses três autores tiveram do estruturalismo: Todorov cita os estruturalistas de Praga, enquanto Machado e Pageaux falam da análise estrutural empreendida por Lévi-Strauss.

Podemos, assim, definir o principal eixo que determina a classificação das personagens em *E agora?*: a cor da pele, para, em seguida, definir os *traços distintivos* do caráter desses dois grupos de personagens:

A) PERSONAGENS NEGRAS

A mãe – humildade, desapego (deixa a filha sair de casa aos 13 anos), reverência, gratidão (à madrinha, que leva a filha embora), crendice (acredita em magia negra), ignorância (fala errado).

As irmãs (a negra e a mulata) – inveja (da irmã), sarcasmo, revolta (pelo fato de serem empregadas domésticas), falta de energia (dona Marcela "estendeu a mão, que elas apertaram molemente").[59] Ambas só passam a mostrar sentimentos positivos (em relação à irmã mais nova) depois que se casam.

B) PERSONAGENS BRANCAS

O pai – dignidade, amor imparcial (pelas filhas), esforço, desapego (deixa a filha sair de casa).

A madrinha – extremo apego (à Camila), não-preconceito (discurso em favor dos negros), generosidade, compreensão, simplicidade, esforço (ascendeu socialmente).

O noivo – amor (à Camila), humor (faz brincadeiras), propósitos firmes, fidelidade, esforço (estuda medicina), ambição (quer ascender socialmente).

---

[58] MACHADO, Álvaro Manuel & PAGEAUX, Daniel-Henry. Op. cit., p. 57.
[59] MOTT, Odette de Barros. Op. cit., p. 33.

A assistente social – não-preconceito, generosidade, compreensão, amizade, simplicidade (dorme na casa dos pais de Camila).

Considerando esse quadro, percebe-se que os conflitos existenciais de Camila são intensificados por um contexto em que os negros estão também em desvantagem no que se refere aos sentimentos e ao caráter. Ao eixo de oposição branco/negro, de verificação imediata, agregam-se outros eixos semânticos, de verificação não imediata. Quando pensamos em caráter, por exemplo, observamos que a primeira motivação das irmãs de Camila é a inveja, tal como as irmãs de Cinderela, o que as transforma em "vilãs" do conto maravilhoso. Quanto aos sentimentos, são as únicas personagens que manifestam sentimentos negativos. Quanto aos vínculos afetivos criados pelas personagens (e que conduzem a narrativa), podemos comparar a mãe negra com a madrinha, a mãe branca. A mãe negra demonstra desapego, o que se soma à falta de recursos financeiros, enquanto a madrinha tanto pode oferecer recursos materiais, como é extremamente apegada à Camila. O seu apego à madrinha é, assim, explicado.

Lembremos que o eixo de separação das personagens é arbitrário, e que, ao invés de branco/negro, poderíamos ter uma separação por classe social: de um lado os pobres e de outro a classe média. Se assim fizéssemos, a única personagem que mudaria de posição seria o pai de Camila. E o que essa nova oposição mostraria? Possivelmente, que a qualidade "esforço", no caso do pai de Camila, estaria no eixo dos pobres – o que soa contraditório, pois o esforço é geralmente associado à ascensão econômica. Mantendo o eixo branco/negro, as qualidades distintivas permanecem separadas rigidamente entre os dois grupos, de forma quase maniqueísta: "esforço" não aparece no eixo das personagens negras. Analisaremos esse aspecto mais detalhadamente a seguir.

Quanto ao "sistema de relação das personagens", encontramos aí o dado mais revelador. Temos de um lado o universo pobre e mestiço e de outro o universo branco de classe média – e qual a relação que se estabelece entre os representantes de tais classes/universos distintos? O único vínculo e possibilidade de relação é a desinteressada intenção de *ajudar*, que move tanto a madrinha como a assistente social. Intenção sublinhada por generosidade, compreensão e desprendimento, como vimos nos sentimentos que as personagens expressam. Léia, a assistente social, não tem outra função na narrativa que não seja a de demonstrar seu não-preconceito.

Observemos a sutileza da seguinte passagem: "Quando chegou o domingo, logo às nove horas tomaram o ônibus, levando alguns presentes, frutas, doces, queijo. Camila fizera um bolo sob a orientação da cozinheira".[60]

Essas são as oferendas que a madrinha leva à família de Camila. E como a mãe negra pensa em retribuir? Vejamos: "— Que alegria, vieram visitar a gente? Que bom, hoje tem carne de porco no açougue e vou fazer um almoço gostoso".[61]

Não apenas a hierarquia entre os dois grupos está claramente delineada, como os alimentos escolhidos são reveladores da diferença de sensibilidade e parâmetros entre eles.

Deve-se, porém, ressalvar que todas as personagens brancas são apresentadas como muito simples ou oriundas de famílias humildes. Se quase todas elas estão numa posição social mais vantajosa, isso deve-se àquela qualidade de que falamos: *o esforço*. A madrinha trabalhara na roça e só se tornou professora mais tarde. Leo, o noivo, é um esforçado estudante de medicina que sonha em vencer na vida. O que aparentemente deveria aproximar os dois universos os distancia ainda mais. Afinal, a madrinha torna-se uma representante da classe média, com renda suficiente para contratar duas empregadas. Concluímos que só os brancos detêm esta capacidade (sem dúvida determinante para definir a estrutura social): a determinação, o esforço de transcender seu universo de origem, ascender. E são bem-sucedidos nesse esforço; a eles estão reservadas as profissões liberais, enquanto aos negros ou mestiços restam as atividades subalternas (emprego doméstico) ou proletárias (trabalhar na fábrica), destino que aceitam sem questionamento. A única exceção nesse quadro é o pai de Camila, que é esforçado, mas permanece na classe social mais baixa.

A conclusão é que, embora permeado por mensagens humanitárias, fraternas e dignificantes, a história tem uma *estrutura* que define uma sociedade seccionada e preconceituosa. Devemos lembrar inclusive que o traço "não-preconceito" só é revelado pelas personagens brancas, que são a madrinha, o pai e a assistente social. Quanto aos negros, ou à Camila, as atitudes preconceituosas (ou autopreconceituosas) predominam.

---

[60] Ibid., p. 37.
[61] Ibid., p. 38.

Percebemos assim que as mensagens antipreconceito são inócuas e não influem na trama, pelo simples fato de que sua *estrutura* é amparada por todos os elementos de estilo e pela própria fabulação, enquanto a mensagem humanitária fica apenas no nível discursivo.

Há também na história um outro eixo de oposição, já citado, mas que permeia o texto de tal maneira que se torna quase imperceptível, tal a naturalidade que assume no discurso. É a oposição entre beleza e feiúra. Já indicamos através de citações que essa oposição está presente de forma tal que poderíamos até associar a "branquitude" à beleza e a negritude à feiúra. Mas a beleza da protagonista é tão relevante, tão sugestiva e tão determinante para o decorrer de toda a narrativa que esse valor pode ser entendido como o *mais* relevante e significativo na obra. E, se o preconceito é discutido e criticado como um comportamento anti-social, o elogio da beleza não passa por nenhum crivo analítico.

Outra possibilidade de interpretação da obra, diferente, mas não conflitante com a que realizamos até aqui, nos remete à fabulação propriamente dita.

Decompondo a narrativa em quatro fases de desenvolvimento (e utilizando as fábulas como um exemplo), Fiorin as intitula "manipulação, competência, *performance*, e sanção".[62] Como a obra *E agora?* tem uma estrutura semelhante à de um conto de fadas, esse instrumental de análise pode muito bem ser-nos útil. "Manipulação", a primeira fase, pode ser entendida aqui como o encontro da madrinha com Camila. A manipulação está na generosa e tentadora oferta que a primeira faz à segunda, abrindo-lhe a possibilidade de um mundo mais rico. O que a madrinha procura é a dama de companhia, mas para a protagonista a manipulação dá-se em um nível existencial: terá ela capacidade de vencer o desafio proposto (estudar, ter uma vida mais refinada, ascender socialmente)? A importância dessa fase está no fato de que está aí o estopim e o motor que possibilitam o desenvolvimento da obra. Como diz Fiorin, a personagem manipulada precisa *querer* ou *dever* fazer o que lhe é proposto. Camila *quer*, pois o ambiente em que vive é pobre e opressor, e o novo ambiente é exatamente o oposto.

Na segunda fase, "competência", a personagem adquire um saber e um poder. O poder que Camila adquire é a capacidade de estudar até se

---

[62] FIORIN, José Luiz & SAVIOLI, Francisco Platão. *Para entender o texto*. São Paulo, Ática, 1990. p. 55.

formar e tornar-se professora, como a madrinha. Diga-se de passagem, a princípio ela mesma duvida dessa capacidade. Outro poder adquirido é a sua capacidade de atrair um rapaz branco, de classe média, que a vê como a mulher dos seus sonhos. Como agora ela vive em um ambiente branco e de classe média, essa capacidade é tão ou mais importante que a primeira. Quanto ao "saber", examinaremos esse aspecto mais tarde.

A terceira fase, *"performance"*, mostra-nos como a personagem leva a cabo e executa a sua ação, demonstrando que de fato adquiriu poder. Nos contos de fadas, o príncipe derrota o dragão. Aqui, poderíamos supor que Camila se tornaria de fato professora e se casaria com o príncipe. Mas, como esclarece Fiorin, nessa fase geralmente alguém perde alguma coisa, e alguém ganha. Camila poderia mentir mais um pouco, "ganhando" o príncipe e perdendo a sua família, realizando seus sonhos. Mas, como isso não é moralmente possível, temos um final que corresponde à última fase, a "sanção", em que a personagem recebe uma recompensa, ou um castigo. O fato é que em *E agora?* a *perfomance* não pôde ser levada a cabo, pois na verdade Camila adquiriu um poder, mas não um saber. Ela não conseguiu estabelecer a ponte entre o seu mundo de partida e o seu mundo de chegada, não "soube" perceber que as qualidades exigidas dela não se restringiam à aparência e à *performance* nos estudos; a única sabedoria possível nesse caso seria encontrar um noivo que soubesse e aceitasse a sua origem – a ascensão social dar-se-ia de forma legítima. O casamento, assim, não pôde se realizar e em seu lugar veio o castigo do rompimento. Essa é a razão pela qual Camila é uma heroína trágica, ou uma anti-heroína; não realiza seu objetivo maior devido às próprias falhas. As falhas podem ser entendidas como as mentiras, e a visão preconceituosa que ela tem da própria família, ou da raça negra. Fica subentendido, porém, que essa falha é inerente ao tecido social, já que o noivo também adere à visão preconceituosa que vê como incompatível o casamento de um branco com uma mestiça num ambiente de classe média.

Ao discorrer sobre as diversas versões de *Cinderela*, Bruno Bettelheim qualifica a heroína de Perrault como dotada de uma bondade "insípida",[63] pois não tem nenhuma iniciativa diante dos maus-tratos, auto-

---

[63] BETTELHEIM, Bruno & JANOWITZ, Morris. *Dynamics of prejudice*. New York, Harper Brothers, 1950. pp. 277-316.

desvaloriza-se e, mais importante, não reivindica nada; enquanto no conto dos irmãos Grimm a heroína faz tudo para ir ao baile. Nesse sentido, Camila aproxima-se da heroína de Perrault (que também depende muito mais da aparência exterior do que a heroína dos Grimm), pela sua falta de iniciativa e convicções. No contexto da obra *E agora?*, isso sem dúvida torna a personagem mais frágil, e a madrinha, que toma todas as iniciativas, uma personagem relevante cujas motivações valeria a pena estudar, pois é ela quem transforma Camila em uma outra Camila, mais educada, mais culta, capaz de tornar-se um sucedâneo de si própria.

E quais seriam suas motivações? Lembrando que o tema principal do livro é o preconceito, parece haver nela um desejo de mostrar que os preconceitos são infundados, que todos podem ascender e adquirir capacidades. A polarização da cor, no entanto, faz-nos lembrar que existem três personagens pontuais nessa história: a mãe negra, Camila e a madrinha (a mãe branca). Camila, a mestiça, representa o meio, ponto de convergência entre os dois universos, mas de fato aparenta ser branca. Não podemos esquecer que o "branqueamento" da sociedade brasileira (através da miscigenação) já foi entendido e denunciado como uma forma disfarçada de preconceito, e como ideologia oficial. Camila no fundo nada mais é do que uma mestiça "disfarçada" de branca – o que mostra que a concepção da obra baseia-se em parte nessa ideologia. Recaímos na suspeita anterior, agora quase uma certeza, de que essa oportunidade de ascensão só pôde se dar porque havia a "aparência branca" que justificava a presença de Camila em um universo mais rico. Ou seja, quando há o intercâmbio entre os universos, ele só acontece com o disfarce do branqueamento. A insipidez da heroína deve-se, em grande parte, a essa indefinição sobre qual dos universos efetivamente é o seu. As duas mães, boas e compreensivas, travam um combate para ganhar o amor de Camila. Durante a narrativa, a madrinha leva a melhor, tanto por suas qualidades como por suas posses, mas com sua morte só resta o consolo da mãe negra. A motivação da madrinha é, portanto, atrair para *seu* universo um elemento da classe baixa que, mesmo mestiça, aparenta ser branca. Isso não nos soa familiar?

A polarização não está apenas na consciência de Camila. Como demonstramos, está na divisão dos ambientes, nas oportunidades, nas não reveladas diferenciações. Um exemplo? Camila e a madrinha vão visitar a família de Camila no interior (com presentes, como já vimos), mas um convite para que o contrário se dê não ocorre. A polarização dá-se em nível desigual. Por trás da bondade generosa da madrinha está implícita a noção de que só os brancos (ou com aparência de brancos) podem conviver de igual para igual no mesmo universo. Quando há a mistura, ela ocorre por um ato de generosidade dos brancos.

A fase inicial de manipulação, a qual nos referimos, ocorre de forma incompleta. O ideal da madrinha teria sido, de acordo com suas palavras, criar uma menina que fosse culta, educada, mas também sincera e verdadeira. O máximo que conseguiu, porém, foi ter a companhia de alguém que se deixou seduzir pelos presentes, pelas oportunidades. O interesse foi o motor dessa conquista. O lapso moral que a heroína apresenta a transforma num arremedo da madrinha, e acrescenta ainda uma dúvida: essa falha estaria ligada, também, à origem racial, à pobreza do ambiente em que nasceu? Lembremo-nos da comparação entre as personagens brancas e negras, e da desvantagem das últimas: estaríamos diante de mais um sinal, uma prova dessa inferioridade, apenas sugerida?

O fato é que o universo branco e o universo negro, ou mestiço, são aqui distintos e entendidos como inconciliáveis; além disso, a conclusão final da obra é conservadora, pois não há a transposição de um universo para o outro. Essa constatação leva-nos a outra indagação: é humanamente possível retratar dois universos distintos com total isenção? Ou temos, ao contrário, necessariamente um discurso comprometido com o *status quo*, com a defesa do atual estado das coisas, tornando-se assim a obra de arte apenas mais um instrumento de dominação ideológica?

Essa indagação pode nos levar a um dos primeiros conceitos (o eixo de oposição) que citamos. Álvaro Machado e Daniel-Henri Pageaux, com o objetivo de estudar as imagens de uma cultura ou povo construídas por *outra* cultura ou povo, definem essa oposição como a "relação entre o Outro e o Eu":

> O estudo da relação entre o Outro e Eu transforma-se em inquéritos sobre a "consciência enunciativa" (o Eu que diz o Outro), para retomar a expressão utilizada por Michel Foucault na sua *Histoire de la folie à l'âge classique*. Seguir os meandros da escrita deste Eu enunciador é identificar, para lá dos motivos, das seqüências, dos temas, dos rostos e das imagens que dizem o Outro, a maneira de se articularem no interior

de um texto os princípios organizadores, os princípios distribuidores (série do Eu *versus* série do Outro), as formas lógicas e as divagações do imaginário. O texto, projeto de definição mais ou menos exaustiva do Outro, revela o universo fantasmático do Eu que o elaborou, que o articulou, que o enunciou.[64]

Considerando que um texto literário apresenta dois universos distintos em oposição, é natural supor que um desses universos pode ser identificado com o conceito de "Eu", em oposição ao conceito de "Outro", relativo ao segundo universo. Aqui, restaria apenas essa indagação: qual dos dois universos, branco e negro, pode na obra *E agora?* ser entendido como o "Eu", e qual representaria o "Outro"? Qual deles seria, em oposição ao "Outro", o "universo fantasmático do Eu que o elaborou, que o articulou, que o enunciou"?

3.3. *AMOR NÃO TEM COR*, DE GISELDA LAPORTA NICOLELIS

O ponto de partida da obra *Amor não tem cor* é o mesmo da obra anteriormente estudada, *E agora?* (por isso mesmo deu-se a escolha, possibilitando um confronto entre as obras): em ambas, temos narrativas construídas em torno de personagens mestiças (descendentes de brancos e negros) que, no entanto, não aceitam essa origem, tentando passar por brancos e originando assim toda sorte de conflitos.

No romance juvenil *Amor não tem cor,* Jefferson, que aparenta ser branco, na verdade é mestiço e tem uma avó negra. O conflito vem à tona no momento em que sua mulher resolve adotar uma criança, pois ele não aceita uma criança mulata ou negra. O fato de ser mestiço nunca fora assumido perante a esposa. Esse posicionamento é chamado dentro da própria obra de "auto-racismo".

Esse preâmbulo, ao contrário do que pode parecer, não é um resumo da obra. Ele está todo contido no texto intitulado "Apresentação", que introduz a obra e foi escrito, ao que tudo indica, pela própria autora. A análise literária, que em princípio deveria focalizar apenas o texto ficcio-

---

[64] MACHADO, Álvaro Manuel & PAGEAUX, Daniel-Henry. Op. cit., p. 56.

nal, não pode, contudo, descartar a existência de uma introdução desse tipo, pelo simples fato de que nossa apreensão da obra é modificada por essa abertura. Textos como esse, que introduzem ou delimitam ou explicam a obra, foram chamados, por Umberto Eco, de "paratextos".[65] Um dos objetivos do autor é definir o papel do leitor na obra literária, valendo-se para isso de conceitos como "autor modelo" e "leitor modelo". O autor modelo nada tem a ver com o autor empírico, aquele que realmente escreveu a obra, nem o leitor modelo confunde-se com o leitor real, que pode gostar ou não da narrativa. Através de comentários que se dirigem mais ou menos diretamente ao leitor, o autor delimita a expectativa que se deve e se pode ter em relação ao texto e, assim, define o "leitor modelo", ou seja, como se comportaria o receptor em seu papel de leitor, de acordo com as coordenadas que lhe estão sendo dadas – e ele também define-se como "autor modelo", ao dar a entender com que parâmetros o seu texto foi construído.

Textos são, assim, uma espécie de contrato que se estabelece entre as duas partes, e do qual o próprio ato de leitura é uma ratificação. Na verdade, mesmo que não exista um paratexto definido como tal (um texto em paralelo ao texto principal), todo texto, literário ou não, determina o autor modelo e um leitor modelo, pelo simples fato de que pode haver elipses, por exemplo, a serem completadas pelo leitor (textos muito detalhados são via de regra cansativos; o leitor deve incluir sua colaboração), ou porque certos textos (jornalísticos, digamos) já pressupõem um autor e um leitor modelos, uma atitude específica que devem ter o autor e o leitor naquele caso. Todo texto, em suma, traz embutido em si um conjunto de regras implícitas que define como foi escrito e como deve ser lido: "Em outras palavras, existe um leitor modelo não apenas para *Finnegans Wake*, mas também para uma tabela de horários em uma estação de trem, e os textos exigem uma cooperação diferenciada em cada caso".[66]

A existência de um paratexto introdutório pode render amplas discussões. Como afirma o próprio Eco no referido ensaio, o paratexto pode, ao fazer referência à obra literária e a fatores externos a ela, esclarecer o leitor a respeito da obra e do seu papel como leitor modelo, ou,

---

[65] Eco, Umberto. Entering the woods. In _____. *Six walks in the ficcional woods*. Cambridge, Harvard, 1995.

[66] Ibid., p. 16. (Tradução nossa.)

ao contrário, jogar o leitor em uma cilada, em que a própria essência do ato da leitura será questionada, pois pode haver ambigüidade no que diz respeito ao estatuto da ficção e ao estatuto da realidade.

No caso da obra *Amor não tem cor*, existe de fato esse risco e essa ambigüidade. Pois, ao apresentar um sumário da obra, *justificando-a* a partir de dados e estatísticas colhidos nos institutos que analisam nossa realidade social (um estudo sobre as raças na ancestralidade do brasileiro; a quantidade de menores abandonados em abrigos; quais os disponíveis para adoção), a autora, entendida tão-somente enquanto autor modelo, pode criar a expectativa de que a obra será apenas uma comprovação (ou exemplificação) daquilo que já se verificou através dos números. A cilada envolve o leitor: deve ou não esperar mais do que foi dito na "Apresentação"? E também envolve o papel do autor, ao não deixar claro se a obra de arte deve apenas refletir aspectos da vida social, ilustrando-os, ou, ao contrário, subverter essa equação e fazer do inesperado um parâmetro literário.

A leitura seria, então, uma resposta a essa dúvida.

Temos como fator estruturante da narrativa o antagonismo de duas posições (relativas à questão racial) e duas personagens cujo embate será o motor da obra:

JEFFERSON – um homem que parece branco, mas que tem origem mestiça, pois sua avó é negra. Sua origem racial foi ocultada de sua mulher, Marijane, porque ele temia que a família dela não o aceitasse. Quando a mulher pensa em adoção, ele só admite a idéia se a criança adotada for uma menina loira de olhos claros, revelando assim seu "autopreconceito".

MARIJANE – uma mulher branca, loira, incapaz de engravidar. Pensa em adoção, mas acha absurda qualquer distinção de cor, que qualifica como racismo. Quando vai ao abrigo, vê um menino mulato e quer adotá-lo imediatamente. Assume o desafio de convencer o marido.

São antípodas (mulato racista *versus* branca igualitária) cuja complementaridade/polaridade vai fazer com que os conflitos cheguem a um clímax e que ambos se revelem um ao outro. Ou melhor, o marido vai se revelar, pois é ele quem tem algo a esconder. Numa das primeiras conversas, por exemplo, Marijane diz a Jefferson que ele tem, de fato, aparência de mulato. E ele fica sem resposta.

Em torno dessa oposição articulam-se as demais personagens, fomentando o desenlace. O principal deles é dr. Otávio, o advogado para o qual Marijane trabalha (podendo assim auxiliá-la na adoção), que conhece os conflitos do casal e acaba revelando a ela a origem racial de Jefferson.

Essa revelação provoca um conflito e uma viagem empreendida por Marijane e o marido, cujo objetivo é conhecer os avós de Jefferson.

Aqui podemos já estabelecer uma comparação com a obra anterior, *E agora?* A avó negra de Jefferson é uma modista muito bem conceituada na cidade onde mora, e, o que se deduz, mais bem-sucedida que o marido, branco. A diferença de tratamento das personagens negras é evidente. Enquanto na primeira obra temos personagens negras que têm sempre funções subalternas, manifestando revolta por essa condição, na segunda temos uma personagem negra em uma posição social destacada, que sabe compreender o preconceito dos outros, inclusive do próprio neto – o que naturalmente contribui para um desfecho otimista da história.

Essa diferença mostra dois enfoques distintos da questão do racismo. Entre os dois enfoques, há um hiato. Podemos explicar esse hiato por uma diferença de estilos, de universos pessoais, de índoles, sem dúvida, mas a principal explicação está na passagem do tempo, que tornou os autores de livros infanto-juvenis mais conscientes da questão do racismo.

Entre o primeiro livro, publicado em 1973, e o segundo, em 2002, temos uma série de discussões, debates, sem contar o próprio decorrer da História, dos movimentos sociais e finalmente o aparecimento das ONGs que enfrentam a questão de forma direta. Uma atitude preconceituosa, hoje, seria detectada com muito maior rapidez do que há 30 anos. E o cabedal de gestos, palavras e conceitos que denotam preconceito aumentou muito, porque hoje o nosso olhar já mudou. Sem dúvida, o tempo e o contexto histórico são fatores que não podem ser desconsiderados.

Fechado esse parêntese, voltemos à análise: o clímax a que nos referimos acontece com a revelação da origem de Jefferson: Marijane, indignada, vai ao banco e começa uma briga na frente de todos. O tom da cena é de comédia, com pessoas tendo reações disparatadas ao pensar que a briga é um assalto. Essa mudança de tom não desfigura a obra, mas é um sinal da sua fragilidade. Pois, ao conduzir uma história fundada num conflito intenso a ponto de fazer uma personagem negar sua origem (como na obra *E agora?*, a mentira foi a base do relacionamento do casal) e transformar subitamente o drama em comédia, a autora tirou a força da contraposição que era o único motor da obra. E a suspeita comprova-se: na cena seguinte, marido e mulher acham graça um do outro, acham graça da mentira que foi mantida inutilmente por tanto tempo, já que Marijane não é preconceituosa e não deixaria de se casar com Jefferson por sua origem. A base do conflito, portanto, revela-se infundada. As cenas seguintes mostram a comunhão e a afetividade entre os membros da família, estando a avó negra no centro delas. E como fica a não aceitação de Jefferson de sua própria origem, o seu auto-racismo? Ele mostra-se orgulhoso da avó, mas, quanto ao filho mulato, ainda tem resistências. Então, a mãe de Marijane, depois de ir ao abrigo e convencer-se da necessidade da adoção, resolve convencer o genro – e Jefferson deixa-se convencer. Assim, o que parecia ser um drama de consciência dessa personagem passa a ser um erro de julgamento a respeito do preconceito alheio. É uma inversão que resulta em arrefecimento do conflito e em perda de significação da história. Tal como um *deus ex machina*, essa mudança de enfoque naturalmente contribui para o final feliz, em que o preconceito é um problema externo, social, que não mais diz respeito a essa família.

Estando o clímax da narrativa situado antes da metade da obra, a metade final perde muito em interesse, já que o embate de posições entre marido e mulher, como dissemos, foi reduzido a um erro de cálculo. Como o objetivo da obra é assumidamente discutir o preconceito, resta, após o clímax, a existência da avó de Marijane, tida como preconceituosa. Ao conhecer a avó de Jefferson, ela mostra-se tensa, mas o conflito não explode. E, com o surgimento de uma situação na qual o casal depende dessa avó para cuidar do filho adotado, o preconceito anula-se em função do laço afetivo que se estabelece entre avó e bisneto. A afetividade, aprendemos, é o fator que pode dissolver o preconceito. No entanto, esse conflito não deixa de ser secundário, sem força para conduzir a narrativa.

O final dá-se quando Marijane fica grávida, e depois tem uma filha, demonstrando que filhos naturais e adotivos podem ser igualmente amados.

A mudança de enfoque entre as obras *E agora?* e *Amor não tem cor* acontece em vários níveis.

O autopreconceito é semelhante nas duas, mas em *Amor não tem cor* ele pode ser dissolvido com a aceitação dos que estão mais próximos. Em *E agora?* o autopreconceito não se dissolve e é realçado pelo preconceito do noivo, Léo. Conseqüentemente, *E agora?* aponta para uma conclusão pessimista a respeito da sociedade, enquanto *Amor não tem cor* é otimista, embora em ambas fique claro que o preconceito existe e não vai acabar.

Se nas duas obras existem discursos contra o preconceito, contra a situação de exclusão, *E agora?*, como analisamos, traz um rol de personagens emblemáticas do preconceito ou do autopreconceito (Camila, suas irmãs, o noivo, a madrinha que escolhe a filha mais branca). *Amor não tem cor*, ao contrário, traz inúmeras personagens brancas sem preconceito algum, pois casam-se, convivem e aceitam as personagens negras. Ali, as personagens preconceituosas são exceção, o que também é um facilitador para o desfecho otimista.

Quanto aos discursos anti-racistas, há uma diferença de tom evidente. Na obra *E agora?*, os discursos têm um caráter humanístico-sociológico fechado: o negro é digno e capaz. Em *Amor não tem cor*, os discursos referem-se à questão dos menores abandonados, que pagam o preço do preconceito ao não serem adotados. Mas em *Amor não tem cor*, afirma-se que o nome Jefferson é uma referência ao presidente americano nascido no século XVIII, que tinha uma amante negra e vários filhos com ela. Publicamente, sua postura era ambígua, pois criou a frase fundamental da Declaração de Independência americana, segundo a qual todos nascem iguais e têm os mesmos direitos à vida, à liberdade e à felicidade. No entanto, ele era um defensor da não mistura de raças, e não permitia que seus escravos estudassem.

Essa referência mostra o que a obra *E agora?* não consegue demonstrar: que os discursos, por si sós, não têm o poder de mudar a realidade e podem estar permeados de ambigüidade. Como analisamos, os discursos humanitários em *E agora?* são inócuos. Em *Amor não tem cor*, a autora não concentrou sua atenção nos discursos, mas no entrecho, que traz, de forma clara, uma condenação do racismo. Se na obra *E agora?* os discursos eram absolutamente ineficazes quando confrontados com a questão fundamental que definia a história (a beleza dos brancos *versus* a feiúra dos negros), em *Amor não tem* cor, percebe-se um avanço em relação ao papel da literatura no tratamento de uma questão de alcance social. A intenção de *Amor não tem cor* não é dialogar com *E agora?*, mas existe aí um diálogo, no sentido de que o artifício do discurso bem-intencionado é desnudado. Essa mudança é no fundo uma conseqüência da evolução no tratamento da questão racial a que já nos referimos, do amadurecimento da sociedade. Lembremos a nossa crítica anterior: a fabulação e os elementos de estilo concorrem de forma muito mais evidente para a construção de uma ideologia do que os discursos moralizantes.

No entanto, apesar desse "avanço" no tratamento do tema, *Amor não tem cor* parece ser uma obra comparativamente mais condescendente em suas ambições literárias. O primeiro problema, já referido, decorre do fato de que a "solução" encontrada pela obra *Amor não tem cor* é transformar um conflito intenso num mal-entendido, como se o racismo fosse um problema superficial que pudesse ser resolvido com uma conversa, abrindo espaço para um rápido final feliz. A questão inicial era o autopreconceito de Jefferson, a não aceitação de si mesmo – a dificuldade de adotar um filho mestiço era só uma decorrência do conflito interior. Teria sido muito mais verossímil se esse conflito não pudesse ser resolvido apenas "exteriormente", mas, ao contrário, trouxesse mais questionamentos daquela personagem a respeito da sua identidade e da sua imagem social. A história focaliza a criança, mas o problema está nos adultos, já que são eles os criadores e mantenedores do fenômeno nomeado "preconceito". Sem um exame da consciência desses adultos, a narrativa parece-nos politicamente correta, porém hesitante, como se examinar os sentimentos contraditórios pudesse trazer argumentos contrários à tese principal, anti-racista. O final feliz declara que o preconceito está apenas nos outros, nas pessoas que passam na rua, o que contraria o pressuposto inicial da narrativa.

Temos, assim, duas obras com problemas distintos. Em ambas, a intenção que se adivinha na sua concepção é a de discutir o preconceito, valendo-se da noção de "autopreconceito", ou seja, da não aceitação de si mesmo, da própria raça.

Mas, em *E agora?*, há contradição entre o que as personagens dizem e fazem, há a noção de que os discursos corretivos têm uma certa importância, fato desmentido pela própria obra, pois a fabulação aponta para a não superação do atual estado de coisas. O único problema concreto parece ser a aceitação do negro de si mesmo, pois a relação da sociedade com o negro não é problematizada, e nem os negros tentam modificar o seu *status* nesse mundo tal como é apresentado. O conflito da personagem principal consigo mesma é realçado, enquanto os índices de preconceito manifesto pelas personagens brancas permanecem velados, o que dificulta o seu reconhecimento – afinal, nos perguntamos, são propositais ou denotam uma visão de mundo inconscientemente preconceituosa, típica de uma certa classe social e de uma certa época?

Em *Amor não tem cor* temos problemas bem diferentes. Tudo aponta para a superação do preconceito, a fabulação, as personagens negras que se aceitam, a miscigenação como algo natural, o realce dado à beleza do negro e do mulato (o oposto do que acontecia em *E agora?*), mas o preço para essa rápida superação do problema racial é a superficialidade, o abandono de posições fortes, a recusa da ambigüidade, a simplificação de uma questão complexa – temos aí a noção de que basta gostar de uma personagem mestiça e magicamente os sentimentos racistas são esquecidos. E com isso não queremos dizer que o preconceito seja eterno: apenas, a forma como essas transformações foram trabalhadas estilisticamente não induz ao exame dos próprios sentimentos. As personagens racistas (ou auto-racistas) não são verdadeiramente confrontadas com a origem, a motivação desse sentimento negativo, motivo pelo qual as rápidas transformações são pouco instrutivas.

Deve-se ainda ressalvar na obra *Amor não tem cor* o grande número de referências de caráter jornalístico, tal como numa reportagem. Carlos Reis chama esse tipo de referência de "função informante".[67] Como o próprio nome diz, esse recurso traduz-se em informação, em conhecimento objetivo do tema em desenvolvimento.

Como iniciamos esta análise falando do paratexto inicial, criador de uma certa expectativa em relação à obra, resta-nos comparar as intenções declaradas no paratexto e a realização da obra. Nosso medo era de que a obra se limitasse a ilustrar a situação descrita ali, pois já antecipava o problema do racismo e o conflito entre marido e mulher. E, de fato, presenciamos, durante metade da obra, o desenvolvimento dessa situação. Na metade final, temos algumas novidades não antecipadas no paratexto, mas que não criam nenhuma alteração significativa do já es-

---

[67] Reis, Carlos. Op. cit., p. 68.

boçado – apenas a noção de que o amor pode superar o racismo, algo já expresso no próprio título. O paratexto, em suma, acaba mesmo se tornando um limitador da obra, declarando já de início suas intenções. E esse é um risco para a literatura: o fato de autores bem-intencionados transformarem a obra numa tese claramente orientada em uma direção, com a conseqüente diminuição do seu valor artístico. Antonio Candido, ao falar sobre Aluísio Azevedo, informa que ele consultou um médico para compor a cena de um envenenamento por estricnina. No entanto, não seguiu as indicações recebidas. "Apesar do escrúpulo informativo do naturalismo, desrespeitou os dados da ciência e deu ao veneno uma ação mais rápida e mais dramática, porque necessitava que assim fosse para o seu desígnio".[68]

É isso o que esperamos de um autor: que ele despreze os dados da ciência, se necessário, mas crie arte, por entendermos que o valor informativo de uma obra está em um patamar inferior ao do seu valor artístico. Ademais, os dados informativos ou científicos estão sujeitos a constantes alterações, enquanto os valores artísticos são eternos.

3.4. *A COR DA TERNURA*, DE GENI GUIMARÃES

Se o romance *A cor da ternura* não estivesse aqui inserido em uma série de obras escolhidas com o propósito de analisar a temática do preconceito, poderia não ser fácil definir o seu tema principal. Afirmar *a priori* que esse é seu tema, justificando assim a escolha, pode parecer precipitado. *A cor da ternura* encaixa-se no rol das verdadeiras obras de arte, que, por sua natureza intrínseca, não se revela de pronto, não simplifica os seus temas, embora seja uma obra simples, a respeito de sentimentos primordiais experimentados, de uma forma ou outra, por todas as pessoas. O desafio aqui é descrever os elementos constitutivos dessa obra, demonstrando que o preconceito ocupa papel central no emaranhado de temas.

De início, vemo-nos diante de uma narrativa que apenas descreve a infância de uma menina negra, na qual o narrador "coincide" com a personagem principal.

Chama a atenção o fato de não se poder notar nas palavras escolhidas nenhum indício de postura combativa, orientada contra ou a favor

---

[68] CANDIDO, Antonio. *Literatura e sociedade*. Op. cit., p. 12.

de alguma coisa. As personagens são negras? Sabemos que sim, porque as ilustrações o indicam, mas no texto isso só fica claro quando a mãe brinca com a filha dizendo que a chuva de Deus poderia torná-la branca, enquanto ela, a mãe, continuaria preta. Mas a filha, sentindo-a triste, diz que prefere continuar com a mesma "tinta" da mãe. Percebe-se nessa passagem o tom que predominará na obra: ter determinada cor de pele pode ser uma questão de solidariedade, de vínculo. Por outro lado, a passagem toca numa questão cara à sociedade brasileira: o branqueamento como uma possibilidade de maior aceitação, maior inserção social.

Essa passagem, no entanto, é apenas uma entre muitas. A descrição de uma vida muito pobre não é amenizada pela linguagem poética, ao contrário, é enfatizada:

> Minha mãe sentava-se numa cadeira, tirava o avental e eu ia. Colocava-me entre suas pernas, enfiava a mãos no decote do seu vestido, arrancava dele os seios e mamava em pé.
> [...]
> Ela aproveitava o tempo, catando piolhos da minha cabeça ou trançando-me os cabelos.[69]

Não podemos esquecer que muitos autores, tentando suavizar a pobreza, descrevem-na de forma pitoresca, ou "saudável", como se a justificassem. (É o caso de Odette de Barros Mott, em *E agora?*, ao descrever a paisagem bucólica para onde os pais da protagonista Camila se mudam.) O fato de a menina mamar em pé indica um costume típico de pessoas pobres, que nesse caso moram na roça: o leite materno é aproveitado ao máximo (uma criança que anda tem no mínimo 14 meses; como há um diálogo após essa cena, é possível que a menina tenha mais de 2 anos), dada a falta de outros alimentos. E o catar piolhos também indica o extrato social a que pertencem. Esses elementos, que seriam provavelmente vinculados a um contexto negativo, de carência e atraso, e pouca higiene, têm aqui os seus sinais invertidos, passando a indicar proximidade, afeto, amor.

Essa inversão dos sinais indica independência de espírito e domínio da arte em questão. Aqui, ao contrário das obras anteriormente analisadas, não se tenta simplesmente agregar personagens a qualidades,

---

[69] GUIMARÃES, Geni. *A cor da ternura.* São Paulo, FTD, 1982. p. 9.

demonstrando que os negros são dignos, por exemplo. Ao inverter os sinais a autora questiona, de forma sutil e indireta, os preconceitos do leitor, que poderia estar disposto a concordar que os negros são dignos, mas que certamente não deixaria de ver a pobreza de um ângulo já conhecido: com pena, comiseração, com superioridade – o que não deixa de ser outro tipo de preconceito. Essa escolha requer coragem, pois o viés negativo pode persistir, já que os preconceitos são arraigados. Em última análise, a coragem artística vem acompanhada também de desprendimento e de uma superioridade de outra ordem em relação aos que têm preconceito, que faculta à autora a capacidade de descrever uma realidade tal como ela foi vivida, o que só poderia ocorrer com a certeza de que essa realidade não é tão limitante quanto aparenta ser. É assim que, nas primeiras linhas, já se pode adivinhar um percurso de vida e o da obra muito semelhantes.

Como se percebe, falamos da narradora e da autora como duas entidades muito próximas, como se houvesse uma identificação imediata entre elas. O fato é que não podemos ignorar que, em meio à narrativa, há a referência ao nome da personagem narradora, Geni, que coincide com o nome da "autora empírica",[70] que está na capa. A coincidência indica que essa obra muito verossimilmente está amparada na memória, na experiência vivida. Existe, nesse caso, uma clara aproximação entre as noções de autor modelo e autor empírico, e essa aproximação ocorreu de forma intencional, isto é, o autor empírico transforma a obra em uma projeção de si mesmo, ou da imagem que quer transmitir, indicando que a obra deve ser entendida como testemunho pessoal. E essa escolha direciona esteticamente a obra e sua leitura. Quanto às conseqüências dessa opção, só podemos fazer uma avaliação a esse respeito ao concluir a análise.

Por outro lado, a indicação de que se trata de uma obra "memorialista" gera dúvidas. Por definição, o gênero memória baseia-se em um relato fiel do vivido; fiel porque busca em fatos reais a justificativa da obra. Caso esses fatos fossem deturpados, a própria essência da obra seria questionada. Mas a memória baseia-se, também, na capacidade de síntese e de re-criação: a articulação do vivido em signos identificáveis, a transformação da massa complexa que é a vida em um conjunto in-

---

[70] Cf. Eco, Umberto. Op. cit.

tencional e dirigido; do contrário não seria uma obra literária. O que gera dúvida é o fato de que, muitas vezes, o relato puro e simples pode predominar, indicando que o valor daquela experiência vivida é por si só suficiente para justificar sua transformação em narrativa, tal como um "depoimento"; nesse caso, a recriação fica em segundo plano.

Pedro Nava, tentando definir e defender a sua arte, escreveu:

> Para quem escreve memórias, onde acaba a lembrança, onde começa a ficção? Talvez sejam inseparáveis. Os fatos da realidade são como pedra, tijolo – argamassados, virados parede, casa, pelo saibro, pela cal, pelo reboco da verossimilhança – manipulados pela imaginação criadora. [...] Só há dignidade na recriação. O resto é relatório [...].[71]

A obra é dividida em capítulos e a maior parte deles refere-se à infância. A infância é marcada pelas relações da criança com a mãe, com a família – a consciência de haver uma "sociedade" só vem mais tarde. É assim que o prazer de beber o leite materno é seguido da dor de ter esse leite recusado, pois a mãe iria ter outro filho. A infância é, por definição, uma sucessão de alegrias e dores que nada têm a ver com o preconceito, e a autora não foge dessa constatação, nem tenta orientar a obra na direção de uma "mensagem".

A gravidez da mãe é vista pela menina-narradora como doença. A mãe querida e desejada, agora sem a disponibilidade de antes. Socorrem-na as irmãs, que lhe explicam os fatos. Os gritos do parto fazem-na arrepender-se da raiva desse irmão, fazem-na prometer que trataria bem esse irmão, chamando-o de Jesus. O ciúme intensifica-se com o nascimento. E a menina só se interessa em ver o irmão depois de oito dias:

> Não achei bonito nem feio.
> Apenas senti um grande alívio quando me vi descompromissada de chamá-lo de Menino Jesus.
> Era negro.[72]

É assim que o preconceito racial aparece pela primeira vez: na voz da própria narradora, oculto pelo ciúme fraternal. Certamente ela conhecia a

---

[71] Nava apud Aguiar, Joaquim Alves de. *Espaços da memória*. São Paulo, Edusp, 1998. p. 22.
[72] Guimarães, Geni. Op. cit., p. 22.

imagem de um Menino Jesus branco e já ouvira um ou dois comentários desfavoráveis aos negros. Note-se que a idéia de "autopreconceito", base das obras anteriores, não está ausente. Apenas, não se pode atentar objetivamente na razão de aparecer dessa forma. E essa também é uma diferença relevante em relação às obras anteriores: a razão para a existência do preconceito não é explicitada, e nem atacada; não há nenhuma personagem assumindo a defesa dos "oprimidos". A voz do preconceito aparece e em seguida desaparece, deixando as suposições dos leitores sem resposta.

E a experiência vivida segue o seu rumo. Com esse nascimento, a narração abandona o enfoque narcísico que diz "eu" e passa-se ao "eles": as irmãs, os trabalhos com o bebê, com a irmã excepcional. Mas a menina rebela-se e volta a afirmar o seu "eu" através das manhas e das doenças. Até que, tornada centro das atenções, volta ao normal. A amizade com uma aranhinha a reintegra a seu mundo auto-referencial, abrindo caminho para uma amizade com o irmão. Como se vê, narra-se a infância, com seus necessários e fortes vínculos emocionais sendo criados em grande parte pela imaginação.

Isso explica a opção por um estilo direto e poético, em que frases dispostas em *coordenação* sucedem-se sem maior sentido lógico, ou seguindo apenas a lógica infantil. Quando, vez ou outra, há uma indicação de *subordinação*, de tentativa de explicar o porquê das mudanças e da passagem de uma fase a outra, a narração perde força, como se por um instante se perdesse a voz da menina, e vozes mais adultas quisessem se fazer presentes:

> Senti que seus olhos internos [do irmão], como os olhos dos outros, olhavam agora para outra direção.
>
> Vesgos, se desviaram do meu rumo e me deixavam, desde então, órfã de afinidade e crença.
>
> O Zezinho se misturou nas besteiras dos homens e estes, do tamanho natural, não me davam espaço para alcançá-los, nem faziam nada para que eu, no mínimo, pudesse ter passadas mais longas.
>
> Quando eu perguntava de que cor era o céu, me respondiam o óbvio: bonito, grande, azul etc. Não entendiam que eu queria saber do céu de dentro. Eu queria a polpa, que a casca era visível. Por isso foi que resolvi manter contato com as pessoas só em casos de extrema necessidade.[73]

---

[73] Ibid., p. 35.

Embora não perca o sentido poético da narrativa, parece haver aí uma desnecessária explicação ("Por isso") para a fase que virá em seguida: a identificação com os animais.

Voltada para si mesma, sendo dotada de imaginação e sensibilidade, a menina é vista como um problema: alguém que precisa de cura. E a rezadeira Chica Espanhola afirma:

> — Tem que trazer a menina aqui nove dias seguidos. Está com acompanhamento. O espírito de Zumbi está do lado direito dela.[74]

Essa é a segunda referência que pode ser atribuída ao preconceito. Zumbi não é o rebelde libertador dos escravos, mas o "coisa-ruim" que precisa dar lugar à "Menina Izildinha". Para a menina, isso é apenas uma informação a mais, um fantasma que vai assombrá-la. Para tornar-se uma criança como as outras, ela muda radicalmente de atitude: "Alienei-me para inserir-me no contexto". Essa é mais uma frase que *subordina* situações e sentimentos infantis a um raciocínio adulto. Nesse momento, a poesia se perde. A voz que analisa e explica parece esquecer a dinâmica da infância, com seus prazeres e dores, com suas contradições, para justificar as mudanças que, assim, assumem um tom falsamente consciente e premeditado. Deve-se reiterar, porém, que só fazemos a ressalva porque a força desse texto está em sua poesia.

E, nas brincadeiras, ela mais uma vez sente dificuldade de conciliar a imaginação solta com as regras impostas pela comunidade infantil. É assim que vêm os primeiros xingamentos: "Boneca de piche, cabelo de bombril!". Essas palavras não a incomodam muito. Seu universo interior segue uma dinâmica independente, ou quase independente. O universo exterior apenas exige que ela "faça de conta", e ela finge concordar com a mãe:

> — E se, no caminho, o Flávio me xingar de negrinha?
> — Não quero saber de encrenca, pelo amor de Deus! Você pega e faz de conta que não escutou nada.
> Calei-me.
> Quem era eu para dizer-lhe que já estava cansada de fazer de conta?[75]

---

[74] Ibid., p. 36.
[75] Ibid., p. 47.

Esse trecho sinaliza uma segunda etapa da narrativa: a experiência de estudar em uma escola e, naturalmente, adaptar-se a uma estrutura social mais complexa que a família. A mãe avisa: por ser negra, ela deve estar mais asseada que as outras crianças.

Na escola, o primeiro desafio é beijar a professora: será que ela teria coragem, como as outras meninas? O fato de a professora ser branca, ter mãos que parecem pombas, enfim, ser idealizada pela protagonista, dificulta a tarefa.

No segundo ano, ela faz um poema sobre a Princesa Isabel, elogiado pelo diretor. Ela tem vontade de apresentá-lo em público, mas, pensa, se no momento faltasse coragem, os anjos a perdoariam? E os anjos (crianças que tinham morrido), negros e brancos, teriam voz no céu? "Não. Anjos e anjas não. Crianças não opinam, não decidem nada. Nem votam. Ah! Mas se eles pudessem..."[76]

A imaginação infantil é permeada pelos condicionantes sociais, pelos preconceitos e também pelo vivido, pela comida ingerida, pelos animais do terreiro. Tudo alimenta, sem distinção, sem hierarquia. Sobrepõem-se o sensorial, o conceito, a superstição. Essa não-distinção submete todos os instantes da narrativa (parágrafos curtos e poucos diálogos que definem capítulos concisos) ao mesmo nível de tensão, que faz o leitor acompanhar situações aparentemente banais com o mesmo interesse. Habilidosa, a autora transforma cada situação em oportunidade para exercer o domínio da narrativa, isto é, banha-os de dúvida, ambigüidade, e abre-se um abismo diante de cada palavra, pois o leitor não sabe se o instante seguinte será de glória ou martírio. As personagens nunca são boas ou más, antes, são as duas coisas ao mesmo tempo, são inescrutáveis – e viver é perigoso. O caso do poema escrito em homenagem à Princesa Isabel é emblemático: em cada parágrafo paira a perplexidade, o não saber se o interesse pelo poema serviria ao Mal ou ao Bem. Os adultos assemelham-se a cultuados deuses gregos: elevados, porém voluntariosos e capazes de vingança.

A experiência do poema revela-se mais negativa que positiva. Os escravos, de acordo com a professora, eram humilhados e nada tinham de heróico – bem diferente da imagem dos negros transmitida por Nhá

---

[76] Ibid., p. 63.

Rosária, senhora negra de 100 anos de idade, que contava histórias sobre a escravidão. Desiludida, a protagonista conclui que pertence a uma raça inferior. Na hora de declamar o seu poema, fica muda. A sujeira que escorre do seu nariz também é um sinal de inadequação. Ela resolve esfregar a perna, mas não consegue tirar o negro da pele. A mãe cura as suas feridas. Ela reflete: "Dentro de uma semana, na perna só uns riscos denunciavam a violência contra mim, de mim para mim mesma. Só ficaram as chagas da alma esperando o remédio do tempo e a justiça dos homens".[77]

A possibilidade de superação desses constrangimentos vem com a promessa que ela faz ao pai: um dia será professora. Ainda que longínqua, a possibilidade equivale aos olhos do pai a ter um filho como Pelé.

E o momento chega. A família prepara-se para a colação de grau: roupas novas, corte de cabelo, sapatos emprestados. A família faz alarde e passa dos limites na hora de comemorar a entrega do certificado – que será um presente, um troféu para o pai.

O final da narrativa mostra a professora em seu primeiro emprego. Sem dúvida o preconceito estará presente; e é expresso de forma direta e sincera por uma menina clarinha: "Eu tenho medo de professora preta".[78] A solução para o impasse que poderia levar ao chão todos os seus sonhos de criança tem a marca da autora, a mesma suavidade e a mesma emoção que já estava indicada no título: *A cor da ternura.*

E assim, tendo percorrido o desenrolar da história, voltamos às indagações iniciais. Qual o efeito estético da aproximação entre autor empírico e autor modelo? Sem dúvida, essa premissa confere à obra um caráter de depoimento, mas a autenticidade que adivinhamos aí não nos é dada de imediato: é construída. Porque sabemos que os fatos narrados são muito verossímeis, porque sabemos que a luta contra o preconceito pode ter muitas faces, porque concordamos com essa luta, a análise dessa obra ultrapassa as considerações estéticas, dá a ela um caráter de necessidade. A obra está inserida na dinâmica social, e essas considerações de caráter "extraliterário" não podem ser menosprezadas, já que as obras literárias guardarão sempre uma relação com a realidade vivida, com a ideologia corrente. A autenticidade agrega valor à apreciação dessa obra; não po-

---

[77] Ibid., p. 69.
[78] Ibid., p. 89.

demos enxergá-la como "mais uma obra" que pega carona em um tema oportuno. O fato de apresentar-se mais como "realidade" do que "ficção", do ponto de vista da dinâmica social, traz um apelo mais forte.

E quanto à dúvida de ser a obra mais "relato" ou mais "recriação", não hesitamos em qualificá-la como recriação do mais alto valor artístico. Tentamos demonstrar, através dos trechos escolhidos, a relevância do tema do preconceito em meio a outros temas. Não ignoramos o caráter múltiplo dos signos escolhidos, mas entendemos que houve o esforço de costurar um fio condutor que é a relação da personagem negra com um universo social em geral desfavorável a pessoas da sua cor; as várias citações não deixam dúvida quanto a esse aspecto. E, mesmo assim, seria empobrecedor reduzir a obra a esse único tema.

Comparando-a com as outras obras, *A cor da ternura* apresenta o preconceito como um fenômeno sem rosto, tão espalhado e onipresente que nenhuma personagem poderia encarná-lo individualmente. Isso parece-nos verdadeiro e, ao mesmo tempo, mais interessante do ponto de vista artístico, pois evita-se assim o embate entre personagens do "Bem" e do "Mal": preconceituosas ou não-preconceituosas. Além disso, a autora não distingue o preconceito do autopreconceito, deixando subentendido que um é conseqüência do outro. A solução para tal estado de coisas, aqui, não é definitiva, nem passa pela política, pelos discursos engajados. A autora não estabelece um receituário para a cura desse problema; apresenta, de forma sugestiva, mas não impositiva, alternativas que serviram no seu caso e, supõe-se, serviriam a outros em seu embate pessoal contra o preconceito: em primeiro lugar, a compreensão e a afetividade, que aprende com a própria família e pode espalhar à sua volta; em segundo, o talento, que permite que sua experiência transcenda os limites do vivido através da arte.

Há nessa obra uma qualidade que a dignifica: a emoção. Não é possível dissecá-la, nem explicá-la. Sem abrir mão de suas escolhas estéticas (revisando: a recusa do maniqueísmo e também em transformar personagens em heróis ou modelos; a ausência de discursos "dignificantes", ou didáticos; a linguagem poética que transforma a obra em um testemunho mais auto-referencial do que social; a coordenação como princípio construtivo, que deixa o leitor livre para concluir por si só; a inversão dos sinais na descrição de dados culturais vistos como positivos/negativos), a autora usa a emoção como sua aliada maior, presente em quase todos os momentos, levando o leitor a compartilhar e viver a mesma experiência, muitas vezes com lágrimas, outras com compaixão, mas sempre com esperança e fé; fé na existência dessa arte, fé na importância da ternura. A melhor maneira de demonstrá-la é reproduzir, em longa citação, um trecho do livro:

> — Tem que ser assim, filha. Se nós mesmos não nos ajudarmos, os outros é que não vão.
> Nisso ia passando por nós o administrador, que, ao parar para dar meia dúzia de prosa, cumprimentou meu pai e lhe falou:
> — Não tenho nada com isso, mas vocês de cor são feitos de ferro. O lugar de vocês é dar duro na lavoura. Além de tudo, estudar filho é besteira. Depois eles se casam e a gente mesmo...
> A primeira besteira ficou sem resposta, mas a segunda mereceu uma afirmação categórica e maravilhosa que quase me fez desfalecer em ternura e amor.
> — É que eu não estou estudando ela para mim — disse meu pai.
> — É para ela mesmo.
> O homem deu de ombros e saiu tão lentamente que quase ouviu ainda meu pai me segredando:
> — Ele pode até ser branco. Mas mais orgulhoso do que eu não pode ser nunca. Uma filha professora ele não vai ter.
> Sorriu, tomou minha mão e continuamos a caminhada.
> — Pai, de que cor será que é Deus...
> — Ué... Branco — afirmou.
> — Mas acho que ninguém viu ele mesmo, em carne e osso. Será que não é preto...
> — Filha do céu, pensa no que fala. Está escrito na Sagrada Escritura. A gente não pode ficar blasfemando assim.
> — Mas a Sagrada Escritura...
> Ele olhou-me reprovando o diálogo, e porque não podia ir mais longe acrescentei apenas:
> — É que se ele fosse preto, quando ele morresse, o senhor podia ficar no lugar dele. O senhor é tão bom!
> Em toda a minha vida, nunca vira meu pai rir tanto.[79]

Vale a pena, ainda, comparar a forma com que foram utilizadas a emoção e a afetividade nessa obra e na obra anteriormente analisada,

---

[79] Ibid., pp. 72-75.

Amor não tem cor. Se *Amor não tem cor* apontava a afetividade (entre pai e filho adotado, entre bisavó branca e bisneto mulato) como um caminho para a superação do preconceito, *A cor da ternura* também parece indicar o mesmo caminho. No entanto, em *Amor não tem cor* ela surge como algo que instantaneamente dissolve décadas de comportamento preconceituoso. Em *A cor da ternura* não ocorre essa mágica. A afetividade acompanha a menina, e depois a mulher, em todo o seu percurso. Se é uma solução, ela o é simplesmente porque é um dos pilares da construção de uma existência; e, juntos com a afetividade, estão a compreensão, a generosidade, o sonho compartilhado, o amor espontâneo entre membros de uma família. Aprendemos que esses valores devem estar presentes na vida humana, como um alimento constante, e não apenas como um banquete ofertado ao final. O preconceito, aliás, não deixa de existir por causa dessa emoção; ele ainda está lá, mas pode ser enfrentado de outra forma, ao menos por aqueles que têm uma estrutura forte, compassiva e humana.

3.5. *O MENINO MARROM*, DE ZIRALDO

Embora o Brasil seja um país mestiço, onde primordialmente mesclaram-se portugueses, índios, negros e, em período mais recente, imigrantes europeus e asiáticos, falar explicitamente da cor da pele, e mais especificamente das peles escuras, ainda chama a atenção, como se o assunto fosse um tabu. Se a mestiçagem é e foi tão natural e espontânea como se quer fazer acreditar, falar de peles morenas, brancas, negras não deveria ser um fato tão relevante quanto parece ser. Deveria, na verdade, ser um assunto tão natural que nem mereceria destaque. Personagens de ficção poderiam ser de qualquer cor, indistintamente, sem que isso adquirisse significado especial.

Na realidade, isso não ocorre. Quando lê-se a expressão "o menino" em um texto literário, existe um pressuposto tácito de que se está falando de uma personagem branca. Comparemos, apenas como exemplo, os títulos *O menino maluquinho* e *O menino marrom*, ambos do mesmo autor. O primeiro menino distingue-se pela personalidade. O segundo, tão-somente pela cor da pele. Assim, não é necessário dizer que o primeiro é branco. Havendo ou não uma capa onde se possa enxergar a personagem, há o pressuposto da cor branca, fato que podemos atribuir à "mentalidade colonialista", ao "etnocentrismo", à "branquitude", enfim, à ideologia construída ao longo dos séculos, que deu ao branco o papel central de uma cultura, enquanto o negro nunca recebeu amplamente o direito de voz. Elementos da cultura negra foram assimilados no processo, é verdade, mas isso não altera a percepção de que os elementos mais relevantes do processo civilizatório são aqueles trazidos pelo branco europeu, que ganha destaque natural nos atos de comunicação, entre os quais a propaganda, a arte de massa, e, por que não, a literatura.

Pode-se concluir a princípio que o título *O menino marrom* é, por tudo isso, sintoma e comprovação desse fenômeno, por dar destaque ao que, num mundo ideal, não teria destaque, e por estabelecer que o adjetivo "marrom" é suficiente como definição, ficando o caráter e a personalidade em segundo plano. No entanto, essa visão crítica, ainda que pertinente, não deveria obliterar o fato de que, em um mundo tal como o descrito, é melhor dar destaque e chamar a atenção para o que nunca é mencionado – a cor da pele – do que simplesmente pretender que a cor não é importante e não mencioná-la, ou apenas mencioná-la de passagem, simulando uma pretensa naturalidade no trato da questão. Em outras palavras, no mundo tal como o conhecemos, no Brasil de hoje (últimas décadas), em que o negro é quase "invisível", dar relevo à questão racial talvez seja não apenas uma boa idéia, mas necessário, de maneira que o assunto possa vir à tona e *existir*, sem submergir no mar de subentendidos e tácitos julgamentos a respeito do que é natural e do que não é.

Fúlvia Rosemberg, já citada anteriormente, demonstrou o quanto materiais de estudo, didáticos ou literários, reforçam estereótipos negativos dos negros. Nesse contexto, o esforço de neutralizar essa influência é positivo, o que parece ser o caso de *O menino marrom*. Trata-se, portanto, de reconhecer a falta de naturalidade no tratamento da questão e de procurar formas adequadas (não definimos de antemão o que seria "adequado") para introduzi-la.

Em uma primeira análise, verificamos que *O menino marrom* aborda a questão da raça – cor da pele –, mas não aquilo que poderíamos supor como a sua decorrência: o racismo. Essa inversão de expectativas é presumivelmente proposital, e como tal deveria ser analisada. Examinemos a construção desse universo ficcional.

Sendo esse um livro ilustrado pelo autor, como tantos outros o foram anteriormente, existe aí uma fusão entre conteúdos verbais e plásticos em altíssimo grau, raramente encontrada na literatura infantil, pelo simples fato de que já nasce com a própria concepção da obra.

O menino-personagem é marrom, e essa característica leva a uma reflexão sobre a cor, ou as cores, da pele.

Entre essas, estão cores como "marrom, marrom-escuro, marrom-claro, avermelhada, cor-de-cobre, charuto, parda, castanha, bege, flicts, esverdeada, creme, marfim, amarelada, ocre, café-com-leite, bronze, rosada, cor-de-rosa".[80] Mas essa é uma conclusão a que se chega depois de muitas indagações. O menino marrom é apresentado com uma descrição minuciosa de sua aparência, realçada pelo desenho que toma toda a página ao lado. Os traços são descritos com objetividade, mas sempre com adjetivos que realçam aspectos positivos: "bonito", "chocolate puro", "desenho perfeito". Quanto às cores da pele, dos olhos, do cabelo, o autor reflete: "As bolinhas dos olhos pareciam duas jabuticabas: pretinhas. Aliás, pretinhas, não. Jabuticabas não são pretas. Para falar a verdade, tem muito pouca coisa realmente preta na Natureza".[81]

Somos assim introduzidos à segunda personagem dessa história: a personagem-escritor. Personagem que sabe algumas coisas, não sabe outras, relembra fatos vividos, analisa, conclui e estabelece uma relação direta com o leitor – "paralela" à história. Já refletimos anteriormente sobre o papel do escritor enquanto "escritor modelo", aquele que demonstra através de comentários diretos ou indiretos o que pretende com sua escritura, definindo por conseqüência qual será o papel do leitor (ou "leitor modelo"). Se há alguma dúvida sobre a presença consciente dessa *personagem*, na primeira página ela se desvanece: "Entrei nessa do preto, de repente, porque este assunto vai rolar daqui a pouco. Só que é um assunto do menino marrom e não meu".

E por que esse seria um assunto do menino marrom? Porque, como será dito adiante, todo mundo dizia que ele era "preto", assim como diziam que seu amigo era "branco". No entanto, esses qualificativos não faziam parte da vida dos meninos. Eles só aparecem como algo exterior, algo que a partir de certo ponto provoca estranhamento:

---

[80] ZIRALDO. *O menino marrom*. São Paulo, Melhoramentos, 2002. p. 2.
[81] Ibid., p. 3.

Imagina: eles nunca haviam se preocupado com isto. Mesmo marrom, o menino marrom achava normal ser chamado de preto. Mesmo cor-de-rosa, o menino cor-de-rosa achava normal ser chamado de branco.[82]

Uma das brincadeiras dos dois meninos era misturar cores. Misturando todos as tintas da aquarela, chegaram ao marrom, que o menino marrom identificou como a sua cor. Na sala de aula, porém, a professora faz uma experiência, girando o Disco de Newton. Os meninos esperam que a mistura mostre a cor marrom, mas o que aparece é o branco. Conclusão: "Se misturar todas as cores e elas não girarem, elas ficam marrom. Se misturar todas as cores – em partes iguais – e botá-las para rodar, elas viram o branco".[83]

Eles sabiam, porém, que ninguém é branco, embora algumas pessoas sejam chamadas de "brancas". Juntamente com a observação de que na natureza existem poucas coisas que podem ser consideradas como "branco puro", ou "preto puro", surge uma dúvida do tipo conceitual: o branco é o contrário do preto?

O raciocínio infantil não é lógico. Da mesma forma, o desenrolar dessa história não segue uma lógica para comprovar um determinado raciocínio, e nem mesmo a lógica literária em que uma série de acontecimentos (geralmente de forma crescente, ou "cumulativa") desemboca em uma conclusão – ou "solução", em que os conflitos são resolvidos. A proposta do autor é distinta. Embora a questão acima seja apresentada como uma dúvida puramente conceitual ("o branco é o contrário do preto?"), sua resposta não poderia ser considerada como exata, ou científica. Aqui, a personagem-autor intervém. A resposta interessa a ele também, pois o assunto lhe causa assumidas dúvidas. A forma encontrada de esclarecer a questão é o raciocínio por analogia que, evidentemente, não pode ser considerado exato: há qualidades que são opostas entre si, e que não podem existir ao mesmo tempo: o frio e o calor, por exemplo; mas há outras que não substituem o seu oposto, como, por exemplo, o salgado e o doce, pois, quando se mistura açúcar e sal no mesmo prato, o resultado é um novo e terrível sabor. O mesmo raciocínio serve para o preto e o branco: eles podem ser misturados, assim como as raças, resultando em infindáveis combinações.

---

[82] Ibid., p. 20.
[83] Ibid., p. 18.

A solução encontrada, porém, nada interfere no enredo de vida dos dois meninos. Como se disse, a proposta do autor não é construir uma narrativa linear. O raciocínio pode ser uma maneira de abordar a questão, mas não é a melhor, nem é definitiva. A solução, tal como foi descrita, não impede que novos questionamentos surjam na cabeça dos meninos à medida que passa o tempo: "Se eu sou marrom e se meu melhor amigo não é exatamente branco, por que é que nos chamam de preto e de branco? Será que é para que fiquemos um contra o outro?".[84] E essa indagação é seguida pelo entendimento de que as cores podem ser associadas a idéias, e que por isso se transformam em "símbolos":

> começou a entender porque o branco dava uma idéia de paz, de pureza e de alegria. E por que razão o preto simbolizava a angústia, a solidão, a tristeza. Ele pensava: o preto é a escuridão, o olho fechado; você não vê nada. O branco é o olho aberto, é a luz![85]

O raciocínio não é desprezado. Mas ele pode ser deixado de lado, e ser retomado mais tarde, até para se chegar à mesma conclusão anteriormente encontrada. Como se disse, não existe aqui o tradicional efeito cumulativo da narrativa, em que tijolos são superpostos progressivamente para a construção do edifício literário. Pode-se falar com mais propriedade de construções esparsas, feitas de materiais diversos, que se combinam apenas no olhar alongado e horizontal que consegue abarcá-las na mesma paisagem. Aliás, esse é sem dúvida um traço peculiar do autor: a horizontalidade, em detrimento da verticalidade. Não se trata de fazer um juízo de valor; é um efeito que resulta de sua voz narrativa decantada, que se fixa em acontecimentos isolados, evitando o *nexo de causalidade*, que, muitas vezes, é necessário em narrativas com forte viés psicológico (o destino da personagem é determinado por seus atos, conscientes ou não), ou social (as forças de diferentes grupos contrapõem-se e determinam o desenrolar dos fatos). Não sendo psicológico, nem sociológico, esse mecanismo narrativo fica à espera de um termo que o defina melhor, embora exista um que poderia ser aqui aplicado, apesar de sua imprecisão: lúdico.

Fiquemos momentaneamente com "horizontalidade", na tentativa de investigar esse específico fazer literário. Não por acaso, a ilustração

---

[84] Ibid., p. 29.
[85] Ibid.

da página 28 mostra um *horizonte* bastante amplo, tão estendido que o humano nele se perde, transformado em ponto sem identidade. O verde e o azul combinam-se de forma etérea e a ausência de qualquer referência concreta (com a exceção das nuvens) parece indicar o futuro, a *folha em branco*, onde se pode caminhar livremente na construção da história. Na página 10, temos outro horizonte ainda mais estendido, com uma ilha (a de Robinson Crusoe) em meio a um mar sem fim. Sem dúvida, a idéia de verticalidade remete-nos à de "profundidade", ao aprofundamento psicológico, e a horizontalidade traz a idéia de super-ficialidade. Mas esses são conceitos herdados, que não necessariamente devem servir de parâmetro para a análise. A opção pela horizontalidade pode ser explicada pelo seu caráter inovador: as experiências podem ser repetidas, as mesmas conclusões podem ser encontradas por perso-nagens diferentes, um fato não necessariamente altera a continuidade da história, e um final que amarre todos os episódios narrados não se faz necessário. É uma perspectiva nova, em contraste com a narrativa tradicional, cuja "amarração" dá-se no sentido de construir a tão am-bicionada unidade que toda obra ficcional deveria possuir, no conceito fundado por Aristóteles, na *Poética*, e que permaneceu não apenas na literatura dramática, mas também na literatura de modo geral. Talvez a proposta de Ziraldo – e de outros autores de literatura infantil – não tenha sido suficientemente investigada no que diz respeito à quebra des-ses parâmetros tradicionais, mas poderíamos dizer que, em oposição à "unidade", existe o conceito de "abertura".

Verifiquemos as concepções de *tempo* e *espaço* na obra selecionada. Quanto ao *espaço* dessa obra, podemos defini-lo com mais facilidade de forma negativa: não é o espaço de um bairro, de uma cidade, não é o espa-ço da escola, não é o espaço brasileiro. É a soma de todos esses e, princi-palmente, uma espécie de espaço infinito ou sem limites (como a ilustração que mostra o horizonte) que vai progressivamente se ampliando à medida que a narrativa avança, prescindindo de indicações mais objetivas.

E o *tempo*? Existem na obra, sem dúvida, indicações temporais: a ida do homem à lua, fato histórico, algumas referências culturais que definiram uma época e o fato de os meninos passarem da infância à adolescência, e desta à maturidade. Existem, também, indicações dadas pelo autor-personagem: lembrança de pessoas que marcaram sua vida, experiências na infância. Temos assim um paralelismo invertido entre o autor-personagem, adulto, que resgata impressões de infância, e os meninos-personagens que se tornam adultos – o que poderia ser automaticamente interpretado como uma abordagem cronológica e linear, ainda que entremeada por *flashbacks*. Na verdade, essa é uma interpretação errônea. O tempo que passa não delimita, nem define, nem provoca mudanças significativas (qualitativas) no desenrolar da história. O tempo, aqui, não equivale à noção mais comum que lhe atribui um poder transformador, acumulativo, uma espécie de pré-requisito para o conhecimento e a maturidade. As referências temporais são, assim, puramente exteriores, e sem reflexos nas ações e no destino das personagens. O tempo dessa obra é, na verdade, *o tempo imortal, imutável e perene da infância*. E a infância pode ser entendida como uma atitude: a *atitude da curiosidade, da experimentação, da abertura para o novo* (poderíamos falar de "olhar de descoberta", usando o termo cunhado por Lúcia Pimentel Góes). É por isso que a memória e as experiências acumuladas não interferem diretamente nos acontecimentos, ou não os limitam: a excitação das próximas descobertas, as sensações adivinhadas, os fatos ainda não acontecidos ocupam todo o espaço mental das personagens. A experiência com as cores é apenas uma entre muitas.

Pode parecer estranho, contudo, o fato de as referências temporais citadas não terem uma função na construção do edifício (horizontal) narrativo – por que teriam sido incluídas? Na verdade, essas referências têm, sim, uma função: a de reafirmar a construção desse tempo perene, pois indicam que a passagem dos anos não precisa destruir ou reduzir o encantamento da infância. O tempo, de fato, não é negado, mas relativizado, como indicação de que a infância, definida como aventura permanente, não precisa ser deixada para trás: ela é eterna.

O maior exemplo disso é a personagem-autor: apresentado em detalhes como uma pessoa real e o responsável por essa narração, ele é o homem-que-não-deixa-de-ser-criança, em função de sua curiosidade e experimentação constantes. Um exemplo está nas frases onde há uma recusa, por parte desse autor-personagem, de certos valores ou comportamentos associados ao mundo dos adultos:

> Vou contar um segredo de autor para vocês. Quando se começa a contar uma história, não fiquem achando que a história vai acabar igualzinho a gente quer. Não vai. Por mais que você invente, de repente,

um personagem entra pela página adentro, toma o seu lugar e, ó, cadê que você tira ele da história?[86]

A idéia de controle e segurança, atribuídos aos mais velhos, é descartada. Refere-se ao menino "cor-de-rosa", que não foi previsto no título do livro. "O técnico do Instituto Félix Pacheco que me desculpe mas tem cabelo de velhinha que é branco mesmo, branco-omo-total!"[87]

Aqui, o parecer técnico do especialista em identificação de pessoas é desprezado em nome de uma percepção mais sensorial e imediata, mais "infantil".

E os meninos? O que aconteceria com eles em sua maturidade, ou na adolescência? Numa das referências à questão racial, o menino marrom, já adolescente, reflete sobre a expressão "as coisas estão pretas". Nesse momento, a luz se apaga e tudo fica preto, até a folha branca. A sua conclusão é que o preto não é o contrário do branco (uma conclusão a que o autor-personagem já havia chegado antes) e escreve: "Agora estou mais contente porque acabo de descobrir uma coisa importante: preto é, apenas, a ausência do branco".[88] Como se vê, o pensamento do adolescente não é diferente de seu pensamento quando menino, nem mais científico, nem mais racional.

E na maturidade, como estariam os meninos? O trecho selecionado responde:

> Só sei que os dois continuam fazendo das suas. Um é craque de basquete e o outro, de voleibol; um já está quase formado e o outro não estuda mais – ou os dois já se formaram, todos dois já são doutores – já nem posso precisar. Só sei que um desistiu de tocar bateria e o outro fez um samba e gravou uma canção; um está tocando flauta e o outro, violão. Um deles já se casou – se casou, eu não sei bem – e o outro perdeu a conta das namoradas que tem. Um quer conhecer o mundo e o outro a Patagônia, um é o rei da Informática e o outro do vídeo-clip; um andou fazendo cursos de teatro e literatura e outro já fez figura num festival da canção.[89]

---

[86] ZIRALDO. Op. cit., p. 12.
[87] Ibid., p. 18.
[88] Ibid., pp. 30-31. (Sublinhado nosso.)
[89] Ibid.

Como se percebe, o espírito da aventura constante mantém-se intacto, por mais que as personagens avancem nos anos. Em certo sentido, há uma negação da concepção de tempo tradicional, que envolve noções duradouras como "profissão", "casamento", "família" e outras. Esses conceitos são negados, ou pelo menos até o ponto em que o autor se permite ir, dando a noção de que o tempo da infância, tal como foi definido, pode estender-se infinitamente, ou até quando as personagens assim o desejarem.

Feita tal análise, voltemos ao nosso ponto de partida: a questão racial e a questão do racismo. Nessa obra, não se fala diretamente do racismo. Os meninos implicam com as denominações de "preto" e "branco", mas isso não é associado a uma atitude de exclusão ou de discriminação. Na única referência que poderíamos identificar como tal, o autor-personagem confessa: ao mandar um livro ser impresso, fez a referência a "tom-de-pele". O técnico da gráfica estranhou: Qual tom de pele? E o autor-personagem admite que havia pensado na pele clara, branco-rosada, cuja verdadeira cor é muito difícil de definir. Assim, se existe racismo, é o do próprio autor, em seu "branco-centrismo", ou seja, o da atitude de identificar a pele clara como o "tom-de-pele" por excelência. Esse fenômeno poderia ser definido também como "branquitude": a suposição imediata de que toda personagem é branca até prova em contrário, válida para autores e leitores. Essa é uma diferença significativa, já que na maioria das obras anteriormente estudadas o fenômeno do racismo estava sempre "fora", em alguma personagem periférica que fatalmente assumia a posição de antagonista, ou por maldade ou por ignorância. Aqui, o "racismo", embora de maneira sutil, vem para o centro do palco. O dedo inquisidor deixa de apontar o outro, e volta-se para si mesmo, em uma atitude mais humilde e menos maniqueísta, conseguindo assim ser mais humano, porque mais imperfeito, menos exemplar. Que alternativa tem o leitor, a não ser se identificar ou gostar dessa personagem que é – quase que por acaso – definida como o autor do livro?

3.6. *OS MENINOS MORENOS*, DE ZIRALDO E AK'ABAL

A obra *Os meninos morenos*, selecionada, como a anterior, por fazer referência no próprio título à cor da pele das personagens, pode ser definida como uma obra memorialista. O autor indica, já na primeira página, que o livro é uma combinação intercalada de seus "casos" e da poesia de Humberto Ak'abal, da Guatemala. A razão para essa mistura, ou mais propriamente soma de escritas, é o fato de que ambos os autores – e por conseqüência os povos aos quais pertencem – têm a mesma "cor", definida como a cor "de menino moreno", ou "de menino cor de terra". Como se vê, a *questão racial* é assumidamente reconhecida como um importante fator de identificação entre pessoas, isso sem contar todas as ressonâncias culturais e políticas implícitas em tal aproximação, ainda que esses dois países da América Latina (Brasil e Guatemala) tenham histórias e povos bastante diferentes.

Além da cor, os dois autores têm em comum uma escrita nostálgica e poética, que encontra na infância uma espécie de fonte primeva, manancial onde estão as emoções e vínculos doadores de um sentido maior para a existência humana. Observemos o poema "Xol Mumus":

> Sinto "riscos"
> sinto cheiros
> de incenso e de resinas
> Aonde quer que eu vá
> carrego nos ombros
> *mi pueblo.*
> Do contrário
> iria triste.[90]

Aqui, a idéia de que o período da infância – e, por extensão, o ambiente em que esta foi vivida – é a base a partir da qual as emoções positivas e a noção de "pertencimento" são construídas, aparece com clareza. Não por acaso, Ziraldo lamenta o fato de o vocábulo "pueblo" não encontrar equivalente no português, por isso utiliza a acepção em espanhol, em função do seu apelo poético. "Cidadezinha", "vila", "aldeia", nenhuma dessas palavras têm a força necessária para o autor expressar toda a "saudade" que sente – esta, sim, uma palavra portuguesa capaz de transmitir seus valores.

---

[90] ZIRALDO & AK'ABAL, Humberto. *Os meninos morenos*. São Paulo, Melhoramentos, 2004. p. 59.

Constrói-se assim uma obra memorialista na qual o autor (Ziraldo) relembra e reflete sobre o *habitat* de sua infância, a sua ascendência, as relações sociais das personagens e os preconceitos relativos à cor da pele e à posição social. Entremeados à narrativa estão os poemas, tão universais em seu apelo, em suas descrições de uma infância simples e ligada à natureza, que não chegam a alterar o discurso narrativo construtor desse livro, definido como a volta do autor a seu passado. Os poemas pontuam, inserem uma perspectiva idílica, sem conflitos, mas não são em essência diferentes do ponto de vista do autor principal, Ziraldo – sendo a seleção e inserção dos poemas uma decisão sua.

Quanto aos questionamentos feitos anteriormente sobre obras memorialistas, julgamos encontrar nessa obra a imprescindível recriação do vivido, sua transformação em matéria literária, com o pressuposto das escolhas estéticas necessárias na transição. No entanto, por maior que seja a satisfação com o resultado artístico alcançado pelo autor, percebemos algo que parece não se encaixar com o todo. Nesse caso, uma verificação criteriosa faz-se necessária – e também a honestidade intelectual para tentar discernir as qualidades intrínsecas da obra e o quanto as expectativas individuais de cada leitor crítico podem afetar sua análise.

Em primeiro lugar, vejamos os aspectos bem resolvidos dessa obra. O autor descreve o espaço físico da infância – os *pueblos* (no plural), os rios, a natureza – e as personagens: o avô e seu cavalo, os pais, uma série de animais, selvagens ou domésticos. Nesse ambiente ocorrem pequenos fatos tradutores de aprendizados. O menino aprende a distinguir o que é perigoso do que não é, percebe o significado dos vínculos familiares (proteção e identidade); o aparecimento de personagens fortemente ligadas à natureza também é instrutivo. É a mesma, ou muito semelhante, *estrutura horizontal* observada na análise anterior. Existe de fato um motivo para essa escolha: a sucessão de acontecimentos significativos para o menino, independentemente de terem ou não conseqüência posterior, define o mecanismo da memória: registra-se aquilo que assusta, diverte, confunde, marca, enfim, trata-se de mais uma narrativa onde o tempo da infância, como o definimos anteriormente, é alçado a uma posição privilegiada, pela experimentação e pelas descobertas que proporciona. A diferença, aqui, está no número de personagens atravessando o caminho do menino, todos diferentes entre si, mas capazes de despertar a mesma curiosidade: o velho bisavô de barba branca, o velho João Gualberto de pés enormes e sempre descalço, o menino índio Jarinho com o melro no ombro, o menino João Permanente, que viria a morrer de esquistossomose. A ligação das personagens com a natureza é destacada, incluindo as experiências do narrador com formigas, gatos, cachorros, cobras, peixes. Poderíamos definir a narrativa como um "romance de formação", no qual vários rituais de passagem traduzem-se no conhecimento das leis da natureza; há também o aprendizado social: a escola, a fogueira de brasas que deve ser atravessada sem sapatos.

Aqui, a apologia da infância é construída de forma quase natural, como no livro *O menino marrom*. O tempo não é negado, mas também serve para mostrar como o ser humano pode continuar sendo eternamente uma criança, ou tendo a pureza da criança:

> Muitos e muitos anos depois – agora, recentemente – reencontrei o Jarinho. Era um senhor gordinho com os cabelos – muito poucos – completamente brancos e os olhos pequenos mais sumidos que nunca. [...] E falei do melro no seu ombro e ele me disse: "Não me esqueço nunca. Ainda hoje, tantos anos depois, acordo no meio da noite e, dentro do meu quarto, escuto o meu melro cantando direitinho como se estivesse ali". Que bom! Jarinho acredita que existe fantasma de passarinho.[91]

E não apenas a pureza, mas a capacidade de a criança superar adversidades e agir com independência de espírito e criatividade é realçada em vários momentos: é o caso do enterro da criança pobre numa caixa de sapatos. Comovidos com a falta de recursos do pai da criança, a mãe do narrador, junto com ele e seu irmão, enfeita a caixa com flores; em seguida, os meninos da rua são chamados para o cortejo fúnebre, que de fúnebre, porém, não tem nada: é um acontecimento. Não por acaso, o autor afirma: "Minha mãe tinha um olhar de criança e a mesma velocidade de ação".[92] Todas as personagens significativas, adultas ou crianças, têm essa qualidade.

Paralelamente à construção de uma infância sem limite de espaço e de tempo, almeja-se também estabelecer uma identidade cultural entre meninos de várias idades – definida principalmente pela cor de pele marrom. Esse seria também, como dissemos, o vínculo estabelecido entre os dois autores. Assim, temos incontáveis observações sobre as raças, a

---

[91] Ibid., p. 48.
[92] Ibid., p. 61.

cor, a mistura brasileira. Somos todos "meninos morenos", na definição do autor. Mas essa não é uma observação exatamente original. Na verdade, ela lembra uma postura desde há muito estimulada, comum nos discursos que visam a enaltecer, e a confirmar, a existência de uma "democracia racial brasileira". Não precisamos ir longe. O próprio ex-presidente Fernando Henrique Cardoso afirmou que "tinha o pé na cozinha", declaração criticada pelo movimento negro. Ziraldo, nessa narrativa, expandindo sua identidade de forma ainda mais radical para seu narrador-personagem, faz afirmações semelhantes, referindo-se, por exemplo, à própria aparência: "Eu achava que, quando crescesse, ia ficar com uma cara inequívoca de descendente de negros. Se o leitor me conhecer pessoalmente, porém, vai ver que fiquei com cara de árabe".[93]

Ao longo da narrativa, reitera-se a noção de uma total mistura de raças no Brasil, o que nos impediria de definir exatamente quem é o quê. A solução é simplesmente dizer "moreno", palavra utilizada para designar muitas coisas e por isso sem uma significação maior. Um bom exemplo de como não se avança muito nessa questão são as descrições do pai do narrador:

> Papai tinha sido um menino marrom. Ele era muito, muito moreno e, como eu, à medida que foi envelhecendo, foi ficando mais marrom ainda.
> [...]
> Pelas fotos desse meu avô proustólogo, dava para ver, nitidamente, sua origem africana. Devia ser filho de negros já libertos pela Lei do Ventre Livre. Mas seu filho, meu pai, quando jovem, tinha o rosto delicado como o de uma menina branca.
> [...]
> Papai me olhou e cortou, rapidamente, a conversa: "Que é isso, meu filho, meus avós foram pegos a laço!". Papai preferia ser puri ou coroado. Mas não tinha cara de índio. Àquela altura da sua vida ele parecia mais um tuaregue.
> [...]
> Um dia, o funcionário do recenseamento foi entrevistar meu pai. "Nome, idade, sexo". Papai foi respondendo. "Cor?" E o papai: "Moreno, uai!". Aí, o funcionário embatucou: "Moreno não tem aqui no formulário, Sêo Geraldo". Papai: "Uai, como é que não tem?". E o funcionário: "Tem preto, branco e pardo". "Pardo!?", exclamou meu

---

[93] Ibid., pp. 32-36.

pai com indignada estranheza. E completou: "Meu filho, eu sou pardo???". O funcionário respondeu rápido, como se defendesse o papai de uma ofensa: "Não, de jeito nenhum, Sêo Geraldo!". E o papai: "Eu sou preto?" (isso ele perguntou menos indignado). O funcionário foi rápido: "Claro que não, Sêo Geraldo. Imagina! O Senhor não é preto!". "Então...", disse meu pai, "você vê aí".

A seleção desses trechos é elucidativa na medida em que revelam as contradições e a dificuldade de se falar das raças no Brasil. A mesma personagem pode receber descrições como "marrom", "tinha o rosto delicado de uma menina branca", "puri", "tuaregue" e "moreno", isso sem contar a referência aos antepassados negros – e qual é o resultado dessa polivalência lingüística, muito próxima do contraditório? O resultado, sem dúvida, é a ambigüidade. Ambigüidade no que se refere à raça, ambigüidade do significado de cada um desses termos. O autor não oculta o preconceito racial, traduzido no medo de ser identificado como negro, ou como descendente de negros. Mas nem por isso o resultado é menos ambíguo. Na visão do autor, o pai parecia um "tuaregue", isto é, árabe. E de onde teria vindo o "rosto delicado de uma menina branca", precedido pela conjunção adversativa "MAS", logo depois de se falar da origem africana? São flagrantes contradições captadas pelo olhar analítico e atento, mas o olhar social não as capta, até porque o discurso da "morenidade" embaralha todas as noções. De forma ambígua, milhões de indivíduos podem encaixar-se no amplo conjunto de "brasileiros morenos": os mestiços, acreditando que assim sofrerão menos preconceito, e distanciando-se dos antepassados africanos; os brancos, na crença de serem assim mais brasileiros e menos elitistas. Conclusão: somos todos uma mistura, portanto, não há preconceito, nem motivo para haver.

O trecho com o funcionário do recenseamento, contudo, expõe a dificuldade, além de mostrar que o resultado dos recenseamentos brasileiros não é confiável. O passado escravista deixou marca profunda. A dificuldade persiste, a ambigüidade é uma alternativa condizente com o modo brasileiro de acomodar as coisas e evitar, assim, a erupção do conflito e do sofrimento. Mas não é a melhor alternativa, pois não combate o preconceito tácito e as "hierarquias raciais".

Exemplo das hierarquias raciais está no fato de "moreno" nesse livro referir-se, em sua maior parte, a descendentes de índios e árabes.

As personagens preferem não ser identificadas com os negros. Um dos exemplos segue aqui:

> A velha disse que não queria que sua neta se casasse com o menino moreno: "Não quero que você tenha filhos escurinhos". O mais engraçado é que a velha era muito mais do que escurinha. E repetia: "Não quero na minha família ninguém que tenha um pé na cozinha". Todo mundo levava susto, pois a velha, além de ter sua cor muito mais próxima do marrom do que do bege, tinha um nariz muito esparramado para os lados e os lábios muito redondos. Mas ela fazia todo mundo rir quando dizia: "Com o pé na cozinha, nesta família, basta eu".[94]

O humor, poderosa ferramenta manipulada com eficácia pelo autor, denuncia o preconceito ao mesmo tempo em que amortece as resistências, indicando ser o preconceito tão humano quanto outros pecadilhos humanos e, por isso, merecedor de compreensão. No entanto, o humor não aparece aqui de forma tão articulada a ponto de possibilitar uma nova compreensão do fenômeno. Em outras palavras, o humor não altera a essência do projeto do autor, o de afirmar, como se tem afirmado durante décadas, que somos todos morenos e, portanto, muito pouco preconceituosos.

É essa falta de uma perspectiva crítica a respeito do preconceito no Brasil a causa das nossas restrições a essa obra. Não é uma restrição artística, não é uma recusa desse mundo onde a infância – e os sentimentos positivos associados a ela – são erigidos em totem. É uma restrição em relação à sua mensagem, porque enxergamos na argumentação subjacente a essa obra um caráter ideológico. A difusão da idéia de uma mistura democrática de raças tem e teve como objetivo não assumido o não-resgate dos negros da situação desvantajosa em que foram colocados, desde o período da escravidão até nossos dias. As personagens negras nesse livro são periféricas: a menina negra afogada no rio e confundida com um "menino moreno", a velha parteira, o Sêo Levindo, domesticador de cobras e comedor de formigas, além de alguns "meninos marrons". O universo do autor é um universo de classe média onde, apesar da declarada pobreza e simplicidade na infância, existe o diferencial que permite a ascensão social:

---

[94] Ibid., p. 37.

Papai conseguiu estudar e voltou um belo e competente bancário. Ele se formara para guarda-livros. Casou-se com minha mãe, namorada desde a infância e, mais tarde, virou uma figura mais importante do que fora seu pai.

[...]

Nós morávamos num canto de rua. Mas sobrevivemos, todos, porque meu pai tinha um emprego. E gostava de ler.[95]

A família do narrador cultivava a leitura, os estudos. É exatamente o que acontece com as personagens brancas de classe média em *E agora?*: começam pobres, mas ascendem pelo esforço. O fato de que essa é uma família privilegiada na pirâmide social transparece em outras observações e lembranças, como, por exemplo, ao se dizer que o bisavô do narrador havia sido feitor de escravos.

Vemos também como problemática a aproximação feita pelo autor de sua realidade com a de Humberto Ak'abal, explicando terem sido "meninos morenos", ou "da mesma cor". O "moreno" da Guatemala refere-se ao índio descendente dos maias, capaz de resistir ao colonizador europeu e que, por isso mesmo, constitui hoje a maioria da população. O "moreno" do Brasil refere-se ao indivíduo resultante de uma fusão de raças, geralmente latinas, com tez entre branca e morena e cabelos pretos. Não podemos nos iludir a esse respeito. "Moreno", termo utilizado pelo autor, refere-se ao indivíduo branco e, portanto, distinto do mulato e do negro, estes, sim, os excluídos dos degraus mais altos da pirâmide. Se "moreno" na Guatemala opõe-se a "branco", no Brasil "moreno" opõe-se, principalmente, a "negro", apesar da confusão na utilização do termo, um eufemismo. Muitos querem ser "morenos", mas não "descendentes de negros". E, embora o autor-personagem indique a existência de negros entre seus ancestrais, no balanço final temos o retrato de uma família branca, em que a utilização do termo "moreno" tem muito da auto-indulgência apaziguadora e da ambigüidade a que nos referimos:

Meus parentes por parte de mãe são uma mistura danada: tem gente de olho verde, de cabelos negros, de cabelos louros, de rosto fino, de rosto largo, tem gente de pele muito morena, pouco morena, tem gente feia, tem gente bonita. Já os parentes de meu pai parecem

---

[95] Ibid., p. 60.

ter sido feitos numa forma só: todos morenos com cara de árabes ou tuaregues, todos bonitos.[96]

A ambigüidade fica mais do que evidente quando confrontamos esse trecho com outros citados anteriormente: as referências aos negros acabam sendo progressivamente esquecidas. Essa característica aproxima a estrutura da obra da estrutura social em pelo menos um aspecto: a ancestralidade negra, referida no princípio, é abandonada à medida que o tempo passa, e isso é exatamente o que a "ideologia do branqueamento" no Brasil do fim do século XIX se propunha a fazer: com sucessivos cruzamentos entre as etnias, a pele escura tenderia a desaparecer de forma gradativa. A ilustração da página 38 é exemplar. Retrata cinco gerações: a tataravó negra, a bisavó mulata-escura, a avó que parece indiana, a mãe de cabelos pretos e tez clara, e finalmente o bebê loiro de poucos meses. Pode ser entendida como uma apologia da miscigenação, como prova da mistura de raças no Brasil, mas pode ser entendida, também, como o inevitável branqueamento ao longo das gerações, porque a pele "evolui" do negro ao muito claro, e nunca na direção oposta – como se, de fato, o desaparecimento da cor negra fosse um ideal a ser alcançado. Seria apenas uma coincidência, se não tivesse sido uma política governamental e um ideal cultivado por estudiosos, teóricos, escritores, médicos, de forma aberta e acatada pela maior parte da elite pensante – afirmação, claro, respaldada pela argumentação de estudiosos que denunciam a política do branqueamento como um racismo disfarçado, como veremos mais detalhadamente ao final do nosso estudo.

A ambigüidade não é, na nossa opinião, a melhor maneira para abordar um assunto tão polêmico; ela é, isto sim, um salvo-conduto daqueles que estão nos degraus mais altos da pirâmide e não precisam se preocupar com o preconceito, pois não o sofrem. O autor, utilizando a si mesmo como personagem, coloca-se, ou ao menos essa "personagem" com a qual se apresenta ao público, como um paradigma dessa postura, abrindo, portanto, um flanco para possíveis críticas e questionamentos.

Não nos furtamos a fazer uma crítica de caráter "ideológico", por entender que alguns assuntos não podem ser encarados com neutralidade (a neutralidade existe?) ou com a isenta e desinteressada ambição de permanecer exclusivamente no terreno estético. Se não acreditamos em

---

[96] ZIRALDO & AK'ABAL, Humberto. Op. cit., p. 71.

caminhos exclusivos, em posturas dogmáticas, por outro lado não abrimos mão de realizar análises a partir de nosso conhecimento de mundo, e isso inclui o conhecimento histórico e a percepção cotidiana – os quais indicam um estado de coisas não passível de ser considerado "natural", pelo simples fato de ser "construído".

3.7. "NEGRINHA", *O PRESIDENTE NEGRO OU O CHOQUE DAS RAÇAS* E *HISTÓRIAS DE TIA NASTÁCIA*, DE MONTEIRO LOBATO

Embora as obras estudadas aqui estejam circunscritas à contemporaneidade, seria bastante elucidativo compará-las com obras anteriores, notadamente se foram escritas por um autor cuja obra está entre as mais influentes e resistentes ao tempo. Terá havido modificação na abordagem do tema que escolhemos para nosso estudo, o preconceito? E a modificação na abordagem seria explicada pelas mudanças histórico-sociais, ou o autor por si só é uma entidade cuja força ultrapassa a influência que a sociedade e o tempo poderiam ter em sua obra?

Imaginamos respostas, mas na verdade só o exame das obras pode elucidar essa dúvida.

"Negrinha" é um conto cujo entrecho se passa após a abolição da escravatura, mas cujo tema maior permanece sendo a escravatura. Negrinha, a personagem-título, nascida na senzala, depois de órfã vive sob as ordens de dona Inácia, gorda senhora que fora dona de escravos e não se acostumara ao regime novo. Viúva e sem filhos, religiosa, transforma Negrinha em um receptáculo de "judiações e frenesis, beliscões, cócres, tapas, cascudos e pontapés" – todos esses recursos que a aliviavam de suas raivas e indisposições, azedumes e queixas. A pobre órfã sofre os maus-tratos sem poder reagir ou compreender, tornando-se assim assustadiça e muda. Em certa ocasião, a maldade inclui um ovo cozido pelando de quente enfiado na boca da menina – por ter ela chamado outra criada de "peste".

Vítima da violência, e mais ainda da hipocrisia social, que não reservava aos negros libertos um lugar ao sol, Negrinha é símbolo de um Brasil cujas instituições reservam à elite a dominação sem peias ou freios, e às classes menos favorecidas o horror do jugo dos detentores do poder.

Diante desse irrefreado sadismo, supomos que o final será ainda mais chocante, com a senhora Inácia elevando suas maldades ao nível da perfeição, embora tenhamos dificuldade em imaginar o que poderia ser pior, ou mais cruel. Hábil no manejo da narrativa, Lobato inverte nossas expectativas, criando um final a um só tempo esperado e surpreendente. Quando há a visita das sobrinhas de dona Inácia, louras e ricas, ela acaba permitindo, depois de uma resistência inicial, que Negrinha brinque com elas. Extasiada com a boneca de louça, Negrinha recebe a permissão de embalar e cuidar do precioso brinquedo. Dona Inácia apieda-se pela primeira vez. O resultado, porém, é trágico. Encerradas as férias, as meninas vão embora, deixando para trás a nova consciência de Negrinha, que agora sabia o que era brincar, sentir, vibrar. Sonhava com bonecas louras, que fechavam os olhos e diziam "mamãe". E o sonho toma conta da sua vida, que por sua vez se revela pálida e triste. Embora dona Inácia já não a persiga tanto, a nostalgia a envenena, Negrinha pára de comer. E morre da mesma maneira que viveu: pobremente, sem atenção ou cuidado.

Percebemos que a palavra "preconceito" é muito suave para definir o tema desse breve conto. É antes uma denúncia da situação que sucedeu a escravidão, embora o livro de contos também intitulado *Negrinha* tenha sido publicado em 1920. Mas, conhecendo a lentidão brasileira no enfrentamento dos seus problemas sociais, é bem possível que a história fosse atual na época de sua publicação. E talvez seja correto considerá-la atual, pois a infância brasileira está relegada ao abandono e à violência, realidade da qual os menores abandonados são um exemplo eloqüente. "Negrinha" também destaca, evidentemente, o papel que a etnia desempenha no destino de um ser humano. Fosse a menina filha de uma criada branca, seu destino seria provavelmente diferente, da mesma forma que não pode ser coincidência o fato de, hoje, a maioria dos meninos e meninas pedintes nas ruas serem negros ou pardos, para usar a classificatória do IBGE. A situação retratada por Monteiro Lobato pode ser estendida e aplicada às realidades atuais, embora diferenças de contexto devam ser verificadas.

O tema de "Negrinha", na verdade, é difícil de ser definido. A "crueldade humana" é central na narrativa, embora esteja circunscrita a uma situação social específica. Da mesma forma, não é a crueldade o verdadeiro algoz na narrativa, mas sim o fato de não se poder realizar o sonho e a fantasia, carência que julgamos psicologicamente verdadeira. Sem termos de comparação, a infância de Negrinha prosseguiria dentro de sua normalidade, o que a tornaria uma escrava inconsciente. Provado o mel, o resquício de doce na boca provocou o desejo, e a sua não realização tornou aquela situação insustentável. Podemos, assim, falar de uma infância cujos sonhos e fantasias foram roubados. Os falsos sentimentos cristãos também são colocados a nu, sendo dona Inácia uma "dama de grandes virtudes apostólicas".[97] É por todas essas observações que podemos considerar "Negrinha" um conto singularmente bem realizado, um conto em que o individual funde-se ao social de forma exemplar. Preconceito? Sim, está aí também o preconceito, pois o negro não deixou de ser escravo ao final da escravidão, e a mentalidade preconceituosa que estabelecia hierarquias de cores da pele, naturalmente, não foi modificada. O retrato pintado aqui é o retrato de uma mentalidade que, da mesma forma que o preconceito, se origina de traços individuais, que se coadunam com os mecanismos sociais na construção das ideologias. Aqui, criança e negro são colocados em destaque, sendo ambos relegados a um patamar de inferioridade na hierarquia social.

O romance *O presidente negro ou o choque de raças* pode ser considerado um profícuo exercício de futurologia. Seu enredo é curioso. O narrador é um jovem trabalhador do Rio de Janeiro, Airton Lobo, que, depois de comprar um carro veloz, sofre um acidente. Resgatado e cuidado pelo professor Benson e sua filha Jane, descobre que Benson é um cientista e havia inventado um aparelho capaz de ver o futuro, o "porviroscópio". Assim, os inúmeros "cortes anatômicos do futuro" correspondem ao que aconteceria a partir do ano 1926 (quando o livro foi publicado) até 3527. O professor descreve seus procedimentos científicos, porém o verdadeiro interesse reside na revelação de acontecimentos futuros, ou de como as tendências de então evoluiriam configurando novas tecnologias e a nova sociedade. Foi considerado por alguns como o primeiro romance de ficção científica brasileiro.

Entre as previsões, chamam a atenção as passagens nas quais Lobato acertou de forma precisa:

> O que se dará é o seguinte: o rádio-transporte tornará inútil o corre-corre atual. Em vez de ir todos os dias o empregado para o escritório e voltar pendurado num bonde que desliza sobre barulhentas rodas de

---

[97] LOBATO, Monteiro. *Negrinha*. São Paulo, Brasiliense, 1956. p. 3.

aço, fará ele o seu serviço em casa e o radiará para o escritório. Em suma: trabalhar-se-á à distância. Eu acho muito lógica essa evolução.

[...]

— Ainda havia jornais nesse tempo?

— Sim, mas jornais nada relembrativos dos de hoje. Eram radiados e impressos em caracteres luminosos num quadro mural existente em todas as casas.[98]

Estão aí antevistos não apenas a internet, o "rádio-transporte", e o *home-office* (trabalho em casa), como também as telas de computador, onde são impressos "caracteres luminosos". Para o ano de 1926, uma antecipação genial.

Outra antecipação diz respeito à divisão do Brasil: o Brasil tropical e o temperado:

> Mas reflita que a muita terra não é que faz a grandeza de um povo e sim a qualidade dos seus habitantes. O Brasil temperado, além disso, continuou a ser um dos grandes países do mundo em território, visto como fundia no mesmo bloco a Argentina, o Uruguai e o Paraguai.[99]

Sabemos que o Brasil não foi dividido, mas está previsto aí o que viria a ser o Mercosul, possibilitado pela constante imigração que suplantou a rivalidade luso-espanhola. Outras previsões do livro, contudo, têm um quê de *nonsense*.

O professor Benson, com saúde debilitada, vem a morrer; porém, antes, destrói o "porviroscópio", percebendo que a humanidade não fará bom uso dessa invenção. O romance, então, passa a ser a narração oral dos acontecimentos do ano 2228 nos Estados Unidos, feita por Jane e acompanhada por Airton, que se apaixona por ela. (A semelhança com *As mil e uma noites* não é casual, mesmo porque esse romance foi publicado em capítulos, no jornal carioca *A Manhã*.) Jane sugere que Airton aproveite o relato para depois escrever um romance, o que permite a inclusão de comentários crítico-analíticos a respeito da arte literária.

---

[98] LOBATO, Monteiro. *O presidente negro ou o choque das raças*. São Paulo, Brasiliense, 1945. p. 52, 107.

[99] Ibid., p. 90.

Como o título indica, o foco de interesse da trama é o choque das raças, ou etnias. A esse respeito, inúmeras passagens poderiam ser citadas. A primeira indica que a Europa teria sido ocupada pelos mongóis. Ante o espanto de Airton, Jane responde:

> — Por que catástrofe? Tudo que é tem razão de ser, tinha forçosamente de ser; e tudo que será terá razão de ser e terá forçosamente de ser. O amarelo vencerá o branco europeu por dois motivos muito simples: come menos e prolifera mais. Só se salvará da absorção o branco da América.[100]

A mentalidade americana é elogiada: tudo o que seria realizado no futuro teria como ponto de partida o idealismo pragmático de Henry Ford, personagem contemporânea de Lobato e apresentada nessa obra como exemplo de bom senso e "simplificação da vida".

A América do Norte seria a feliz zona que, desde o início, atraiu os elementos mais eugênicos das melhores raças européias, pela imigração. O termo "eugenia", ou "eugênico", será um mote constante da narrativa. O único erro dos Estados Unidos teria sido a inclusão do negro na composição das raças. A esse respeito, afirma Airton, o narrador:

> Também aqui arrostamos com igual problema, mas a tempo acudimos com a solução prática – e por isso penso que ainda somos mais pragmáticos do que os americanos. A nossa solução foi admirável. Dentro de cem ou duzentos anos terá desaparecido por completo o negro em virtude de cruzamentos sucessivos com o branco. Não acha que somos felicíssimos na nossa solução?[101]

Esse comentário, um dos poucos em que se fala do Brasil, é gerador de perplexidade para o leitor: seu sentido é irônico? Defende-se o "branqueamento", ou trata-se de uma denúncia? Estamos tão deslocados no tempo que o impensável de hoje podia ser afirmado com total desfaçatez? Essa perplexidade nos acompanhará em quase toda a narrativa.

A solução brasileira não agrada à Jane, filha do cientista, que considera o cruzamento das raças um impedimento à "cristalização" do caráter:

---

[100] Ibid., p. 52.
[101] Ibid., p. 81.

A nossa solução foi medíocre. Estragou as duas raças, fundindo-as. O negro perdeu as suas admiráveis qualidades físicas de selvagem e o branco sofreu a inevitável piora de caráter, conseqüente a todos os cruzamentos de raças díspares.[102]

Havendo um conflito de etnias nos Estados Unidos, a grande pergunta é como esse conflito pode se resolver. Está aí o cerne do livro.

Durante 300 anos, nos Estados Unidos, haviam sido implantados critérios de eugenia. Atraiu-se a fina flor das melhores raças européias: uma seleção de beleza plástica, inteligência e valores morais. Em seguida, fecharam-se as portas da imigração e aí ocorreu um problema: a inflação do pigmento. Enquanto os brancos controlaram a natalidade, aperfeiçoando a raça, os negros preferiram "avultar em quantidade". Quando se criou o Ministério da Seleção Artificial, o "surto negro já era imenso".[103] Esse ministério, em busca da qualidade, eliminou as crianças com defeitos físicos. Porém, mesmo com processos restritivos, os negros cresceram mais que os brancos, até somarem 108 milhões de habitantes, enquanto os brancos somavam 206 milhões. Para o conflito de raças pensava-se em duas soluções. A "solução branca" consistia em expatriar os negros para o Amazonas, e a "solução negra", a divisão do país em duas partes. A constituição americana, porém, não permitia a primeira solução. Qual a saída?

Jim Roy, o negro de gênio, havia se transformado no líder da raça negra. Negro, mas de cor acobreada, pois a ciência já tinha resolvido o caso da cor pela destruição do pigmento. Jim Roy, apesar de ter o cabelo carapinha, era "horrivelmente esbranquiçado", como todos os negros da América. A solução científica não havia amenizado a cisão entre os grupos. Os brancos não haviam perdoado nos negros a "camuflagem da despigmentação".

Roy, fundador do partido Associação Negra, era líder absoluto de todos os cidadãos negros. Em 2228, a iminente eleição do presidente da república opunha o Partido Masculino (fusão do Democrata e do Republicano) ao Partido Feminino (formado só por mulheres, e em maior número que os homens). Kerlog e Evelyn Astor disputavam a presidência, e

---

[102] Ibid., p. 82.
[103] Ibid., p. 86.

aquele (ou aquela) que conseguisse a adesão de Jim Roy seria eleito. Ambos tentavam conquistar seu apoio, pois o negro controlava o maior contingente de votos. Evelyn Astor, seguidora do pensamento feminista, que opunha *Homos* (homens) às *Sabinas* (mulheres, mas originadas de outra espécie animal, anfíbia, daí seu caráter ondeante), com grande magnetismo pessoal, apostava na própria vitória. O feminismo, em cuja primeira versão a mulher simplesmente tentava copiar o homem, havia dado lugar a idéias mais originais, que pregavam a especificidade da mulher e do seu pensamento, até mesmo porque homens e mulheres descendiam de espécies distintas de mamíferos. (Embora a idéia de um Partido Feminino pareça cômica, trata-se de fato histórico. Em 1910 foi fundado o Partido Republicano Feminino no Rio de Janeiro, inaugurando oficialmente o feminismo no Brasil.)

Kerlog acreditava que Jim Roy apoiaria a sua reeleição, por ser homem, e Evelyn Astor tentava convencer Roy de que o macho branco havia sido o verdadeiro inimigo comum dos dois grupos, negros e mulheres, desde o início dos tempos.

Na véspera da eleição, Roy reflete sobre os séculos de escravidão imposta ao negro, inicialmente física, depois moral. Na hora de transmitir a senha para seus liderados (o voto era eletrônico), declara: "O candidato da raça negra é Jim Roy". Portanto, sai vitorioso. Toda a nação, incluindo os negros, fica surpresa. As *Sabinas* se dão conta de que se distanciaram de seus companheiros, levando a raça branca a uma cisão. Assim, resolvem abrir mão das idéias feministas. Indo ao gabinete de Kerlog, Evelyn Astor avança sobre ele e o beija. Fica selado o acordo entre as *Sabinas* e os *Homos*: as mulheres assim voltam a ser as pacíficas companheiras dos homens. Mas a América está à beira de um confronto entre brancos e negros. Roy e Kerlog encontram-se buscando uma solução. Kerlog afirma que, apesar de admirá-lo, não pode abrir mão do orgulho da raça branca: "O teu ideal é nobilíssimo, mas à solução de justiça com que sonhas só poderemos responder com a eterna resposta do nosso orgulho: Guerra!".[104]

É convocada a Convenção Branca. Sábios representativos de diferentes áreas do conhecimento votam a "moção Leland". A solução, não revelada, só fica clara com o decorrer dos fatos. Passados alguns dias, o inventor Dudley anuncia a descoberta dos raios Ômega, que têm a propriedade

---

[104] Ibid., p. 144.

de tornar o cabelo africano liso e sedoso. Os negros, agradecidos, acorrem em massa aos postos onde são feitas as aplicações a custo de centavos.

> Reduzidas desse modo as duas características estigmatizantes da raça, o tipo áfrico melhorava a ponto de em numerosos casos provocar confusão com o ariano.
> [...]
> As negras [...] passavam os dias ao espelho, muito derretidas, penteando-se e despenteando-se gostosamente [...] Libertas afinal do odioso estigma![105]

Jim Roy também se submete aos raios Ômega, e acredita que o perigo do choque entre as raças passou – com a nova invenção, os negros se esquecem da política. Roy chega a sentir o abatimento físico da vitória, mas agora pensa que o país não entrará em guerra civil. Na véspera da posse, Kerlog vem até ele e revela pretender assassiná-lo. Como? Com a palavra que mata, diz Kerlog. Os raios Ômega, explica, não apenas alisam os cabelos, mas esterilizam o homem. E assim, Jim Roy cai morto antes de tomar posse. Como todos os negros sentem a mesma "quebreira vital", fica impossível sua reação. Em seguida, o índice de natalidade negra começa a cair, até chegar a zero. A população negra é dizimada. O presidente Kerlog, reeleito, revela à população o estratagema utilizado para garantir a supremacia da raça branca.

A reação de Airton dá o tom final do livro:

> O desfecho do drama racial da América comoveu-me profundamente. Não ter futuro, acabar... Que torturante a sensação dessa massa de cem milhões de criaturas amputadas do seu porvir!
> Por outro lado, que maravilhoso surto não ia ter na América o homem branco, a expandir-se libérrimo na sua Canaã prodigiosa![106]

Temos, portanto, no desfecho da narrativa, os mesmos índices da ambigüidade que havíamos notado no início do livro. O tempo transcorrido da primeira publicação até hoje explica a nossa dificuldade de absorção dessa obra. Em 1926, as idéias "eugênicas" estavam mesmo em voga, culminando no nazismo alemão, e na Europa houve de fato

---

[105] Ibid., pp. 167-168.
[106] Ibid., p. 191.

a "esterilização" (ou melhor, assassínio) em massa que Lobato, visionariamente, descreve na América. Está aí uma qualidade dos grandes artistas, a de captar tendências e antecipar fatos, revelando, na arte, o que o tempo só pode produzir lentamente. No entanto, o horror inerente à solução final e que poderia indicar intenção crítica e o sentido da denúncia (do branco-centrismo, da opressão sobre o negro, da segregação espacial das raças) não vem acompanhado de indignação, ou reflexão, ou ironia, enfim, de uma indicação de ser este o sentido maior da obra. A ambigüidade permanece.

Recorrendo a estudos sobre a obra de Lobato, aprendemos que nessa narrativa há referências a idéias defendidas por pensadores contemporâneos ou anteriores a Lobato. A idéia de enviar os negros para o Amazonas saiu da cabeça de um tenente da Marinha dos Estados Unidos, Matthew Fontaine Maury, entre os anos 1840 e 1860 – a intenção não era apenas se livrar dos escravos que logo se tornariam livres, mas também viabilizar a anexação de territórios ao sul, a exemplo do Texas.[107] Da mesma forma, há no romance ecos do pensamento do físico racista francês Gustave Le Bon (*Evolução da força* e *Evolução da matéria*), que Lobato conhecia havia muitos anos. O Brasil foi o primeiro país da América Latina a ter um movimento eugenista, com a fundação da Sociedade Eugênica de São Paulo, em 1918 (o que é bastante irônico para um país mestiço). A admiração pela civilização americana, por sua vez, é reconhecida como uma faceta do pensamento lobatiano, tanto que ele morou em Nova Iorque como adido comercial brasileiro, investiu na Bolsa e perdeu muito dinheiro com o *crack* de 1929.

Temos assim, em *O presidente negro*, uma mescla das opiniões do próprio Lobato com as idéias da época, característica de sua obra. Mesmo nos livros destinados ao público infantil, ele aborda temas políticos e econômicos de então, como, por exemplo, a exploração do ferro e do petróleo.

Em um ensaio sobre a obra de Lobato, intitulado "A figura do negro em Monteiro Lobato", Marisa Lajolo analisa *O presidente negro* e também *Histórias de tia Nastácia*. A autora compara a maneira como as crianças do Sítio recebem os contos populares contados por tia Nastá-

---

[107] Cf. CRISTALDO, Janer. O visionário de Taubaté. Net, O Alpharrabista, 22 out. 2002. Disponível em: <http://www.jornaleco.vpg.com.br/J11/oalpharrabista.htm>. Acesso em: 22 out. 2002.

cia, em *Histórias de tia Nastácia*, e como recebem os contados por dona Benta. A desvalorização de tia Nastácia, do seu universo de referência, por parte das crianças e de Emília, é entendida como transferência da inferioridade de sua posição sociocultural. Seus contos são considerados ingênuos, "bárbaros", em contraste com o refinamento do universo letrado e culto de dona Benta, conhecedora de Lewis Carroll e Andersen. Para fins de uma análise comparativa, incluímos também esse volume de contos em nosso estudo.

Histórias de tia Nastácia pode ser dividido em duas partes. Na primeira, há o relato de contos maravilhosos ou populares; na segunda, predominam as fábulas. Na primeira parte, surpreende a crítica reação das crianças e de Emília, e até de dona Benta, ao fim de cada conto:

> — Essas histórias folclóricas são bastante bobas — disse Emília.
> — Por isso é que não sou "democrática"! Acho o povo muito idiota... [...].
> — Sim — disse dona Benta. — Nós não podemos exigir do povo o apuro artístico dos grandes escritores. O povo... Que é o povo? São essas pobres tias velhas, como Nastácia, sem cultura nenhuma, que nem ler sabem e que outra coisa não fazem senão ouvir as histórias de outras criaturas igualmente ignorantes, e passá-las para outros ouvidos, mais adulteradas ainda.
> [...]
> — É o que eu digo — ajuntou Emília. — O povo, coitado, não tem delicadeza, não tem finuras, não tem arte. É grosseiro, tosco em tudo que faz.[108]

As histórias são qualificadas como "grosseiras", "bárbaras", "coisa de negra beiçuda", "bobagens de negra velha". Na segunda parte, com as fábulas, nas quais o animal mais esperto logra o mais tolo, a reação é muito mais positiva. Ainda assim, há diferenças a assinalar. No fim do volume, contrariando o título da obra, tia Nastácia vai preparar o jantar, e dona Benta assume a narrativa. Suas fábulas são semelhantes às de tia Nastácia, mas ela indica a origem de cada uma: Pérsia, Rússia etc. Quando, ao final de uma das narrativas, Emília a critica, qualificando-a

---

[108] LOBATO, Monteiro. *Histórias de tia Nastácia*. 15. ed. São Paulo, Brasiliense, 1974. pp. 13-46.

de bobinha, dona Benta responde: "— Sim, mas que havemos de esperar dos pobres negros do Congo? Sabem onde é o Congo?".[109]

Nota-se, nessa obra, um eixo de oposição entre cultura popular/oral e cultura erudita/letrada, reiterado de forma veemente. Há também a oposição entre brancos e negros, e sua cultura, como procuramos demonstrar. Se há acordo a respeito das fábulas, os contos maravilhosos são bastante criticados, e a pouca cultura do povo é responsabilizada por todas as eventuais falhas e, muitas vezes, pela falta de "lógica" dos contos. Contudo, o conteúdo simbólico deles não é sequer aventado pelos duros ouvintes. Sem considerar que essa agressiva contraposição entre o popular e o erudito, hoje, parece-nos deslocada ou, mesmo, totalmente equivocada.

O Presidente negro e *Histórias de tia Nastácia* apresentam, de fato, semelhanças. A principal é a oposição entre negros e brancos. Em ambas, os brancos criticam os negros, ou a cultura dos negros, sendo que estes não têm a oportunidade de se defender. Jim Roy critica a escravidão, mas aceita de forma acrítica as inovações que possibilitam o "branqueamento" dos negros. Algumas leituras apontam aí uma antecipação do que seria o fenômeno Michael Jackson. No entanto, esse é um caso extremo, definido por alguns até como patológico. A idéia de um país povoado de "Michael Jacksons", em que os negros querem se assemelhar aos brancos, não é questionada, ou seja, o parâmetro da beleza ariana como o único existente não é colocado em cheque, nem pelos negros. E, como apontamos na análise de *E agora?*, o conceito de beleza tem um impacto social muito maior do que possíveis discursos de fundo sociológico. Caso não tivesse aderido ao ideal de beleza ariana, Jim Roy não teria sucumbido.

Marisa Lajolo também vê ambigüidade no tratamento da questão do negro na obra de Monteiro Lobato. E de fato se, por um lado, *Histórias de tia Nastácia* é uma homenagem à personagem negra, por outro os ataques constantes e as referências a seu nariz e "beiço" são uma espécie de preço que ela paga para ocupar ali o seu espaço.

Existe também a possibilidade de encarar essas abordagens como "realistas", como aponta Lajolo:

---

[109] Ibid., p. 123.

Quer na chave do realismo fantástico da história norte-americana, quer na do realismo miúdo e cotidiano do sítio de Dona Benta, o conflito é violento porque ele não era menos violento na vida real, nem abaixo nem acima do Equador.[110]

Quando encarada dessa forma, a abordagem lobatiana pode ser vista como menos "alienante" do que a de seus pares, que também incluíram contos populares em seus livros:

> Rompe, assim, Lobato, com a complacência, geralmente meio saudosista, que dá o tom dos livros similares.
>
> [...]
>
> Assim, o apagamento da tensão entre o mundo da cultura de uma negra analfabeta e o da cultura das crianças brancas que escutam suas histórias pode ter um sentido alienante. Por não tematizarem a diferença e, ao contrário, por diluírem em afeto complacente o inevitável choque de cultura que tinha lugar nos serões, antologias como as de Lúcio Cardoso proporcionam ao leitor a experiência apaziguante de uma situação na qual fica apagada toda a violência do *modo* pelo qual se processava a modernização brasileira.[111]

Partindo desse ponto de vista, Lobato foi fiel a uma realidade, e não pode ser "responsabilizado" pelas falas de suas personagens. Deve-se destacar que não temos aqui o propósito de fazer um julgamento de toda a obra do escritor, visto ser esse um projeto muito ambicioso.

Considerando a ambigüidade a que nos referimos, procuramos outras referências a respeito de *O presidente negro*, para situar melhor a obra. Fonte produtiva foi a correspondência de Lobato:

> Um escândalo literário equivale no mínimo a 2.000.000 dólares para o autor e com essa dose de fertilizante não há Tupy que não grele. Esse ovo de escândalo foi recusado por cinco editores conservadores e amigos de obras bem comportadas, mas acaba de encher de entusiasmo um editor judeu que quer que eu o refaça e ponha mais matéria de exasperação. Penso como ele e estou com idéias de enxertar um capítulo no

---

[110] LAJOLO, Marisa. A figura do negro em Monteiro Lobato. Net, *Revista Brasil de Literatura*, 22 jan. 2005. Disponível em: <http://members.tripod.com/~lfilipe/lobato.htm>. Acesso em: 22 jan. 2005.

[111] Ibid.

qual conte a guerra donde resultou a conquista pelos Estados Unidos do México e toda essa infecção *spanish* da América Central.[112]

Essa carta refere-se à sua intenção de abrir uma editora de nome *Tupy Publishing Company*, nos Estados Unidos, pois Lobato sempre teve mentalidade empresarial. Quanto ao enredo de *O presidente negro*, o escritor explica ao amigo Godofredo Rangel:

> Sabe o que ando gestando? Uma idéia-mãe! Um romance americano, isto é, editável nos Estados Unidos. Já comecei e caminha depressa. Meio à Wells, com visão do futuro. O *clou* será o choque da raça negra com a branca, quando a primeira, cujo índice de proliferação é maior, alcançar a raça branca e batê-la nas urnas, elegendo um presidente negro! Acontecem coisas tremendas, mas vence por fim a inteligência do branco. Consegue por meio dos raios N, inventados pelo professor Brown, esterilizar os negros sem que estes dêem pela coisa.[113]

Essa correspondência, que não deve ser entendida como a última palavra sobre o romance, explicita algo presente nas obras estudadas: no confronto entre os negros e os brancos, certas qualidades são rigidamente atribuídas ou aos primeiros, ou aos segundos, sem intercâmbio. O negro, em *O presidente negro*, tem tão-somente as qualidades físicas do selvagem, essa é a sua única força. O branco, por sua vez, tem a inteligência criadora que permite o advento da máquina, do automóvel, da modernidade. Esse estado de coisas não é explicado pela História, mas por uma tendência nata das diferentes etnias. Assim, a obra corrobora o estereótipo sem maiores questionamentos, a partir de uma postura evidentemente etnocêntrica. Somando-a com *Histórias de tia Nastácia*, temos a identificação do negro com o primitivismo e o atraso, ao passo que o branco procura desenvolver-se culturalmente, é associado ao progresso. Em sua carta, Lobato atribui a solução encontrada para o conflito étnico à "inteligência" do branco.

É preciso reiterar que, hoje, esse raciocínio não mais encontra defensores. Não se admite o discurso que atribui qualidades inatas a alguns grupos, já que o contexto e as condições históricas é que parecem de-

---

[112] LOBATO apud LAJOLO, Marisa, op. cit.

[113] LOBATO apud LAMARÃO, Sérgio. Os Estados Unidos de Monteiro Lobato e as respostas ao "atraso" brasileiro. Net, *Lusotopie*, 22 jan. 2005. Disponível em: <www.lusotopie.sciencespobordeaux.fr/lamarao.pdf > Acesso em: 22 jan. 2005.

terminar o desenvolvimento de certas capacidades humanas. Hoje, não se acredita que o projeto de modernidade seja incompatível com certas etnias. É verdade que alguns países ainda estão atrasados em relação aos demais, mas essa condição está ligada a fatores políticos e sociais. Assim, o discurso que vincula a pobreza à raça se torna, indubitavelmente, ideológico: reforça a divisão social entre classes sociais, e entre nações pobres e nações ricas. Da mesma forma, a oposição entre cultura erudita e cultura popular soa bastante deslocada, tantos são os estudos que mostram o intercâmbio entre ambas.

Concluímos, portanto, que, se por um lado é impossível exigir de Lobato a postura "relativista" que temos nos dias de hoje, por outro é fato que nas obras analisadas existem conceitos arraigados, verdadeiros preconceitos, na descrição das personagens. Talvez esperássemos que, tal qual um bom dramaturgo, Lobato equilibrasse os atores em conflito, dando-lhes armas com as quais pudessem lutar de igual para igual. Se *Negrinha* é uma eloqüente denúncia da situação vivida pelos ex-escravos, *O presidente negro* e *Histórias de tia Nastácia* apresentam uma luta desigual, na qual os negros não têm nenhuma condição de enfrentar os brancos, de tão limitados que são seus recursos. A "qualidade física do selvagem", já referida, não é páreo para as maquinações dos brancos, pois, como diz a personagem Dona Benta: "Notem que a maioria das histórias revela sempre uma coisa: o valor da esperteza. Seja o Pequeno Polegar, seja a raposa, seja um macaco como este do aluá, o esperto sempre sai vencedor. A força bruta acaba perdendo – essa é uma das lições da vida".[114]

Embora tenha feito corretas adivinhações sobre o futuro, e também se envolvido em polêmicas relevantes para o destino do Brasil, Monteiro Lobato não dá mostras, nas obras analisadas, de ter percebido que o mundo poderia caminhar para o que hoje se considera como um inevitável "hibridismo" de culturas e etnias, na visão de Abdala Junior:

> Mitos regressivos voltados para a busca de pretensas origens étnicas – a "pureza" é ficção, já o afirmamos – são afins aos ideais de branqueamento, quando se procurava o "amelhoramento da raça". Tais posturas não têm futuro nas culturas híbridas, por contrariarem a

---

[114] LOBATO, Monteiro. *Histórias de tia Nastácia*. Op. cit., p. 93.

maneira de ser dessas culturas, que encontram sua dinâmica no entre-choque produtivo de constituintes culturais variados.[115]

Quanto aos padrões de beleza implícitos ou explícitos nessas obras, não há a idéia de valorização do mestiço, ou de "valorização do híbrido", como no caso de *Dona Flor*, citada por Abdala Junior. Existe, ao contrário, adesão a ideologias típicas da época em que as obras foram escritas (dentre os quais a *eugenia*, evidente na frase: "o tipo áfrico melhorava a ponto de em numerosos casos provocar confusão com o ariano"),[116] sem maior questionamento de sua validade, embora Emília, a boneca, seja uma questionadora em tempo integral. A conclusão final pode ser simplificada assim: *O presidente negro* é uma obra em que o racismo se destaca como tema principal; no entanto, não é combatido ou questionado, ao contrário, triunfa ao final, razão que explica, com certeza, porque a obra nunca mais foi reeditada.

Perguntamos inicialmente se um grande escritor seria independente o bastante para estar desvinculado das idéias do seu tempo, da influência da sociedade do seu tempo. No caso de Monteiro Lobato, fica claro que houve tanto uma postura independente em relação a certos temas, quanto dogmática em relação a outros. Se não podemos, aqui, falar de toda a sua obra, podemos afirmar que, nos títulos examinados, estão presentes elementos opostos: a imaginação poderosa e crítica do grande artista convive com conceitos dogmáticos e conservadores, ou até *castradores*. E a contradição entre esses elementos, muitas vezes, é perturbadora para o leitor.

Como mero exemplo, extraímos um trecho do conto "Negrinha", onde se verifica esse pensar dogmático:

> Varia a pele, a condição, mas a alma da criança é a mesma – na princesinha e na mendiga. E para ambas é a boneca o supremo enlevo. Dá a natureza dois momentos divinos à vida da mulher: o momento da boneca – preparatório, e o momento dos filhos – definitivo. Depois disso, está extinta a mulher.[117]

---

[115] ABDALA JUNIOR, Benjamin. *Fronteiras múltiplas, identidades plurais*. São Paulo, Senac, 2002. p. 135.

[116] LOBATO, Monteiro. *O presidente negro*. Op. cit., p. 168.

[117] LOBATO, Monteiro. *Negrinha*. Op. cit.

Vale acrescentar que, nesse caso, a afirmação não foi subscrita por nenhuma personagem.

3.8. *MENINA BONITA DO LAÇO DE FITA* E *DO OUTRO MUNDO*, DE ANA MARIA MACHADO

O tema do preconceito racial (ou étnico) encontra nesses textos de Ana Maria Machado uma elaboração que os orienta no sentido da denúncia, ou de corretivo de uma situação real – a situação vivida especificamente pelos negros ou mestiços. Em relação às obras anteriores, pode-se afirmar: aqui o texto tem um propósito mais direto, mais "engajado", do ponto de vista social. Evidentemente, essa postura traz um risco de "previsibilidade" muito maior, ou seja, já iniciamos a leitura sabendo que tipo de mensagem vamos encontrar.

Menina bonita do laço de fita, um conto infantil, voltado portanto para crianças que poderiam ser consideradas "leitores iniciantes", mostra uma menina negra e muito bonita, por quem um coelho branco apaixona-se. A paixão, naturalmente irrealizável, encontra um derivativo quando o coelho branco encontra uma coelha escura, com ela se casa e tem muitos filhotes de variadas cores, incluindo uma coelha bem pretinha.

Do outro mundo é o relato feito por um menino, Mariano, ao receber a incumbência de escrever uma história que lhe foi contada, e que por sua relevância não deveria ser esquecida: a escravidão nos últimos momentos antes da abolição, quando os negros ainda eram vítimas da arbitrariedade e da violência.

Menina bonita, à primeira vista, nasce com o objetivo de opor-se à tradicional narrativa na qual uma menina loira e de pele rosada serve de símbolo da pureza, da ingenuidade e de outras qualidades associadas à infância. Isso, sem falar do ideal de beleza ariana inerente a esses relatos. A origem de tais contos poderia ser discutida, assim como o fato de serem ou não preconceituosos em sua urdidura, mas está claro que em países miscigenados como o Brasil outros parâmetros de beleza são necessários. Apenas a título de exemplo, poderíamos citar o conto tradicional "A feiticeira e a pombinha",[118] oriundo de Cabo Verde, no qual

---

[118] MÜLLER, Margarida Pereira (Sel.). A feiticeira e a pombinha. In: *Os mais belos contos tradicionais*. Lisboa, Civilização, 1998.

uma menina que "tinha a pele tão branca, os olhos tão azuis e os cabelos tão loiros que parecia uma boneca de porcelana" torna-se órfã, passando aos cuidados da ama, "uma mulata de uns quarenta anos, muito gorda, mas muito simpática e com muita energia", e que, descobre-se, "se dedicava às coisas de feitiçaria". A ama enfia um alfinete na cabeça da menina, transformando-a em uma pombinha. Um conto cuja origem pode-se explicar sem muita dificuldade pela presença do colonizador português, sem o qual essa oposição entre brancos e negros, associando aos últimos a perigosa feitiçaria, não teria muito sentido. Aliás, esse conto não é verdadeiramente típico de Cabo Verde, pois o tema vem de longa tradição. A mesma idéia está presente no conto "A moura torta", recolhido por Monteiro Lobato em *Histórias de tia Nastácia*; no conto de mesmo nome da recolha de Figueiredo Pimentel, *Contos da carochinha*; e também na de Consiglieri Pedroso, *Contos populares portugueses*. A oposição negro/ branco não é uma constante em contos populares, mas a valorização da pele clara e dos cabelos loiros pode ser entendida como continuação ou decorrência da mesma mentalidade.

Menina bonita opõe-se a essa tradição colonizadora, colocando o negro, ou no caso a menina negra, como um parâmetro de beleza a ser invejado. O coelho branco, aqui símbolo da pureza não-preconceituosa da infância, deslumbra-se em grande parte porque vê o diferente ou desconhecido diante de si: a cor negra, que ele não sabe de onde vem. Assim, surge a pergunta-refrão: "Menina bonita do laço de fita, qual é teu segredo pra ser tão pretinha?".[119]

A resposta, dada pela menina negra, é sempre diferente, pois ela também não sabe. São especulações poéticas: o café, a tinta preta, as jabuticabas. A previsibilidade a que referimos está, sobretudo, nessa inversão de parâmetros: valoriza-se a pele negra ao invés da pele clara, no entanto o mecanismo que articula o discurso é semelhante ao que já se conhecia, apenas com um objeto distinto. Temos, em oposição ao discurso preconceituoso e branco-cêntrico, o seu reverso, um discurso antipreconceito com sinais invertidos no que diz respeito às etnias (o branco admira-se com o negro), que funcionaria como "corretivo" daquelas conhecidas forças sociais (ou anti-sociais). Um procedimento que se insere dentro de um programa *anti-racista, afirmativo, libertário*, ou

---

[119] MACHADO, Ana Maria. *Menina bonita do laço de fita*. 7. ed. São Paulo, Ática. 2004.

seja, dentro de um programa conhecido e reconhecido, ao menos na esfera do movimento negro e dos que compartilham de seus ideais. Nesse sentido, o livro é exatamente o que se espera dele. O que não significa, por outro lado, que ele não possa atingir esses objetivos.

Deve-se lembrar que o dilema da previsibilidade, ao menos para o "leitor iniciante", coloca-se de outra forma. Não haverá no tenro leitor a noção de que esse livro corresponde à demanda social de um grupo. Ele provavelmente receberá o livro tão-somente por seus méritos estéticos. Méritos que existem de forma evidente, e por isso mesmo fascinam o jovem leitor, e que podem também encantar o leitor adulto, pela felicidade de suas soluções.

O coelho branco, tal como aquele que Alice persegue, traz a curiosidade como seu emblema, pois não se limita a admirar, ele quer saber a origem da cor preta, portanto pergunta repetidas vezes, e também quer assimilá-la, tal é a sua admiração. Essa preocupação genealógica, em que se questiona a origem das coisas, tem correspondência nos mitos e nos "contos etiológicos",[120] os quais, por sua vez, explicitam o funcionamento da mente primitiva, muito semelhante ao da mente infantil. Em outras palavras, esse tipo de conto corresponde a uma das exigências infantis, a de saber como e de onde vieram os seres e as coisas que nos cercam, incluindo a própria raça humana. A resposta em *Menina bonita* é dada de modo a não causar ruído entre as explicações mágicas e as científicas: é a genética que explica a origem, ou seja, somos fisicamente como nossos antepassados, e isso inclui a cor da pele. Talvez, por isso, o coelho termine se casando com a coelha escura, pois essa é a maneira prática e simbólica de incorporar algo que não temos, de forma a incluí-lo em nossa descendência.

O texto parte de uma indagação infantil e, no esforço de procurar a resposta, o coelho faz experiências, as quais resultam em alterações visíveis no seu xixi e no seu cocô. A inclusão dessa informação é também uma maneira de atingir o leitor-criança, para o qual aquilo que seu corpo produz tem importância fundamental, seja porque a concretude dessa realidade exterior (mas vinculada ao "interior") apresenta-se como irredutível, seja porque é através dela que as explicações mais abstratas podem ser entendidas. Trata-se, enfim, de algo que a psicologia poderia explicar

---

[120]   COELHO, Nelly Novaes. *Literatura infantil*. São Paulo, Moderna, 2000. p. 182.

melhor com outros conceitos, mas cuja importância não se pode negar. O linguajar e pensamento infantil não discriminam entre os conceitos "elevados" e a crueza da realidade corpórea mais imediata.

A menina tem um papel mais passivo que o do coelho, usando da imaginação para responder a ele, mas manifestando menos curiosidade em encontrar a resposta, ao final dada por sua mãe. Torna-se a madrinha da coelhinha mais escura que o casal de coelhos produz. A variedade da descendência (ilustrada devidamente por coelhos multicoloridos) integra a genealógica preocupação com a "origem" das cores ao propósito finalista de que a história está imbuída: demonstrar que todas as cores podem conviver harmoniosamente, até pelo fato de estarem dentro de uma mesma família. O desfecho recupera o refrão que conduz a narrativa:

> — Coelha bonita do laço de fita, qual é teu segredo pra ser tão pretinha?
> E ela respondia:
> — Conselhos da mãe da minha madrinha...[121]

A solução poética define o propósito maior do conto, que passa pelo esforço de educar para o não-preconceito, mas encontra na rima e na estrutura repetitiva um apelo mais forte para justificar a si mesmo. A repetição de versos é um recurso comum na literatura popular, em quadrinhas, em lengalengas, nas canções de amigo; por outro lado, a procura de uma "resposta" para um enigma está presente nos contos populares, sejam contos exemplares, maravilhosos, ou contos de fadas. Mas a solução final, como percebemos, nada tem de exemplar, ou de moralista. Traz o lúdico proporcionado pela própria linguagem.

Deve-se acrescentar que as ilustrações de Claudius, mais conhecido por suas charges políticas, acrescentam significação ao trabalho, ao incluir doses de humor através, por exemplo, dos olhos esbugalhados das personagens, de detalhes como a privada, dos retratos dos antepassados do coelho. E, ao mostrar a menina negra em variadas posturas e atividades (lendo, desenhando, fazendo dobraduras, dançando), amplia a significação e as possibilidades dessa personagem, que no texto permanece um tanto relegada à passividade, sendo, como é de fato, um objeto admirado por outra personagem. É praticamente, poderíamos dizer, um esforço de

---

[121] MACHADO, Ana Maria. Op. cit., p. 21.

corrigir o que seria um ponto menor no trabalho, pois sabemos que a relação sujeito-objeto, ao não superar sua transitividade, evoca a dominação. Ou seja, evoca a relação homem-mulher tradicional, na qual o homem tem sempre a iniciativa, cabendo à mulher a posição de algo a ser conquistado, um "prêmio". É verdade que a coelha escura acha o coelho branco "uma graça", contudo a menina negra não chega a ter a oportunidade de mostrar a que veio, através de ações.

Bem diversa é a abordagem e a solução encontrada em *Do outro mundo*, uma novela juvenil. A narrativa de linguagem e apelo realistas, na qual detalhes, planos e providências para se construir uma pousada (incluindo um curso de hotelaria no Sebrae) tomam a primeira parte do livro, é quebrada pela aparição sobrenatural de uma alma do outro mundo, a menina negra Rosário. "Outro mundo" aqui é sinônimo de "época da escravidão", já que o espaço geográfico onde se passa a história no presente e no passado é exatamente o mesmo.

O narrador, Mariano, explica que escrever a história é uma difícil incumbência que recebeu. Só saberemos como isso chegou a acontecer ao longo da narrativa.

Mariano, branco, Terê, branca, Elisa, "morena", e Léo, seu irmão também "moreno", são amigos. O uso do adjetivo "moreno" não procura disfarçar o fato de que essas personagens são mestiças, apenas vale-se de uma maneira bem brasileira de encarar a questão. A mãe de Elisa e Léo e a mãe de Mariano resolvem montar uma pousada, utilizando um barracão para fazer os quartos. Ali, os meninos encontram um velho castiçal. No primeiro momento, ouvem um choro à noite. Em seguida, o choro materializa-se na visita da menina-fantasma Rosário, que vai lentamente explicar sua história: o castiçal era um presente que recebera da "sinhá", e o barracão, a antiga senzala de uma fazenda. Ao final, ficamos sabendo do trágico desfecho: por ocasião da abolição da escravatura, o fazendeiro Nhô Peçanha não aceita o fato de perder todo o seu "patrimônio"; assim, reúne todos os alforriados no barracão (senzala) e nele bota fogo, matando todos, inclusive a menina Rosário. Mas seu irmão Amaro escapa, pois estava na beira do rio. Ao final, a avó de Elisa e Léo revelam a eles que Amaro havia sido seu avô, sendo assim tataravô dos meninos. Os descendentes, portanto, descobrem a história de parte da sua família, já que seus outros ancestrais tinham vindo da Itália.

A narrativa que flui lentamente pode a princípio ser debitada à inexperiência de Mariano, que escreve a história. A passagem do estilo realista para um relato que funde o realismo com o sobrenatural dá-se sem solução de continuidade. O espectro de Rosário é encarado como uma presença real, de uma menina não diferente das outras crianças, cuja presença é explicada pelo pedido que veio fazer: a narração escrita da verdade sobre sua família, incumbência da qual Mariano deverá dar conta. E por que Mariano? Simplesmente porque os negros e seus descendentes sempre falaram muito no assunto, até por obrigação, e isso já é esperado. Mas, se um branco se dispõe a falar, as pessoas poderiam prestar mais atenção. Pelo menos, essa é a suposição dos meninos. E o "moreno" Léo assim se expressa:

> Por que justamente nós, de uma raça que já penou tanto, que já sofreu tanta coisa neste país, ainda vamos ter que ficar a toda hora falando nisso e indo à luta? Pelo contrário, precisamos de um refresco. Hora do recreio, meu irmão. Vai escrever seu livro que eu vou pescar. Pois fiquem sabendo de uma coisa: eu acho que a Rosário sabia muito bem o que estava fazendo quando livrou a minha cara. Acho que essa promessa é um castigo e nós já fomos castigados demais... Agora é sua vez, cara-pálida...[122]

Pode-se perceber nesse trecho um raciocínio que indica sem maiores rodeios uma das teses da autora: a de que cabe aos brancos o esforço para uma maior conscientização a respeito do assunto, pois os negros já a possuem. Tese discutível, sem dúvida, afinal poucas pessoas negariam que "ir à luta" é um verbo conjugado com mais garra e paixão quando se está diretamente envolvido com o problema. Devem os negros esperar que os brancos façam o trabalho, mobilizem-se, expliquem, denunciem a escravidão e suas conseqüências? Acreditamos que não. Ou, pelo menos, que a resposta não seja tão simples.

Talvez, como forma de amenizar a rígida divisão de responsabilidades, todos terminem participando da tarefa, dando palpites e sugestões, com Elisa à frente.

A passagem da narrativa sobre a morte de Rosário é entendida como "castigo", "trabalho", "promessa", "pesquisa", "compromisso"

---

[122] MACHADO, Ana Maria. *Do outro mundo*. São Paulo, Ática, 2003.

(termos tirados da própria obra), isso sem mencionar o fato de que o capítulo onde se decide sobre a escritura é intitulado "Escravo, escrevo". Pois essa noção parece transbordar da ficção (uma narrativa assumida por uma das personagens) para a própria confecção da obra. Em determinado momento, o narrador admite:

> Não posso falar pelos meus amigos ali ao lado, mas eu ia ouvindo aquelas coisas e morrendo de vergonha de ser branco e brasileiro. Já tinha estudado sobre a escravidão no colégio. O que Rosário estava contando não era exatamente *nenhuma novidade*. Mas me deixava com uma revolta, que nem dá para explicar. Como é que a gente pode agüentar isso, de ter tanta raiva de uma coisa e não poder fazer nada?[123]

Temos nessa admissão uma chave para entender a motivação que justifica a obra. Embora não traga "nenhuma novidade", a relevância social do assunto e a culpa (ou vergonha) que os brancos sentem os levam a insistir nessa "denúncia" (palavra também usada pelas personagens), de forma a sentirem-se "solidários" e "poder colaborar". Mas, devemos nos perguntar, será que podem mesmo?

Embora todos os esforços de conscientização sejam louváveis, é preciso verificar criticamente o alcance de uma obra como *Do outro mundo*. Na introdução do volume, fala-se de "coisas ainda hoje muito mal resolvidas na sociedade: escravidão, preconceito...".[124] Mas essa é uma promessa que não se cumpre. Em nossa perspectiva, escravidão e preconceito são fenômenos distintos. A escravidão (amparada pelo Estado e pelo sistema de leis vigente) utilizou-se do preconceito (concepções sobre a superioridade ou inferioridade de povos), mas com ele não se confunde, até porque, ao longo da História, um guerreiro derrotado podia ser transformado em escravo. Falar da escravidão não é o mesmo que falar do preconceito, especialmente nos dias de hoje, em que a escravidão é vista como parte do passado. O tema do preconceito, de fato, não é abordado nessa obra, até porque nela crianças e adultos de pele branca ou morena (mestiços) convivem harmoniosamente, sem distinções. As personagens, quando falam do preconceito, o abordam de forma retórica: "Por que nós, de uma raça que já penou tanto, que já sofreu tanta coisa aqui neste país, ainda vamos ter que ficar a toda hora falando nisso e

---

[123] Ibid., p. 76. (Grifo nosso.)
[124] Ibid., p. 5.

indo à luta?".[125] No entanto, não temos exemplo ou situação onde o preconceito seja enfrentado. Da mesma forma, a história que vem do passado não provoca nenhuma reflexão nas personagens a respeito da situação vivida hoje pelos descendentes dos escravos, da falta de acesso ao ensino, das restrições no mercado de trabalho, dos salários inferiores, dos índices de exclusão. Os jovens emocionam-se com a história de Rosário, choram, escrevem, mas não a transpõem para os dias atuais, não relacionam esse relato com a própria experiência. Quando há a tentativa da transposição, ela fica restrita ao fenômeno específico da escravidão:

> — Mas hoje em dia não precisa mais disso. Afinal de contas, já aboliram a escravidão.
> — Sei lá, Léo. Aboliram mesmo? De verdade, geral? Em todo canto? Para sempre? — perguntei. — A gente estudou isso em História, mas de vez em quando sabe de cada coisa ... Volta e meia passa na televisão uma notícia de algum pessoal que estava trabalhando em algum lugar sem receber nada e sem poder sair, devendo ao armazém do patrão mais do que já tinha ganho em salário.[126]

Percebe-se aqui, pela referência à História, assim como à televisão, o quanto essa realidade está distante da realidade das personagens. São capazes de observar e discorrer sobre o tema, como bons espectadores, sem em nenhum momento demonstrar ter sentido "na pele" as suas conseqüências. E isso, de fato, diminui o poder da obra, pois nenhum espectro terá a força de convencimento de uma personagem de carne e osso, que vive e sofre fisicamente, e não apenas de forma retórica.

Do ponto de vista da estrutura, a obra vale-se de um mecanismo bastante em voga na literatura contemporânea voltada a pré-adolescentes ou adolescentes: um grupo de amigos, em circunstâncias estranhas, depara-se com um mistério (morte, roubo, sumiço de alguém), e na tentativa de solucioná-lo assumem o papel de detetives-mirins, não raro mais bem-sucedidos que os adultos também envolvidos no mistério.

Se, por um lado, o mistério em *Do outro mundo* tem um peso maior, falando de um tema importante em nossa história e no nosso destino enquanto nação (sendo, assim, um exemplar de literatura menos descartável do que seus congêneres), por outro lado, o enredo falha

---

[125] Ibid., p. 99.
[126] Ibid., p. 101.

ao não conseguir criar nenhum suspense em torno das descobertas dos jovens: é bastante evidente, desde o começo, que o desfecho da história trará uma pequena novidade a respeito da ancestralidade dos jovens Léo e Elisa. As descrições e comentários a respeito da escravidão são também bastante previsíveis, tanto porque se referem a fatos históricos conhecidos, como foi dito, quanto em função das escolhas da autora, que preferiu uma abordagem mais distanciada e retórica, como avaliamos. Está aí a previsibilidade, a qual nos referimos no princípio, que não é só a do enredo e suas poucas peripécias, mas também de concepção e pensamento. A palavra "denúncia" parece ter orientado esse fazer literário e, no entanto, trata-se de uma denúncia de pouco impacto, ao não avançar no conhecimento que a maioria das pessoas já tem sobre o assunto. E também a palavra "pesquisa", empregada pelos jovens, é reveladora dos méritos do livro: palavra que demonstra um esforço de conhecimento, mas que se restringe à pesquisa em bibliotecas, na internet, em "histórias ficcionais", nos cartórios da cidade (nesse caso, empreendida para se encontrar o desaparecido Amaro). Falta nessa obra um compromisso maior ou mais pesquisa a respeito da própria vida, tal como é vivida hoje, cotidianamente.

3.9. *O GRANDE DILEMA DE UM PEQUENO JESUS*, DE JÚLIO EMÍLIO BRAZ, E *PINGO-PINGO*, DE LÚCIA PIMENTEL GÓES

A dúvida inicial suscitada por *O grande dilema de um pequeno Jesus* diz respeito à escolha da palavra "dilema". O *Dicionário Houaiss* explica: "necessidade de escolher entre duas saídas contraditórias e igualmente insatisfatórias". O vocábulo traz também a idéia de uma dúvida moral, em que diferentes fidelidades ou valores são postos à prova. Nessa obra, Filipe, de seis anos, que ambiciona representar o papel de Jesus em uma peça escolar, é confrontado com a resistência da professora e dos colegas. O dilema, então, seria dar prosseguimento a esse desejo, ou aceitar a negativa, assimilando-a como lição de um comportamento socialmente desejável.

A professora também vive um dilema: permitir que o aluno negro desempenhe o papel de Jesus, ou demovê-lo da idéia. Mas o menino é insistente, questionador, o que a coloca ainda mais na defensiva, e a decisão é protelada.

Essa situação é o cerne do enredo e nela reside todo o interesse do livro. As suas conseqüências e as reações das outras personagens servem apenas para alimentar esse conflito interior, que inclui ao mesmo tempo a perplexidade com a resistência alheia, e a procura de um motivo para justificar a vontade de ser Jesus. Vale acrescentar que, nos dois casos, não há grandes embates verbais que levem a conclusões inequívocas. O conflito, aqui, assim como em obras analisadas anteriormente, não explode, e nem a dimensão mais ampla do preconceito é levada às últimas conseqüências. É um conflito em tom menor, sem exaltações ou tomadas de posição.

Filipe, de forma caprichosa, não aceita outro papel que não o de Jesus:

> — Mas, querido, nós ainda não distribuímos os papéis na peça — lembrou ela finalmente.
> — Mas, quando distribuir, eu quero ser Jesus!
> Risos. Alguns. Depois mais e mais e mais. Muitos risos.
> — Por que vocês estão rindo? — Filipe não entendia. — Eu não posso ser Jesus? — olhou para a professora, que sorriu, inteiramente sem graça.
> — Você, Filipe? — espantou-se a menina ruivinha que sentava ao lado dele.
> — É, eu mesmo... Por que, não pode? — Mais uma vez ele olhou para a professora, insistindo: — Por que não pode?[127]

Como se pode perceber, a atitude do menino tem muito mais a ver com aquela fase infantil geralmente chamada de "fase do por quê?" do que com uma suposta consciência precoce a respeito do preconceito de cor. A princípio, não há essa consciência. Mas, por tratar-se de crianças, naturalmente mais espontâneas que os adultos, a razão é finalmente verbalizada:

> — Porque você é negro, Filipe — disse uma menina de longas tranças douradas. — Você já viu um Jesus negro?
> — Não, mas também nunca vi um branco!
> — Aqueles da igreja são todos brancos.
> — Aquilo na igreja não é Jesus...
> — Ah, não? E o que é, então?
> — Uma estátua que alguém fez![128]

---

[127] Braz, Júlio Emílio. *O grande dilema de um pequeno Jesus*. São Paulo, Larousse, 2004. p. 11.
[128] Ibid., p. 12.

Caprichoso, ele prolonga o diálogo questionador, e faz questão de dar a última palavra, mesmo que seja apenas "Eu quero ser Jesus". Essa postura o levará a insistir no "por quê?" até entender melhor o significado do preconceito, embora os adultos com quem convive não utilizem discursos do tipo engajado. Os pais acham que ele pode ser Jesus, sim. O avô explica que existem pessoas que gostam de dizer o que os outros podem ou não podem fazer – ninguém quer sobrecarregá-lo com uma mensagem rancorosa e combativa, assim como o autor provavelmente teve a mesma intenção: levantar o tema *evitando* que o conflito esboçado se transformasse em confronto radical. Como já observamos, essa é a maneira pela qual os conflitos são resolvidos na sociedade brasileira.

O dilema se dá, então, internamente, seja porque as personagens não querem ser muito diretas, seja porque esse é o modo brasileiro, seja porque o autor julgou que esse era o melhor tratamento a ser dado a uma questão "delicada", como indicam os editores.

Perguntas e respostas: Assim como na obra *Menina bonita do laço de fita* havia muitas perguntas, procurando desvendar a etiologia (origem) da cor negra, aqui as perguntas infantis têm um objetivo parecido, que é entender a origem do preconceito. Ambas, portanto, valem-se do perguntar e do responder como elemento estruturador da narrativa.

"Insegurança" é a palavra utilizada para expressar esse sentimento. Embora não seja a palavra que um pequeno menino provavelmente usaria, é o termo correto para traduzir a reação de uma criança a uma recusa descabida e associada sem maiores explicações à cor da pele. Atribuir a "culpa" a um indivíduo por algo que ele nem mesmo entende muito bem é como falar do pecado original, algo anterior à nossa existência, mas pelo qual temos sempre de pagar. Inseguro, ele entra numa igreja. O padre diz que ninguém sabe ao certo qual era a cor de Jesus, e o incentiva a realizar sua vontade, lembrando que o importante é ter Jesus no coração. Olhando os pombos, Filipe conclui que as diferenças de cor (eram brancos, cinzentos, negros) não faziam a menor diferença para eles. E que, para os seres humanos, só fazem diferença quando aceitamos ser vistos como diferentes, ou quando nos vemos como diferentes. Portanto, nesse momento, ele aprende a se ver como um *igual*. E assim realiza a sua vontade.

A singeleza do argumento é ilusória. Evitando discussões engajadas, o autor na verdade apenas abre a possibilidade de que essas discussões ocorram entre estudantes, após a leitura, como necessidade de preencher os vazios que se esboçam na narrativa. É a arte do sugerir em oposição à arte do dizer. Não que não se diga ali o essencial. O que não se esmiúça são justamente os porquês, nos quais Filipe insiste, mas aos quais ninguém tem coragem de responder. E, portanto, estão lá no fim do volume as sugestões de "perguntas instigantes" a serem feitas aos alunos. Ainda que esta seja uma exigência editorial do momento presente (ou seja, incluir um suplemento de leitura ou algo parecido), a narrativa em si mesma parece indicar a necessidade de reflexão, de uma atividade mental que preencha aqueles vazios. Elíptica até certo ponto, ela pede para ser interpretada, o que indica domínio da arte literária. Considerando-se o tema de nosso estudo, essa solução parece apropriada e de fato instigante.

A idéia de um Cristo negro não é nova, porém. Aparece em *Auto da compadecida*, de Ariano Suassuna, peça encenada pela primeira vez em 1957. Cômica, a peça aproveita para ridicularizar alguns preconceitos e comportamentos associados à cor. Embora nessa peça teatral a frase "Você pensa que eu sou americano para ter preconceito de raça?" pareça alienar a trama de seu significado (ou seja, só existe preconceito nos Estados Unidos), outras falas no diálogo indicam, sim, o preconceito racial, e de classe, tanto nos membros da igreja como no caso de João Grilo, o condutor da história. A imagem de um Cristo negro, de qualquer forma, é eloqüente por si só, seja numa peça teatral, seja num conto destinado a crianças. As resistências, sejam quais forem, vêm mostrar que o preconceito existe, criando portanto o contexto para uma discussão necessária.

Se *O grande dilema* define uma abordagem discreta, *Pingo-Pingo* de Lúcia Pimentel Góes é ainda mais sutil. O livro trata de um regador desastrado. Ele rega e molha objetos e animais que não querem ser molhados. Por isso, enfrenta reações contrárias e críticas. Como Filipe, em *O grande dilema*, só encontra desaprovação ao seu ser espontâneo, e nenhuma razão que explicite o seu erro. Portanto, insiste, como Filipe, talvez por alimentar a vontade de, mais cedo ou mais tarde, acertar.

O conflito, contudo, não explode, deixando que o leitor conclua por si mesmo as razões de seus desacertos. E a possibilidade de acerto surge quando ele é comprado por Aninha, uma menina cuja aparência é definida apenas pelas ilustrações, ou seja, não se menciona o fato de ela ser negra. A parceria se estabelece, e o regar deixa de ser uma atividade polêmica para transformar-se em fonte de criatividade e vida, já que a água que derramam sobre as plantas é essencial para seu crescimento.

Só os adultos poderão vislumbrar uma coincidência entre o ser deslocado do regador e o fato de a menina ser negra: como indivíduos que se destacam pela diferença. Mas, a bem da verdade, a menina nada tem de inadequado ou anti-social, ficando apenas uma alusão ao possível motivo dessa associação. Para o leitor iniciante, a quem a obra se destina, a mensagem é outra: os benefícios que a união e a amizade podem trazer ao indivíduo; a parceria é feliz e, ao final, volta-se para o futuro. Do ponto de vista do nosso tema de estudo, observamos que existe a clara intenção de retratar a cor negra não como "diferente", mas como algo que, de tão banal, nem merece ser mencionado. Se *Menina bonita do laço de fita* insere a menina negra no fazer literário através do elogio que corrige injustiças passadas, *Pingo-Pingo* a insere através da naturalidade: a desejada naturalidade no trato da questão caso não houvesse mais nenhuma distinção ou estranheza ao se falar da questão étnica. É como se ambas traçassem um caminho e, nesse caso, *Pingo-Pingo* representa o ponto de chegada. Por isso mesmo, é uma solução feliz.

3.10. *CONTOS AFRICANOS PARA CRIANÇAS BRASILEIRAS*, DE ROGÉRIO ANDRADE BARBOSA, E *HISTÓRIAS DA PRETA*, DE HELOÍSA PIRES LIMA

As duas últimas obras analisadas nessa seção servem para nos mostrar os caminhos que a literatura infanto-juvenil vem tomando recentemente e, portanto, as opções que se abrem para os leitores e/ou professores em relação ao tema estudado.

Contos africanos para crianças brasileiras não tem o preconceito como tema. São dois contos que podem ser chamados de "contos etiológicos", pois explicam porque o gato e o rato são inimigos, no primeiro caso, e porque o casco do jabuti é rachado, no segundo.

Histórias da preta tem uma ambição maior, e um dos seus temas é o preconceito.

Ambos têm em comum o fato de trazerem a cultura africana para o primeiro plano. Postura que não pode ser imediatamente classificada de Antipreconceito, mas cujo sentido, no fundo, é exatamente esse, pois uma das formas de combater o preconceito é mostrar o que se esconde por trás dos estereótipos, ou seja, expor dados culturais que ampliem o conhecimento do mundo do leitor, evidenciando que não é apenas da Europa que herdamos conceitos, palavras, histórias... De fato, é uma das tendências atuais do mercado editorial, mesmo porque, como foi dito no item 3 da primeira parte, o estudo da História e da Cultura da África e dos Afrodescendentes já é obrigatório no ensino fundamental e médio.

Histórias da preta começa como um relato de memórias. Mas cada capítulo aborda um tema diferente: África, racismo, candomblé, escravidão. Percebemos, portanto, que não se trata de um livro de ficção, embora sua apresentação (diagramação, título, ilustrações) nos leve a julgar assim. É um *híbrido* em que histórias são narradas, mas dados históricos e culturais aparecem tal como num livro didático. O que une os capítulos é a questão da negritude e uma linguagem fluente, evocando uma conversa entre o narrador (autor?) e o leitor.

Não existe, é claro, nenhuma regra que determine a separação entre o *ficcional* e o *didático*. A questão é que, se uma obra mistura os dois, o que falta é um *critério de avaliação* que possa definir se os objetivos foram ou não alcançados. Em que medida a narradora da história soube recriar a experiência vivida? Em que medida os dados culturais a respeito da África foram tratados com correção e de forma acessível? Sendo um produto híbrido, critérios diferentes teriam de ser utilizados para avaliar se cada uma das partes atinge seu objetivo específico. E esses critérios só poderiam ser estabelecidos por estudiosos de *áreas distintas*.

É possível, também, ver esse livro como a história de uma menina que aprendeu a ser negra. Sendo assim, os conhecimentos históricos são parte de sua experiência: ela foi atrás de informações que explicassem a história do seu povo, refletiu sobre o racismo, tentou achar seu lugar na sociedade brasileira. Tudo se liga em torno de um projeto *existencial*. E, dessa forma, os escritos sobre temas diversos ganham sentido.

Como dissemos anteriormente, o fato de um livro não ser uma obra-prima não impede que ele seja lido e avaliado justamente por aquilo que é. A crítica do leitor deveria estar implícita na experiência da leitura.

A leitura, porém, nunca deixará de lado a chamada *fruição estética*. Não sendo esse um texto sobre ciências exatas, em que o raciocínio apresenta-se puro, existe a necessidade de envolvimento com o *narrado*, mesmo que este fosse exclusivamente histórico. E o que percebemos é que, ao mirar em muitos alvos, a narradora (às vezes assumindo um tom confessional, em outras um tom professoral) perde-se em divagações e em um sem-número de intenções que, justamente por serem muitas, não chegam a se realizar integralmente.

Quando, por exemplo, fala sobre os "mitos de criação" na África, a narradora elenca pelo menos quatro narrativas, resumidas em cerca de quarenta linhas. Ora, os mitos, que nada têm de racional, ao contrário, são poéticos, não poderiam ser assimilados tão rapidamente. A poesia, aliás, não pode ser "resumida", pois, de tal forma, simplesmente deixa de ser poesia. Vejamos:

> Também se diz que o mundo vai sendo construído por um tapeceiro e por um tocador de harpa. O tecelão tece a palavra no pano pelo vai-e-vem do tear. E o tocador de harpa tece os sons ao longo das cordas de seu instrumento.[129]

E essa é apenas uma das quatro narrativas. Aparentemente, houve a preocupação de registrar os conhecimentos acumulados a respeito do tema. No entanto, não havendo espaço em um único livro para tantas informações, a solução é resumi-las e considerá-las, de certa forma, equivalentes. É o que acontece quando se fala dos contadores de histórias:

> Aprendi então que *griot* é como os franceses chamaram os *diélis*, que é o nome bambara para esses contadores de história. Os *diélis* são poetas e músicos. Conhecem as muitas línguas da região e viajam pelas aldeias, escutando relatos e recontando a história das famílias como um conhecimento vivo. *Diéli* quer dizer *sangue*, e a circulação do sangue é a própria vida. A força vital.
>
> Certa vez, um *griot* (um *diéli*) encontrou-se com um *doma*, que é o mais nobre dos transmissores de histórias. Ele não pode mentir nunca.[130]

São tantos os termos novos introduzidos que, ao final, a narradora fica em dúvida sobre qual deles utilizar. E, na dúvida, utiliza os dois (*griot* e *diéli*). É assim que, diversas vezes, a obra assume um caráter de *compêndio*, onde as informações abundam e, por isso mesmo, o texto não flui – a informação é mais importante que a fruição. A página 19 apresenta um colorido mapa com todas as etnias da África: Dogon, Bambara, Fon, Ioruba, Shilluk, Bando, Ndebele. A possibilidade de assimilar suas diferenças, ou mesmo de recordar alguns desses nomes, é praticamente nula. A pergunta acaba surgindo, inevitável: por que não escolher um

---

[129] LIMA, Heloísa Pires. *Histórias da preta*. São Paulo, Companhia das Letrinhas, 2002. p. 22.
[130] Ibid., p. 26.

desses mitos de criação, de um desses povos, e desenvolvê-lo como uma autêntica narrativa?

Isso não impede, é claro, que em alguns momentos a narração flua e preencha os vazios mentais do leitor; a explicação sobre o começo da escravidão na África, com povos lutando entre si, faz sentido e tem dramaticidade. Por outro lado, a narrativa sobre Estevão, um menino negro no Rio de Janeiro de 1864, parece inconclusa. Basta compará-la com a história de Luís Gama (personagem histórico), contada pelo professor João Câncio em *Cazuza*, para perceber que muito mais poderia ser dito. Aqui, o *individual* e o *social* (ou histórico) parecem não se fundir.

E, ainda assim, não deixamos de reconhecer o esforço em trazer o racismo à tona e discuti-lo de forma serena, mas incisiva.

> Não existe raça pura, só que as pessoas apresentam diferenças físicas entre elas – o que não seria problema, se as diferenças não virassem motivo para se achar que uma pessoa é melhor ou pior do que a outra.
>
> No racismo é assim: alguns tipos físicos são eleitos, outros são desprezados. E essa seleção atua cruelmente na vida das pessoas, a todo momento: na escola, na hora de procurar emprego, na hora de conseguir uma promoção na carreira, na hora de casar, no cinema, nos filmes, programas e propagandas de TV.
>
> E junto com o preconceito racial está a desigualdade quanto aos direitos civis ou direitos de cidadania.

Completando a explanação, a autora informa sobre o movimento negro e sua luta para melhorar os diretos civis.

A inclusão de uma *moral*, ainda que não explícita, torna-se praticamente inevitável:

> Muitas histórias de criação de vários lugares e tempos do mundo falam de homens criados do barro. Mas, que eu conheça, nenhuma fala dos tortinhos. Para os iorubas, os tortinhos são iguais aos não-tortinhos, pois Obatalá não jogou nenhum fora: todos merecem receber o sopro que lhes dava a vida. É uma forma de entender o mundo, conceder a todos a mesma importância, ainda que sejam diferentes entre si.

Trata-se de uma obra, portanto, que se insere perfeitamente no chamado movimento Antipreconceito. A mensagem da autora é clara.

Contos africanos segue outra linha. Traz a cultura africana e destaca a procedência. No entanto, as histórias sobre o gato e o rato e o jabuti nada têm de engajadas. O preconceito não surge como tema das narrativas, mesmo porque esses contos etiológicos referem-se apenas aos animais em questão. Essa é, também, uma das tendências atuais da literatura, a de resgatar histórias imemoriais, criações anônimas perdidas ao longo dos séculos, que por isso recebem a denominação de reconto.

Ao contrário da obra anterior, *Contos africanos* é muito parcimonioso na inclusão de novo vocabulário ou termos típicos da cultura africana. Há apenas uma única palavra desconhecida: *ghee* (manteiga).

As duas histórias são contadas por um *narrador onisciente* em terceira pessoa, como é a voz do narrador tradicional, que desaparece sob o narrado. A simplicidade dos contos desafia a interpretação, mas o que se pode verificar de imediato é a unidade temática e de linguagem entre ambos. O *tempo da origem*, onde tudo principiou e se estabeleceu, é o mesmo; os animais, dotados de fala, vivem situações semelhantes: a parceria (ou harmonia) inicial dá lugar ao conflito e ao enfrentamento. O paralelismo entre os contos, portanto, não pode ser considerado apenas coincidência. A maneira como a linguagem é apropriada pelas personagens é também semelhante: no caso do jabuti, o nome que inventa para si mesmo é um logro; ao se intitular "Pra Todos", consegue enganar seu interlocutor e, participando de uma festa no céu, recebe toda a comida, já que o banquete era "pra todos". No caso do rato, o logro que impõe ao gato é revelado pelos nomes que ele inventa para os novos "filhotes" da família, justificando sua ausência: "Quase cheio, Metade, Um pouco, Pouquinho, Vazio". Os nomes revelam que o rato está comendo *ghee* (manteiga) e esvaziando o pote. O gato fica sem nada, tornando-se eterna a inimizade entre os dois.

A linguagem, portanto, é uma lâmina de dois gumes, que ao mesmo tempo esconde e revela, engana e esclarece. Contudo, em ambos os casos, o logro não é percebido, mesmo que, *do ponto de vista lógico*, exista um indício claro de que algo está errado. A situação, nos dois contos, lembra a clássica cena dos dois palhaços: um não percebe que o outro o está enganando e faz exatamente o que lhe é pedido. As crianças gritam, tentando alertar o palhaço ingênuo, mas ele parece não ouvir e a cena prossegue sem mudanças. Quanto mais o ingênuo é logrado, maiores são as reações na platéia infantil. O autor, tendo ou não adaptado os contos para provocar justamente essa aproximação, desnuda a *linguagem* assim como os palhaços ilustram o fato de que uma pessoa pode enganar a outra. O caráter enfeitiçador e ofuscante da linguagem é colocado em xeque, ou seja, ela pode ser usada para iludir. Porém, ao mesmo tempo, as palavras usadas mostram que as pistas para a compreensão do real estão, de alguma forma, presentes em cada situação e na *própria* linguagem. Concluímos pelo seu caráter dúbio. Sim, pode-se dizer que a linguagem é arbitrária, que nos deixamos seduzir por seu aspecto encantatório, mas isso não significa que ela não possa ser decifrada, ou que deva ser descartada como um artifício.

Se alguns artistas hoje relativizam tudo, e até a própria linguagem, Rogério Andrade não chega a esse extremo. A passagem do real para os signos e, inversamente, dos signos para o real, é mantida como uma possibilidade, talvez até como *necessidade*. Ou seja, de alguma forma, precisamos estar atentos às palavras. A fluência dos relatos, assim como essas reflexões que apontamos (e parecem estar subjacentes à obra), talvez explique por que essa singela obra tenha sido premiada em 2005 pela Academia Brasileira de Letras na categoria de Literatura Infantil-Juvenil, e também pela Fundação Nacional do Livro Infantil e Juvenil.

A diferença entre as duas obras é grande. Podemos dizer que isso é natural, afinal são gêneros diferentes; uma é o resgate de contos presentes na memória dos povos (o reconto), outra uma espécie de testemunho, em que dados biográficos somam-se a informações (e opiniões) diversas. Mas há outra diferença, que é a de concepção do que é ou deve ser a literatura infanto-juvenil.

Como aponta Edmir Perrotti, em *O texto sedutor na literatura infantil*, a tendência *utilitarista* sempre esteve presente na literatura para crianças. Isso significa que os livros não eram escritos apenas para contar histórias, mas para, *através da história*, transmitir ensinamentos didáticos e morais. Cita Nelly Novaes Coelho, que exemplifica com duas edições de *A menina do narizinho arrebitado*, de Monteiro Lobato, uma de 1921 e a outra de 1931. O trecho escolhido mostra que na primeira edição os nomes dos peixes (*piquiras, quarus, lambaris, parapitinga*) são citados; na edição de 1931, esses nomes são substituídos por "os mais miúdos; os graúdos". Ou seja, Lobato, ao longo de sua carreira, *limpou* seu texto das intenções didáticas, superando o discurso utilitário – o que mais tarde também seria feito por outros autores.

E, como tentamos demonstrar, *Histórias da preta* ainda vem carregado da preocupação utilitarista, inventariando tantas informações, expressões, palavras de outras línguas, que se torna difícil retê-las na memória. *Contos africanos*, por sua vez, descarta esse procedimento, limitando-se a contar histórias. Portanto, embora este livro tenha origem em um passado longínquo, trata-se de uma obra mais moderna em seu escopo, porque mais afinada com recentes tendências inovadoras, presentes na literatura infanto-juvenil, do que *Histórias da preta*.

Contudo, para o professor que quer tratar a questão do preconceito, *Histórias da preta* parece ser a obra mais indicada. Então, surge a pergunta que deixamos para o leitor responder: qual das obras produziria um efeito maior sobre os leitores? A que aborda o preconceito diretamente, falando de suas causas e seus efeitos, ou a que apenas faz referência à cultura africana, também indicada pelas ilustrações?

Impossível dar uma resposta definitiva. Fazemos então a sugestão à professora ou ao professor que experimente ambas. Talvez, propondo a leitura das duas obras em seqüência, talvez sugerindo cada uma das obras a turmas diferentes, observando o resultado. Assim, poderá concluir não com base em um *preconceito* estético-estilístico, mas com base na experiência.

4. A QUESTÃO DA SEXUALIDADE EM SUAS VARIANTES

4.1. *O AMOR NÃO ESCOLHE SEXO*, DE GISELDA LAPORTA NICOLELIS

Nesse romance juvenil, a autora se propõe com coragem a discutir o delicado tema da homossexualidade. Coragem porque se trata de um dos poucos tabus ainda não discutidos abertamente, e em torno do qual giram argumentações de todos os tipos, desde a psicocomportamental até a religiosa.

De fato, ao se falar desse tema, recaímos na questão da *origem* do preconceito de que fala Antonio Candido: "à medida que manifesto o auto-respeito e o apreço pelo meu grupo, tendo a valorizá-los em comparação a outros grupos".[131] Como esse é um livro que se destina ao estudante de ensino fundamental ou médio, que ainda vive sob o olhar vigilante da família patriarcal, via de regra conservadora, temos aí um tema potencialmente explosivo. O tema, se encarado com abertura, como simples questão de expressão da individualidade (como no caso das princesas que preferem não se casar com o príncipe), parece justificável e necessário. Porém, se encarado como um fenômeno de proporções

---

[131] CANDIDO, Antonio. Preconceito e democracia. *Remate de males*. São Paulo, Unicamp, 1999. pp. 97-104.

maiores, ou seja, considerando que um grande número de indivíduos poderia aderir à homossexualidade até mesmo porque existe tolerância em relação a ela, formando um grupo distinto, parece esbarrar na ideologia de algumas instituições sociais.

A primeira dessas instituições é, naturalmente, a família. Com a subida da classe burguesa ao poder, considerou-se que uma das bases de sustentação dessa nova classe seria a solidez do vínculo familiar. Casamentos foram arranjados, juntando às vezes fortuna e tradição, mas o fato concreto que define a família é sua permanência ao longo do tempo, através da perpetuação de um nome, de uma linhagem. De certa forma esse imperativo foi necessário, pois a nova classe substituía o poder nobiliárquico que até então imperava solitário. A instabilidade das instituições democráticas e da economia de mercado seria ao menos contrabalançada por uma moral rígida, por valores conservadores – a chamada "moral burguesa". Sem o apelo de um "direito natural divino", a burguesia tornou-se detentora do poder pelos seus próprios méritos, eis porque sua rigidez moral era bem-vinda naquele momento. A burguesia, em suma, deveria ser (ou parecer) mais séria e confiável que os próprios nobres.

Assim, é natural que o casamento dos filhos fosse considerado uma etapa crucial na sobrevivência desse molde, ou modelo, fortemente ideológico. É verdade que muitas famílias destinavam um dos filhos à Igreja (fato que pode ser verificado em *Dom Casmurro*, de Machado de Assis), mas isso indica apenas a necessidade de conciliação dessa nova burguesia com outras forças ainda influentes. A idéia de conciliação, por sinal, pode ser verificada na existência, hoje, em diversos países, de modelos políticos altamente híbridos em sua composição, em que a realeza foi "preservada", ao mesmo tempo em que o modelo representativo foi implantado. Salvam-se as aparências em nome da necessidade da transferência de poder.

Essa breve explicação nos permite entender porque o homossexualismo foi encarado muitas vezes como um crime, assim como o adultério feminino (a legislação brasileira, até pouco tempo atrás, considerava o assassinato da mulher adúltera como "justa causa"). Comportamentos sexualmente perigosos para a sobrevivência da família (e do páter-famílias) foram banidos e execrados. Pode-se imaginar que o mesmo acontecia com a realeza, no entanto, a estrutura de poder feudal, fechada e profundamente hierárquica, não era ameaçada por comportamentos individuais. Na verdade, não era vigiada, não havia uma "moral pública". É na cidade, e em função da alternância do poder, que a moral burguesa ganha força e um apelo ideológico mais forte. Basta lembrar que em outras épocas o homossexualismo foi tolerado, ou até valorizado, como na Grécia antiga, por exemplo.

Como afirmamos anteriormente, parece natural que um grupo valorize a si próprio em comparação com outros grupos. A sobrevivência da moral burguesa pode ser sentida em muitas famílias ainda hoje; muitas vezes, existe uma preocupação concreta com a continuidade de um empreendimento. Nesse contexto, o grupo familiar opõe-se a todo e qualquer comportamento que possa ameaçá-lo. As múltiplas facetas da expressão da sexualidade não são encaradas como "socialmente responsáveis". A relativização dos valores pessoais e a forma com que se integram aos coletivos encontram um limite: a família tradicional opõe-se a grupos que reivindicam maior liberdade para o indivíduo, já que este deveria estar comprometido com o coletivo, ou com o seu grupo familiar. Nesse contexto, o homossexualismo torna-se um risco, daí porque o tema é *delicado*, exigindo coragem de quem se dispõe a abordá-lo.

A autora optou por um livro em tom confessional. Se adotarmos as noções de Barthes na *Análise estrutural da narrativa*,[132] chamadas de "funções cardinais" (ou núcleos) e de "catálises", veremos que as últimas predominam sobre as primeiras de maneira gritante. Em outras palavras, os núcleos de ação (funções cardinais) estão pouco evidentes no texto (pode-se até dizer: "suspensos"), e a catálise, ou "pausa da ação", parece consistir no próprio interesse da obra: aqui, em suma, as reflexões e auto-indagações têm mais importância do que os fatos em si.

Por outro lado, as funções entendidas como "indícios" e "informantes" são abundantes. Os primeiros tentam indicar que há um conteúdo submerso (a sexualidade da personagem principal) que demora a vir à tona. Os segundos trazem todas as informações atualizadas sobre sexualidade, prevenção da gravidez, prevenção das DSTs e homossexualidade, sendo que a última foi contextualizada de forma ampla, incluindo noções como preconceito, homofobia, "sociedade machista" e outras. A autora não teve medo de usar o vocabulário que se costuma usar popularmente para esse tema.

O enredo, portanto, apresenta uma situação que pouco evolui. Tem-se o clássico triângulo amoroso, ou melhor, um quadrado, pois são quatro os vértices: Marco Aurélio e Cristiano, os dois amigos, e Gislaine

---

[132] BARTHES apud REIS, Carlos. *Técnicas de análise textual*. Op. cit., 1976.

e Tamires, as amigas que querem namorar os meninos. Já no início, a namorada de Marco Aurélio, Gislaine, revela ciúme da amizade dos dois rapazes. Essa mera suposição a respeito de uma relação entre os rapazes serve para que a autora se valha do "monólogo interior", ou discurso indireto livre, para examinar o universo interior de algumas personagens, como o confuso Marco Aurélio, a ciumenta Gislaine e a compreensiva Luzia, mãe de Marco Aurélio – todos eles se indagam a respeito dos relacionamentos amorosos, dos seus condicionantes e das suas limitações. Para tal, vale-se da memória que, através de *flashbacks,* delimita com mais precisão o espaço afetivo-existencial de cada um: enquanto Marco Aurélio lembra-se da longa amizade com Cristiano, Gislaine recorda-se da visita à ginecologista (e decorrente iniciação sexual) e Luzia lembra-se do irmão Carlos, homossexual assumido desde a juventude. Todos parecem ter uma atitude em comum em relação a tais lembranças: a perplexidade diante do caráter inconcluso dos acontecimentos do presente, a mesma indagação implícita: "o que vai acontecer?".

E de repente, Cristiano recebe um buquê de rosas vermelhas. Imaginamos que, a partir daí, a ação vai transcorrer livre e todas as palavras caladas serão ditas. Ledo engano: o ato permanece isolado, sem autoria definida; as personagens continuam se indagando a respeito dos seus sentimentos. Sabemos, como leitores, quem mandou as flores, e por isso mesmo é no mínimo intrigante o fato de a autora não modificar a sua opção estética, continuando a privilegiar as reflexões, como se aquele ato, por si só, não fosse conclusivo. Observamos então que os núcleos de ação permanecem marginais, como se não tivessem a importância geralmente atribuída a eles em qualquer narrativa. Afinal, é *depois* do envio das flores ao amigo que Marco Aurélio começa a ter consciência do que sente por ele...

Em um dado momento, porém, os fatos se precipitam. Não por iniciativa da personagem principal, mas através de Tamires, a garota maldosa que *interpreta* os acontecimentos e antecipa a revelação. A partir daí temos um acidente (Marco Aurélio, confuso, cai da moto), muitas conversas e indagações, leituras de livros sobre o tema e o fim da amizade entre os rapazes. O final é ao mesmo tempo aberto e didático; a autora registra um *resumo* e conclui:

> Resumindo: o futuro sexual de Marco ainda é uma incógnita: ele poderá ser na vida adulta um heterossexual, por que não? e sua pretensa homossexualidade não passar de fantasias adolescentes. Ou

quem sabe se transformará mesmo num homossexual, porque o fato de nunca ter tido uma relação homossexual também é relativo. Qual o significado de tudo isso? Que não é a prática sexual simplesmente que define a orientação afetivo-sexual de uma pessoa. Por pressão social ou bloqueio psicológico, muitas vezes ela pode tentar ser e/ou aparentar uma coisa diferente do que realmente é.[133]

Esse é um dos livros em que a mensagem antipreconceito também está evidente; na verdade, é o próprio motor da obra. Trata-se, sem dúvida, de um esforço dirigido, no entanto, o final aberto dilui o possível didatismo, pois a personagem não chega a nenhuma conclusão definitiva. Quanto às escolhas estéticas da autora, acreditamos que ela foi bem-sucedida ao privilegiar as reflexões e auto-indagações das personagens, em detrimento da ação. Essa escolha é particularmente eficaz para se contrapor aos argumentos de muitos religiosos que, em seu discurso sobre o certo e o errado, muitas vezes afirmam que não é o "homossexual que deve ser condenado", mas sim "os atos homossexuais". Nessa narrativa não há atos, só pensamentos, dúvidas e fantasias. Portanto, não há muito a censurar. Por outro lado, as longas digressões de caráter sociológico tiram um pouco da espontaneidade que todo texto literário deveria conter, sendo, como é, uma representação da vida.

4.2. *A CADERNETA*, DE BALTASAR LOPES

O conto *A caderneta*, do cabo-verdeano Baltasar Lopes, além de abordar temas de interesse do nosso estudo, merece ser destacado pelo seu significativo material literário, que propicia e até exige uma reflexão a respeito dos ditames estilísticos do gênero conto, assim como das possibilidades expressivas dessa forma literária.

A opção estilística do autor é singular pela simplicidade: o conto resume-se à voz de uma personagem, voz utilizada no sentido literal, ou seja, ela se dirige a uma outra personagem durante um lapso de tempo, e esse registro (não se inclui a resposta do interlocutor) é tudo a que temos acesso. Não se trata, portanto, de um relato como o da maioria dos textos literários, que pressupõem uma hipotética folha de papel, ou um ensimesmamento reflexivo no esforço de apurar fatos e ordená-los, geralmente através de um narrador bem definido, seja em primeira ou terceira

---

[133] NICOLELIS, Giselda Laporta. *O amor não escolhe sexo*. São Paulo, Moderna, 1997. pp. 120-121.

pessoa. A voz aqui é concreta, atual; essa mulher dirige-se ao homem chamado de "doutor", e sua fala é ininterrupta exatamente como a fala de uma personagem de teatro, para a qual não temos sequer as rubricas ou qualquer interferência *palpável* do autor.

Por que teria o autor restringido, voluntariamente, suas possibilidades expressivas, já que esse conto, a partir da escolha inicial, deve estar contido dentro da verossimilhança e dos limites temporais que uma fala pode ocupar? Vejamos.

Não sabemos a que vem essa personagem a princípio, apenas percebemos que ela quer pedir alguma coisa: "Ó senhor doutor, foi Deus que me trouxe para esta rua! Já o procurei por toda a parte, senhor doutor!".[134] E aos poucos adiciona informações que constroem um edifício significativo. Primeiro diz que não vai comprometê-lo, pois já não tem idade para isso; depois fala da casa vizinha à sua, a casa de Bia Vina, definida como "casa de xungaria" (prostituição). Pessoas dessa casa a teriam comprometido com o sr. Administrador. Rapidamente admite: "naquele dia recebi um homem". E só então dá-se a conhecer: é Tita, a mãe de Lela, que quando menino conhecera o doutor: "Lela contava-me que o senhor doutor se entretinha horas e horas a vê-los jogar futebol e 'cricket'".[135] O filho agora está num "vapor" e lhe manda dinheiro, mas não é sempre que o dinheiro chega. Nesse momento, imaginamos um pedido de auxílio financceiro. Ela prossegue: fora uma "xunga" no passado, admite, mas depois que o filho cresceu não quis lhe envergonhar. O fato é que Joza, amigo de seu filho, veio recentemente lhe trazer um estrangeiro, chegado em um vapor, à procura de "passar a noite em terra, em casa de mulher limpa". Por necessidade, ela se viu obrigada a aceitar. E só então o relato se direciona aos fatos que podem dar conta do título: "Aquela gente de xungaria ficou-me com raiva. Com certeza pensaram que eu lhes ia fazer concorrência". A concorrência entre as xungas leva a uma intriga com o sr. Administrador: o resultado é que agora ela tem uma *caderneta* na mão. A caderneta indica a obrigatoriedade de comparecer ao hospital semanalmente para ser *inspecionada*. Trata-se, portanto, de um controle sobre a prostituição nas ilhas, ou nessa ilha, de Cabo Verde.

Por que ela se dirige ao doutor? O pedido refere-se à possível interferência dele no Comissariado, junto ao Administrador. Caso ele afirme

---

[134] Lopes, Baltasar. A caderneta. In: _____. *Os trabalhos e os dias*. Linda-a-Velha, ALAC, 1987. p. 15.

[135] Ibid., pp. 16-19.

que ela é uma mulher de família, a obrigatoriedade e a conseqüente vergonha de ser inspecionada deixarão de existir: Tita pode ser uma prostituta ocasional, na meia-idade, mas não quer assumi-lo publicamente. O *status* que ambiciona é outro.

E por que ele? As referências indicam tratar-se de um advogado, promotor, ou até juiz: ela o havia procurado no Tribunal e no Liceu. E qual a relação entre eles? Além de conhecer o seu filho, ela indica, ao final, que o conhecia havia mais tempo. Ele passeava no esteirado de *cricket*, com um ar maluco, à noite, e nesse momento ela aproxima-se com um movimento evidenciador de sua disponibilidade. Ele tira uma nota do bolso e dá a ela, mas... "O senhor não quis ir comigo. O senhor não quis ir comigo." A leitura atenta nos faz perceber a insinuação feita desde o início, agora evidenciada. A insinuação diz respeito à sexualidade do doutor. A sexualidade e os tabus sociais, sem dúvida, definem o conto, pois a caderneta do título é nada mais nada menos do que a resposta dada pela sociedade local ao exercício despudorado e lucrativo da sexualidade: ela regulariza, mas também denuncia, sacramenta e ao mesmo tempo envergonha, tal qual uma faca de dois gumes. Sendo Cabo Verde formado por ilhas, a verdadeira ou exagerada crença de que navios e marinheiros promovem a promiscuidade sexual pode ter tornado essa sociedade especialmente sensível à questão.

E a insinuação, não verbalizada, diz respeito à homossexualidade do doutor. Se a primeira leitura deixa dúvidas, a associação das palavras escolhidas e salpicadas aqui e ali é conclusiva. A insinuação nada mais é, portanto, do que *chantagem*. Sendo essa sociedade tão sensível à questão sexual, a existência de um advogado ou magistrado homossexual tem potencial para escândalo. Voltando ao início do conto, encontramos o que hoje poderia ser qualificado como pedofilia: "O senhor deve recordar-se... [...]. Bem me queria parecer, porque, era ele [Lela] ainda muito tamaninho, falava sempre no senhor".[136] É verdade que essa não é uma conclusão inequívoca, mas a natureza de qualquer insinuação é fazer imaginar... Ao final, a frase "Também não era maluqueira aquilo de um rapaz novo e de tanta prenda estar sozinho naquele lugar deserto e sem luz, em vez de ir conquistar raparigas no Grêmio ou no Rádio Clube?", por outro lado, é tão direta quanto um soco, o ataque definitivo.

Os preconceitos despontam aqui como potenciais fatores de estruturação de uma sociedade. Embora exista, é claro, a hierarquia econômi-

---

[136] Ibid., p. 16.

co-social, estar na mira ou não dos preconceitos (aqui, sexuais) significa poder usufruir mais, ou menos, os espaços que seriam, em princípio, destinados a todos.

Não sendo jovem, Tita não tem o mesmo direito à atividade sexual que as jovens. Sendo prostituta, deve prestar contas à sociedade e ser reconhecida como tal. Ocorre que, mesmo com todas essas desvantagens, ela se coloca hierarquicamente *acima* do doutor, pois o preconceito do qual ele é vítima teria um poder ainda mais arrasador, mais destrutivo do que o preconceito que *ela* sofre; por isso, a chantagem é possível.

Esse conto nada mais é, portanto, do que um discurso sobre o poder. O poder exercido em função dos preconceitos. O poder que permite ser o *excluído* destronado pelo *semi-excluído*, ou o excluído destituir o proscrito. É sutil. O pedido não tem a necessidade e a urgência da exigência financeira; entra pelos meandros da consciência, impõe-se como balé social, representa uma compensação para a velha prostituta: relegada ao desprezo de todos, recupera algum valor ao garimpar no passado um conhecimento valioso; existindo aquele que ocupa um degrau ainda inferior ao seu, ela se vale dele como um impulso para galgar algumas posições acima, evitando, ao menos, a humilhação pública. É claro que isso só é possível porque o doutor tem algo a perder: a honra, a credibilidade. Mais significativo ainda é o fato de esse conhecimento dizer respeito ao passado. Talvez, no presente, essa não seja a condição de vida do doutor, mas a mancha do homossexualismo, ainda que longínqua, parece ser suficientemente resistente para adentrar e corromper o presente. O poder aqui está diretamente ligado à moral sexual, mas essa moral é mais corrosiva em relação a certos comportamentos do que a outros.

Perguntamos no início por que teria o autor limitado seus recursos estilísticos, a ponto de criar um monólogo. Em primeiro lugar, temos a noção de que a fala é, nesse caso, um recurso mais expressivo do que qualquer linguagem literária minuciosamente construída. Em segundo, deve-se salientar que essa voz está longe de ser monocórdia: há muitas indicações de movimento (as personagens estão andando), que nos levam a imaginar lugares, dando dinamismo ao próprio discurso: "Quantas horas tem no seu relógio? Jesus! Um quarto para as onze! Vamos depressa, [...]. Mas espere, ainda não acabei de lhe contar minha razão".[137] Esta última frase sugere que ele está tentando andar mais rápido. O gesto de

---

[137] Ibid., pp. 16-19.

olhar o relógio indica também pressa, impaciência, a vontade que ele provavelmente expressa de livrar-se dela o quanto antes.

Outro fator importante é o silêncio do doutor. Evidentemente, poderia haver interjeições de sua parte, recusas, justificativas. Mas sendo esse um assunto que nunca é mencionado, esse silêncio ganha relevo e significação. No Liceu, no Tribunal, o doutor tem a sua voz, todos os outros lhe devem atenção e respeito. Aqui, sua mudez indica a inversão dos papéis sociais. Ela, a prostituta iletrada, é quem fala e comanda. É um silêncio pesado e denso que pode ser ouvido, que grita, porque adivinhamos nele a força da opressão: "O senhor doutor vai com pressa? Mas o senhor doutor vai atender à minha razão: Não é verdade?". Não são necessárias aspas ou travessões, porque ela domina todo o espaço, a linguagem é *sua* prerrogativa.

A exigüidade de recursos, enfim, contribui para a condensação de significados. Sendo esse um discurso de poder, as relações sociais são desnudadas em minúcias em um espaço exíguo (formado por menos de cinco páginas). Está aqui a diáspora dos cabo-verdeanos: o filho de Tita foi ganhar a vida pelo mundo a bordo de um vapor; seus amigos tiveram destinos parecidos, nenhum deles ali permaneceu. A falta de dinheiro também se evidencia – e também o afrouxamento dos vínculos familiares e maritais, em função dessa realidade pouco favorável. A extraordinária economia de meios, portanto, é um feliz instrumento encontrado pelo autor para atingir o máximo de expressividade. Como os habitantes das ilhas, ele se restringe a um espaço diminuto, mas nele desenvolve formas originais de desenvolver sua criação.

4.3. *O MENINO QUE BRINCAVA DE SER*, DE GEORGINA DA COSTA MARTINS

Dudu, de 6 anos, tem por hábito brincar de ser: incorpora personagens das histórias que conhece, como, por exemplo, a bruxa. Mas um menino não pode brincar de ser uma personagem feminina, nascendo dessa restrição o conflito familiar como estopim da narrativa.

Discutir a sexualidade sem abordar diretamente a questão da sexualidade: essa é a estratégia da autora para trazer à tona um tema que poderia ser controverso demais para certos ambientes escolares. E, de fato, a sexualidade não se torna um tema, porque o protagonista ainda está em uma fase preliminar, formativa, em que a *brincadeira* pode sugerir tendências futuras, mas pode também não significar nada. A preocupação dos pais está relacionada ao futuro, obviamente, mas adquire uma importância desproporcional quando imaginamos que meninos brincam de "mocinho e bandido", sem que o "menino-bandido" seja importunado pelos pais.

O foco é deslocado então para a questão da *identidade*. De fato, é possível afirmar que socialmente a atividade sexual está muito mais ligada a uma questão de identidade do que aos atos em si mesmos. O conto se transforma, portanto, em um debate sobre as "relações de gênero", o que significa: quais são os papéis sociais do homem e da mulher? Devem ser estes papéis rígidos, pré-estabelecidos, ou flexíveis, intercambiáveis?

O pai reprime o filho, e aparentemente essa repressão é mais um estímulo para que o menino insista nas brincadeiras: ele passa a afirmar que gostaria de ser uma menina.

Levado ao psicólogo, ao psiquiatra, ao endocrinologista, recebe o mesmo diagnóstico: suas brincadeiras são normais nessa idade. O último profissional sugere até que o problema está nos pais e não no filho: eles é que deveriam procurar tratamento.

Censurado pelo pai e pela mãe, que têm reações parecidas, o menino se defronta com duas personagens cujas atitudes são opostas: a avó paterna, que prescreve um tratamento duro, à base de surra, para "curá-lo" do problema, e a avó materna, compreensiva, que dialoga com o neto em busca de respostas, porém sem nunca impor sua verdade.

Entre a intolerância e a tolerância, a escolha final da personagem (e do leitor) seria óbvia. Mas a autora soube evitar o maniqueísmo dessas posições (inicialmente esboçado), ao trazer contradições e incoerências que levam o leitor à reflexão, da mesma forma que a avó materna faz com o neto: sem indicar a conclusão a ser atingida (como tantos livros infantis o fazem).

Entre as muitas contradições, ou surpresas, está o fato de o pai levar o filho para jogar futebol. Dudu não quer ir, mas é obrigado. Em campo, provocado por um colega que o chamava de "mulherzinha", tem força para reagir e fazer três gols, saindo vitorioso. Dudu supera, portanto, a "fragilidade" que lhe poderia ser atribuída: o fato de chorar quando é verbalmente agredido seria aparentemente um sintoma de fraqueza, mas, durante o jogo, ele prova o contrário. Ainda assim, prefere não jogar futebol.

A avó paterna, por sua vez, revela que o pai de Dudu também fez suas brincadeiras de "ser" menina quando criança, no que foi duramente reprimido. Por outro lado, ao censurar o filho por não ter dado atenção ao neto, pode estar trazendo à tona o motivo real da fixação de Dudu na figura feminina: a falta de conexão e diálogo com o pai. Sem um modelo masculino presente, o menino teria se voltado naturalmente para os familiares do sexo oposto. O diálogo funciona na maior parte do tempo como um jogo de culpa, mas nem por isso deixa de ser revelador.

Só mesmo a avó materna evita o jogo de culpa, o que abre a narrativa para outras vertentes: a possibilidade da fantasia. O menino pede ajuda à avó: se passar por baixo de um arco-íris três vezes, poderá se tornar menina. A avó promete ajudar o neto.

Antes da passagem pelo arco-íris, há uma passagem pelo teatro. No camarim, o menino se interessa pelos atores se transformando, com maquiagem e vestimentas, em personagens. Mais do que a peça em si mesma, é esse processo que o encanta. E, ali, homens e mulheres podem usar maquiagem sem restrições.

No momento de atravessar o arco-íris, Dudu hesita: valeria a pena se tornar menina e não ser um menino nunca mais? A avó diz que o processo pode ser irreversível, mas não tem certeza. Com muitas dúvidas, Dudu resolve não atravessar o arco-íris, e em seguida encontra uma outra solução: será um ator de teatro. A sua paixão pela "transformação" torna-se uma chave de explicação dessa narrativa, mesmo porque ele também gostava de representar Robin Hood, por exemplo. Como se vê, questão da sexualidade é sugerida no entrecho, mas está de fato muito distante desse universo, ainda infantil.

Tudo indica que a intenção da autora foi proporcionar uma discussão sobre os papéis desempenhados por cada um na sociedade; assim, a solução do teatro foi a única possível, já que seria impossível haver uma opção definitiva (em termos de sexualidade, ou identidade) para a personagem principal. E, considerando que esse objetivo foi atingido, vale a pena até mesmo mudar nosso enfoque, e apontar, aqui, os questionamentos proporcionados pela obra. Em outras palavras, indicaremos como um texto pode servir de estopim para a discussão de questões fundamentais para a existência humana, especificamente na sala de aula. Evidentemente, aqueles que acreditam na definição rígida dos papéis do homem e da mulher na sociedade não se interessarão pelo debate; nesse caso, o professor não escolherá esse texto, mesmo porque, como já assinalamos, o que assusta os preconceituosos "não é o teor da verdade, da qual aliás nem desconfiam mesmo, mas sim a forma do verdadeiro, esse objeto de contornos indefiníveis".[138] Pode ser muito mais cômodo aceitar a definida e rígida divisão dos papéis sociais como algo inevitável, evitando discussões propiciadoras de uma transformação desses papéis. A favor do debate, porém, vale dizer que as transformações estão sempre em curso, agora em velocidade maior do que antes.

Por que Dudu gosta de ser bruxa? A bruxa não é um modelo de feminilidade. Ser bruxa deve implicar em outras coisas que não o "ser-mulher". Talvez, quem sabe, seu poder de magia, seu potencial maligno, sejam atrativos. E qual o significado de "bruxa", hoje em dia?

Por que até as amiguinhas dizem a Dudu que ele não pode ser uma mulher, mesmo que só de brincadeira? Evidentemente, as respostas a essa pergunta podem incluir lugares-comuns e estereótipos. Porém, pode-se contextualizar historicamente a questão: há muito tempo, as mulheres eram proibidas de representar no teatro; conseqüentemente, homens tinham de fazer o papel de mulheres. Na comédia de hoje (na televisão, por exemplo), mantém-se o mesmo costume – por quê? Porque é engraçado, ou também por outros motivos?

O que o pai de Dudu sentiu ao ser castigado, na infância, quando brincou de ser mulher? Essa é, sem dúvida, a grande contradição levantada pela obra: o fato de o pai masculino e exigente ter vivido a mesma situação de "brincadeira" de Dudu. O que fez com que ele mudasse de posição ao longo de sua vida? A repressão? Mas a repressão é um bom método de se educar, ou não? E por que não? O que sente alguém que é sempre reprimido? E qual o resultado de se reprimir com surras, como é o caso do pai de Dudu?

Por que o pai de Dudu não dava atenção ao filho? Pergunta muito aberta, admitindo todo tipo de resposta. Evidentemente, pode-se relacioná-la com a anterior; a "ligação" entre a experiência do pai na infância e sua relação com o filho depende, é claro, da maturidade do público leitor. Um pai rígido e inflexível se torna modelo para o filho que também será um pai rígido e inflexível. Mas o que seria ideal: um pai que dá muita atenção ao filho, ou pouca? Por quê?

Por que Dudu, mesmo fazendo gols e ganhando, não queria jogar futebol? Respostas variadas podem ser dadas, como "porque não gostava", "porque os outros o machucavam", mas o interessante aqui é salientar que ele podia desenvolver a capacidade de jogar muito bem.

---

[138] SARTRE, Jean-Paul. *A questão judaica*. Op. cit., pp. 15-20.

Por que Dudu não queria que seu pai soubesse que ele gostava de brincar de ser Robin Hood e Peter Pan? A resposta, na verdade, é dada pelo próprio menino: "Vó, eu não quero que ele fique contente",[139] mas, durante uma discussão, podem surgir outras interpretações. Como se percebe, estamos focalizando a relação pai/filho, que parece ser essencial para o entendimento da história.

Por que, ao final, Dudu decide não atravessar o arco-íris e continuar sendo ele mesmo? As respostas podem incluir, por exemplo, as vantagens do ser-masculino. Mas, como no decorrer da história o masculino é constantemente reprimido, não havendo portanto muitas vantagens em permanecer assim, respostas diferentes podem ser buscadas.

A declaração final de Dudu, de querer que seu pai gostasse dele do jeito que era, e que não batesse mais nele, foi uma surpresa? Como se vê, a disputa entre pai e filho encobre, no fundo, a necessidade que um tem do outro, ou pelo menos a aprovação do filho pelo pai. É a dinâmica da relação que cria interesse em torno da narrativa. Longe de representar o carrasco, o pai assume um caráter humano cujo comportamento está sujeito a interpretações.

Dudu chora algumas vezes na história. Afinal, homem chora ou não chora? As respostas estarão permeadas dos valores transmitidos pelos pais aos filhos. Mas isso não impede que exemplos diferentes sejam dados. E qual seria a conseqüência de nunca chorar, mesmo quando se está triste? Será que as lágrimas vão se acumulando lá dentro?

Dudu afirma que gostaria de se enfeitar, como as meninas. Por que as mulheres podem se enfeitar mais do que os homens? Alguns psicólogos já chamaram atenção para o fato de as meninas serem mais mimadas e "enfeitadas" pelos pais do que os meninos, o que provoca inveja. Como contornar essa situação? Evidentemente, existem explicações culturais para o fato, mas a cultura também se modifica, como indica a autora: hoje, ao contrário de antes, homens usam brincos.

Quais os papéis do homem e da mulher? Homem pode cozinhar? Mulher pode consertar o carro? As respostas podem denotar rigidez de pensamento ou, ao contrário, flexibilidade. Porém, o fato de várias opiniões serem confrontadas é por si só positivo.

---

[139] MARTINS, Georgina da Costa. *O menino que brincava de ser*. 2. ed. São Paulo, DCL, 2000. p. 54.

Como se percebe, não fazemos perguntas que podem ser respondidas de forma "certa" ou "errada". A própria flexibilidade desejada nas relações sociais, a tolerância, indica que esse não seria o caminho apropriado. Caso algumas dessas perguntas sejam respondidas com estereótipos sexuais, caberá ao professor demonstrar que não se pode generalizar comportamentos. Existem cozinheiros homens, existem mulheres atletas. Brincar de ser não significa *ser*. Inúmeros exemplos podem ser dados para combater o pensamento estereotipado e inflexível. Como dissemos, essa obra proporciona acima de tudo uma discussão sobre as "relações de gênero", mas a sexualidade, como um dos temas correlatos ao principal, não pode ser descartada. Deve, portanto, ser encarada com naturalidade.

Vale a pena ainda comentar as ilustrações de Pinky Wayner, um feliz casamento com o texto. A única personagem a aparecer nelas é Dudu. Seu corpo vai entrando lentamente no espaço da folha de papel, sem que se veja seu rosto: é sua identidade ainda não definida. Depois, à medida que ele veste fantasias, aparecem vestidos e sapatos femininos flutuando no espaço, como aquelas roupas de recortar para serem colocadas no corpo de uma boneca de papel. A idéia é clara: a superposição desses elementos sobre seu corpo é transitória, e a própria transição é o que faz a brincadeira ser divertida. Brincar de ser, assim, pode ser comparado ao vestir e desvestir as bonecas, sem que isso signifique a definição de um comportamento futuro.

PARTE III

Reflexões históricas e confronto de obras

1. DADOS HISTÓRICOS E CULTURAIS: CONFRONTO FINAL

A comparação de obras literárias tão diversas como as incluídas aqui poderia render muitas discussões. O preconceito, definido como ponto central deste estudo, encontrou representações de vários matizes, e até diversas colorações ideológicas.

Uma das maneiras de estender todas essas realizações em um varal comum, possibilitando a observação conjunta (o confronto), é discernir a visão de mundo, ou discernir de qual mundo cada uma dessas obras se ocupa – já que o escritor é um criador de mundos paralelos ao que conhecemos, um universo dotado de leis próprias, no qual sua "visão de mundo" é parte integrante e indissociável da obra.

Estipulamos inicialmente que nas obras escolhidas haveria a intenção clara, por parte do autor, de trabalhar com essa questão relevante do ponto de vista social, que é o preconceito, juntamente com suas conseqüências. Mas, devemos admitir, a verdadeira intenção do autor é sempre cercada de mistério ou, por outra, "a divergência entre intenção consciente e execução efetiva é um fenômeno comum na história da literatura",[1] como apontam Warren e Wellek, indicando que entre as declaradas intenções do autor e sua obra podem haver discrepâncias de níveis diversos.

Os autores escolhidos tiveram em geral a intenção de trabalhar com o preconceito, na maioria dos casos com um posicionamento crítico em relação ao comportamento preconceituoso. Porém, isso não significa que

---

[1] WARREN, Austin & WELLEK, René. *Teoria da literatura e metodologia dos estudos literários*. São Paulo, Martins Fontes, 2003. p. 190.

a obra se realiza plenamente, ou que ela própria não consubstancie preconceitos de ordens diversas, da mesma forma que autores como Zola e Gogol, citados por Warren e Wellek, traíram de uma forma ou outra suas declaradas intenções.

A obra de arte, seu aparecimento, sua permanência através de gerações, envolve alguns mistérios, pois nem mesmo ao autor cabe a palavra final sobre sua significação. Essa é uma das razões pelas quais não devemos mistificar os temas, as declaradas intenções, ou os autores, sejam eles consagrados ou não. É a própria obra de arte que nos deve fornecer as pistas, permitindo-nos uma leitura que, se não é definitiva, deve ser a mais compreensiva, extensa e concreta, isto é, apontar entre os elementos de estilo a evidência de sua significação.

As obras de arte estudadas apresentam, em geral, personagens centrais que mereceriam ser estudadas. Contudo, em volta dessas personagens ergue-se um mundo, o qual remete, de alguma forma, ao mundo tal como o conhecemos. O tema escolhido para nosso estudo é um fenômeno presente em toda e qualquer sociedade, salvo engano, tendo na literatura sua melhor representação, já que esta é entendida como expressão artística de caráter eminentemente social, nas palavras de Warren e Wellek:

> A literatura é uma instituição social que usa como veículo a linguagem, uma criação social. Dispositivos literários tradicionais como o simbolismo e a métrica são sociais por sua própria natureza. São convenções e normas que só poderiam ter surgido na sociedade. Mas, além disso, a literatura "representa" a "vida", e a "vida", em grande medida, é uma realidade social, embora o mundo interior ou subjetivo do indivíduo também tenham sido objetos de "imitação literária".[2]

E mesmo quando o mundo interior ou subjetivo tem total destaque na representação, é quase impossível imaginar seu portador não se relacionando com a sociedade, de forma direta ou matizada. Os estudiosos citados recusam a abordagem marxista e utilitária da arte, mas reconhecem uma série de fatores que convertem o fazer literário em uma espécie de ritual que obedece – ou quebra – algumas normas, nunca deixando, portanto, de se remeter diretamente à sociedade.

---

[2]   Ibid., p. 113.

O que nos interessa, aqui, como fator de aproximação entre as obras, é a "representação do mundo social", evidenciando a referida "visão de mundo".

Citando o filósofo Roman Ingarten, Warren e Wellek concordam com suas categorias de análise da obra literária, estando entre elas o "estrato do mundo". "O estrato do 'mundo' é visto de um ponto de vista particular, que não é necessariamente formulado, mas implícito."[3]

Prestemos atenção a essa última frase – mesmo afirmando-se que o autor tem uma abordagem realista, nunca se poderá acrescentar ter ele representado o mundo de forma direta e mimética, pois o mundo é uma realidade muito vasta para ser espelhada integralmente. O mundo é necessariamente recriado, e na ficção que se quer coerente e coesa apenas alguns de seus aspectos (o "estrato") serão eleitos e realçados, de maneira a definir o "ponto de vista" referido.

Portanto, se uma personagem pode ser acompanhada passo a passo em sua trajetória, em todos os seus pensamentos, através do fluxo da consciência, tal como uma totalidade, a representação do mundo exige uma atitude seletiva, construtora. Nesse sentido, a leitura crítica de uma obra pode penetrá-la com mais argúcia ao desvendar o critério dessa atitude seletiva e, portanto, o significado ideológico do mundo recriado, ou o "ponto de vista implícito".

E, como a análise crítica não poderia se furtar a também emitir um ponto de vista, a melhor coisa que podemos fazer é expressá-lo *com clareza* – existindo nesse procedimento um benefício para o leitor, que poderá confrontar ao menos duas visões de mundo, estabelecendo com mais facilidade a sua própria.

Assim, não evitamos certas críticas de caráter conteudístico, ou seja, avaliamos as posturas e concepções presentes em cada obra e, também, sua adequação ao tratamento do tema escolhido. Nossa posição procurou ser clara: analisar a obra em seu caráter de construção artística, mas também desvendar os preconceitos até mesmo em suas nuances, mostrando que as boas intenções de um autor não o isentam de certos pecadilhos. É já uma conclusão antecipada o fato de que todo ser humano carrega

---

[3]   Ibid., p. 194.

alguns preconceitos, relativos às etnias, à classe social, ao comportamento sexual e outros.

Existe outro fator importante: para se trabalhar especificamente com esse tema, é útil conhecer o *contexto social e histórico* em que essas obras foram escritas. Para um preconceito ter força no seio de uma dada sociedade, há todo um contexto explicativo e mantenedor, pois as mudanças sociais ocorrem lentamente.

É útil, em suma, aprofundar os conhecimentos relativos ao tema, recorrer aos estudiosos que dedicaram obras a seu desvendamento. Como a análise das obras foi agrupada por preconceitos específicos, utilizaremos mais uma vez essa subdivisão. Embora inesgotável, o estudo sobre o tema nos fez enxergar com maior nitidez a sua dimensão. O acréscimo de dados, de visões, de outras configurações à nossa análise e ao tema "preconceito" será sempre um fator que iluminará nossa compreensão.

2. O FEMINISMO NA HISTÓRIA

O feminismo, entendido como um movimento que denuncia o *status* desvantajoso da mulher na sociedade, procurando equipará-la ao homem, não é recente. Sua raiz está no Iluminismo, quando pensadores como Montesquieu e outros refletiram sobre o tema. Mas das primeiras reflexões até a conquista do voto feminino passaram-se mais de 300 anos. E só recentemente as mulheres conseguiram maior destaque profissional.

Por que o caminho foi tão árduo e longo? Talvez a História, e em particular a História Econômica, sejam responsáveis por isso. Simone de Beauvoir estuda e reflete minuciosamente sobre essa questão em *O segundo sexo*.

Nesse livro, encontramos alguns fatores que podem servir de explicação. O primeiro é a biologia. Durante séculos, se não milênios, a mulher esteve presa a uma condição física mais frágil e aos sucessivos partos que absorviam a sua energia. Comparando-as com fêmeas de outras espécies, a mulher e as fêmeas primatas despendem muito mais tempo com a amamentação e os cuidados com a prole. À mulher, portanto, coube a tarefa de manutenção da espécie, enquanto ao macho coube ousar mais. Para Beauvoir, "o macho humano molda a face do mundo, cria instrumentos novos, inventa, forja um futuro".[4] Além disso, a mulher ficou de fora de atividades altamente simbólicas, e que conferiam poder, restritas ao macho: "guerra, caça, pesca representam uma expansão da existência, sua superação para o mundo; o homem permanece a única encarnação da transcendência". A mulher, portanto, fica restrita à "imanência", esta entendida como aquilo que não transcende: as tarefas domésticas, ao praticamente não se modificarem ao longo dos séculos, são um bom exemplo desse conceito.

Historicamente, no momento em que o advento da agricultura fixou os povos nômades em determinado local, a mulher adquire *status*, pois sua função reprodutora é associada ao poder da terra de produzir alimento. A tarefa de semear, assim como de produzir utensílios, cabe a ela, e essas atividades têm grande relevância para a sobrevivência da comunidade. Nessa fase, contudo, o ser humano ainda permanece extremamente dependente dos caprichos e inconstâncias da natureza, e sua relação com a natureza (e com a mulher) é de temor.

As condições mudam com o aparecimento do cobre, do ferro, que possibilitaram a construção de ferramentas agrícolas e o aperfeiçoamento desse trabalho. O homem expande seus domínios, passa a escravizar outros homens no esforço de ocupar áreas maiores, torna mais eficiente a produção. E com isso surge a propriedade privada. Beauvoir acrescenta: "Particularmente, quando se torna proprietário do solo, é que reivindica também a propriedade da mulher".[5] Engels vê, paralelamente a esse aparecimento das "classes sociais", "a grande derrota histórica do sexo feminino".[6] O direito paterno superpõe-se ao materno, estabelecendo-se então o "triunfo do patriarcado". De qualquer forma, Beauvoir indica que mesmo nas sociedades de filiação uterina, como pesquisado por Lévi-Strauss, o poder também estava na mão do homem.

Cioso de sua descendência, que herdará sua propriedade, o homem impõe regras estritas à mulher. Inicialmente ela não tem direito nenhum sobre a detenção e a transmissão dos bens. A idéia de que uma mulher pode ser comprada está presente nas negociações que envolvem o casamento. O adultério feminino é muitas vezes punido com a morte, ao pas-

---

[4] BEAUVOIR, Simone de. *O segundo sexo*. Rio de Janeiro, Nova Fronteira, 1980. pp. 84, 94.
[5] Ibid., p. 99.
[6] Apud BEUAVOIR. Op. cit., p. 74.

so que o masculino nem chega a ser ventilado, sendo comum a poligamia, ou o prazer esporádico com cortesãs e prostitutas. A relação homem-mulher adquire, assim, uma conotação de poder, ou melhor, transforma-se em uma relação de poder.

Com algumas variações ao longo da História, a situação feminina não progride muito. Na Roma antiga, admitia-se que viúvas tivessem direito sobre os bens deixados pelo falecido; no entanto, havia outras leis que impediam sua atuação política.

Na Idade Média, a organização social baseada em feudos exigia uma força militar que pudesse defender a propriedade; a mulher, portanto, não era o elemento mais adequado para desempenhar essa função, e mesmo a herdeira precisava da tutela de um marido.

O Renascimento traz a idéia da valorização da mulher e as primeiras teses feministas; no entanto, essa valorização ocorre inicialmente com base nos antigos mitos femininos: as qualidades místicas e espirituais supostamente inerentes à mulher.

O movimento dos grandes debates e teses, o Iluminismo, permite várias discussões sobre o tema. Mas a Revolução Francesa, também chamada de Revolução Burguesa, foi feita pelos homens. Houve discussões a respeito dos direitos femininos (em 1789 foi proposta uma Declaração dos Direitos da Mulher), porém com poucos resultados práticos. E por quê? A burguesia, classe ascendente e nova força política, tinha na propriedade dos meios de produção o seu maior trunfo, a sua base econômica. Como foi visto, a propriedade privada torna o homem extremamente conservador. Os novos valores e a nova moral exigem a integração da mulher, que, naturalmente, demonstrou estar muito mais ligada à sua afluente família burguesa do que a uma suposta solidariedade com o sexo feminino. A legislação, tornada liberal ao término da Revolução, em seguida retrocedeu para contemplar os antigos valores patriarcais.

No entanto, a industrialização permitiu que a mulher trabalhasse, tornando-se mais independente. Recebendo salários inferiores, em condições sub-humanas, ela vai lentamente modificando seu papel. É certo que os salários inferiores refletiam uma estrutura social ainda conservadora, na qual o pai de família arcava com a maior parte das despesas. A oposição entre homens e mulheres não deixou de existir; na verdade, os homens temiam a força de trabalho feminina, por ser mais barata. Contudo, à medida que elas também se sindicalizavam, a luta pôde ser travada em conjunto. A transformação econômica capitalista, quando a propriedade imobiliária recua em detrimento do capital móvel, possibilita novos comportamentos e valores, entre os quais os ideais feministas. A luta pelo voto feminino amplia-se e este é conquistado na maioria dos países europeus nas primeiras décadas do século XX (no Brasil, isso ocorre em 1932, com lei sancionada por Getúlio Vargas).

A longa trajetória feminina em direção à igualdade e à liberdade teve opositores de peso. Pensadores, filósofos e teólogos citados por Beauvoir justificaram a posição desvantajosa que ela ocupava com argumentos os mais variados: "A fêmea é fêmea em virtude de certa carência de qualidades", disse Aristóteles. "Há um princípio bom que criou a ordem, a luz, o homem; e um princípio mau que criou o caos, as trevas e a mulher", afirmou Pitágoras. Segundo Augusto Comte, há entre o homem e a mulher "diferenças radicais, concomitantemente físicas e morais que, em todas as espécies animais e *principalmente na raça humana*, os separam profundamente" (grifo do autor). "O destino da mulher e sua única glória são fazer bater o coração dos homens", escreveu Balzac. As religiões também colocam a mulher, muitas vezes, em uma posição de inferioridade, submissão, ou a transformam em objeto sagrado.

Esse rápido panorama da existência feminina não poderia naturalmente esgotar o tema. Valemo-nos dele, contudo, como forma de alcançar uma compreensão geral do assunto. Outro ponto interessante é o fato de *O segundo sexo*, de Beauvoir, ter como pressuposto a filosofia existencialista, pois esta tem como uma de suas bases o conceito de Alteridade: "Um" e "Outro" opõem-se na consciência humana, o Um definindo-se como o sujeito enunciador que detém a verdade e o poder, e o Outro servindo como justificativa para o Um, da mesma forma que o Mal justifica o Bem. Quando se fala da mulher, ela é sempre o Outro, como se viu nas afirmações acima. O homem se define como a Essência, ao passo que a mulher é o dispensável. Quanto mais lhe atribuem defeitos e falhas, mais pode o homem se erguer. Essa "oposição" de entidades esclarece, também, o mecanismo do preconceito: o Outro é sempre inferior, decaído, incapaz, carente de qualidades, dependente, animalesco, e representa, em suma, o "negativo" das qualidades buscadas pelo homem, sendo ele o sujeito ativo e construtor de sua realidade.

A dialética do Senhor e do Escravo também pode ser entendida como uma luta travada na consciência (e na sociedade) para justificar a proeminência do Um sobre o Outro. O discurso que desqualifica o escravo também é construído pela alteridade: existem semelhanças entre mulher e negro, pois ambos representam, em níveis diferentes, o Outro, que o homem branco teme e combate, o aspecto "negativo" da existência, de forma que a estrutura de poder tradicional assim se justifica, ao eliminar do seu núcleo tudo aquilo que é considerado indesejável.

Do ponto de vista do cotidiano, é preciso entender que a mulher pode assumir papéis específicos, nos quais essa relação de forças permanece no mesmo patamar.

– *A mulher como objeto erótico*. Embora condenada pelo pecado inerente à sua carne, como herdeira de Eva, a mulher pode ser cantada em versos, desejada e admirada, mas isso ainda a mantém na condição de Outro, de objeto que se conquista e se domina, da mesma forma que o homem conquista territórios e povos.

– *A mulher como mãe*. Elevada pelo catolicismo à condição de mãe sagrada e virgem, Maria representa um ideal também masculino: purificar o que nela inquieta (a sexualidade) e deixar a uma entidade de face masculina (Deus, o Pai) a responsabilidade pela criação.

– *A mulher como esposa*. Papel dual, soma dos dois anteriores. A esposa possui a desejabilidade de uma jovem atraente, mas incorpora, também, o ideal de pureza da mãe, em um equilíbrio que vai se modificando ao longo do tempo. Ela deixa o papel relativamente sedutor para assumir uma virgindade simbólica (que talvez possa ser comparada a uma virgindade de idéias e opiniões), ganhando assim uma função nitidamente social, que é a da reprodução passiva de uma estrutura de poder.

Existem muitas outras possíveis identidades para o ser feminino, mas quisemos simplificar a explanação. Serve-nos como alerta para eventuais estereótipos passíveis de serem encontrados ao longo do caminho. Por outro lado, existem os ideais libertários de e para a mulher. Simone de Beauvoir vê a necessidade do trabalho não doméstico para a emancipação da mulher, e a divisão das tarefas domésticas com o homem, sem a qual ela fica subjugada a uma dupla e estafante jornada de trabalho. Ocorre que, hoje em dia, também se procura valorizar o trabalho doméstico, de forma que nenhum desses valores é absoluto. Outras vozes feministas se fazem ouvir, elegendo valores distintos.

As primeiras obras analisadas, *História meio ao contrário* e *Procurando firme*, recorrem à forma tradicional do conto popular, transmitido oralmente, que sobreviveu durante séculos. As histórias de reis, rainhas, dragões e gigantes fazem sentido ainda hoje. Sua permanência é atribuída ao fato de conterem imagens arquetípicas que transcendem a configuração social da época na qual tiveram origem.

Tudo indica que as duas autoras escolheram essa forma literária justamente para confrontar o que seriam valores "patriarcais" (dos quais ainda estamos imbuídos) com os novos valores sociais, enfatizando o feminismo. O receituário programático de Beauvoir encontra uma singular realização aqui, pois as heroínas de ambas as histórias recusam o papel de esposa e mãe, tanto quanto o papel de objeto erótico, para em seguida partir rumo ao desconhecido, no intuito de desbravar o universo. É verdade que essa é apenas a intenção anunciada, pois nos é dada como a decisão final das personagens, sem informações de como se incumbiriam da tarefa, e com quem repartiriam suas vidas. O herói masculino cumpre esse desafio, dele retirando um aprendizado, sendo capaz de voltar ao lar após a necessária transformação, e podendo até desempenhar papéis anteriormente estabelecidos, pois seu conhecimento redimensiona a velha realidade. E Ela? Ou melhor, Elas? Como voltariam? Como seriam recebidas? Que tipo de companhia masculina poderiam encontrar?

Naturalmente, ao trabalhar com conteúdos considerados arquetípicos, as autoras não se preocuparam em delinear um novo e completo roteiro de vida para as jovens libertas. Ambicionaram, provavelmente, subverter um conteúdo arraigado, abrir mentes, indicar novas possibilidades, ridicularizar a rigidez das velhas formas, questionar o preconceito, reverenciar a capacidade feminina da qual elas mesmas são exemplos, e isso lhes foi suficiente. Atingindo leitoras-mirins, podem até mesmo ter plantado a semente da curiosidade e da rebeldia, ao indicar o quanto aqueles sonhados e planejados casamentos com príncipes poderiam ser tediosos.

O mundo recriado nessas obras, portanto, é um mundo conhecido pelo leitor, de feição patriarcal, mas que de repente sofre uma ruptura. Não é, porém, uma ruptura radical, de caráter político. É uma ruptura que, como definiu Abdala Junior, pode ser absorvida pelo capitalismo, já que este se transformou e deixou o "modelo centralizador e unidirecional de produção para a produção flexível, articulada em rede ".[7] Ou seja, mudanças não estruturais podem ser absorvidas. As obras mostram a mulher em seu novo e ativo papel, sem definir se isso acarretaria ou não uma mudança profunda na sociedade. Mas, em princípio, não há esse risco.

Diversa é a abordagem de Lygia Bojunga Nunes em *A bolsa amarela*. Já nos referimos anteriormente ao fato de que ela incluiu o elemento masculino em sua reflexão (o galo Afonso), expondo as suas dificuldades no desempenho das imposições sociais. Homem e mulher aqui são vítimas dos papéis preestabelecidos; a narradora Raquel revela seu desejo de ser menino, mas aprende com o galo que essa alternativa não é tão maravilhosa. E, fazendo mais do que as heroínas anteriormente citadas, ela parte e atualiza a sua busca: é uma viagem da imaginação, mas levada a termo e tendo como resultado novas conclusões, e uma Raquel mais amadurecida. Ela responde, portanto, a algumas de nossas perguntas feitas acima. E, se falta a essa jornada uma dimensão mais concreta, está lá a Casa dos Consertos, exemplo de uma nova organização familiar, em que as tarefas são desempenhadas de forma alternada, isto é, cada um faz de tudo um pouco, sem o recurso da divisão de tarefas em função do sexo. E, embora tudo isso possa soar bastante "feminista", essas novas possibilidades estão inseridas em um contexto de multissignificação, de ampla liberdade criativa (e interpretativa), portanto, em nenhum momento adquirem um tom programático e orientado no esforço de uma mensagem. Destacamos também que essa é uma jornada *interior*. Embora o tema feminista diga respeito a uma sociedade real, os embates apresentados em *A bolsa amarela* ocorrem principalmente na consciência da narradora. Seu universo é *fantasioso*, ou, como dissemos, fantástico. É simbólico, por certo, mas há sempre um hiato entre o símbolo e a experiência vivida. E, por isso, de certa forma, esse fazer literário recusa-se a uma apropriação ideológica, como seria a nossa tentação aqui, de vê-lo como uma bandeira desfraldada de valores feministas. Sem dúvida, *A bolsa amarela* também é isso, mas supera essa dimensão em vários outros aspectos, sendo essa primeira leitura um tanto reducionista. A *visão de mundo* inerente à obra é muito ampla para ser reduzida a uma

---

[7] ABDALA JUNIOR, Benjamin. *Fronteiras múltiplas, identidades plurais*. São Paulo, Senac, 2002. p. 10.

fórmula; no entanto, a inadequação de certos atores a seus papéis parece tornar inevitáveis alterações progressivas e constantes na estrutura social. Podemos afirmar, assim, que a autora sugere mudanças diversas, desde que sejam acompanhadas de reflexão, e não simplesmente devidas a uma "palavra de ordem".

Outra obra que merece considerações é *Menina bonita do laço de fita*, de Ana Maria Machado. Orientada para o enaltecimento da beleza negra, possibilita também uma leitura crítica a partir da questão da qual agora estamos tratando. A beleza, salientada pelo próprio título, seja ela negra ou branca, está longe de corresponder a um ideal de libertação feminina. A mulher transformada em objeto erótico, como verificamos, dá prosseguimento a um contexto social que atribui a certas qualidades uma dimensão imanente, enquanto outras qualidades possibilitam a transcendência ambicionada pelo sujeito dono de si. A beleza (feminina, no caso), em si mesma, tem caráter imanente (ou seja, não transcende). É um parâmetro social importante de valorização (ou desvalorização) do indivíduo, mas, como indicado pelo comentário de Balzac, dirige-se aos homens, ou seja, não tem existência se não for reconhecida pelos corações masculinos. Nesse caso, Ela realiza-se através d'Ele. E a beleza tende a murchar, o que também aponta para o seu caráter não-transcendente. Sendo assim, a admiração tipicamente masculina do coelho branco pela beleza negra, com o desejo de incorporá-la em si mesmo – ou em sua descendência – não difere, portanto, do comportamento patriarcal descrito anteriormente. Talvez, a alternativa para um comportamento tão conservador fosse, nessa obra, a título de sugestão, a possibilidade de ser a coelha negra a responsável pelo acasalamento, "matando assim dois coelhos com uma só cajadada", ou seja, derrubando dois preconceitos sociais de uma só vez. Mas, tendo a autora optado por essa solução, cabe-nos usufruir a obra pelo que tem de inovador.

3. ESCRAVIDÃO E NEGRITUDE

A presença do negro em muitos países ocidentais (entre os quais o Brasil) deve-se a um fato histórico singular: a escravidão. E, mais especificamente, ao tráfico de escravos. Não fosse por esse fato, seria difícil imaginar como tantos homens e mulheres negros poderiam ter chegado às Américas. O ingresso de mão-de-obra livre em larga escala não parece uma alternativa condizente com a época em que tudo aconteceu. Essa idéia aparece mais tarde, em função de outras necessidades econômicas. De qualquer maneira, a escravidão é um fenômeno histórico duradouro e dominante na civilização ocidental. Foram mais de 3 mil anos, enquanto os tempos de liberdade são recentes: só nos últimos 120 anos pode-se falar de sua erradicação na maioria dos países ocidentais. Os números nos levam a refletir sobre essa pesada herança.

A escravidão, por tudo isso, é a chave para compreender o que, ainda hoje, se diz e se pensa a respeito do negro. No entanto, a escravidão deve ser entendida também em seu contexto mais amplo, aquele no qual não se discriminavam as etnias. Era um fenômeno econômico, tão indispensável e necessário à configuração de certas sociedades, que os maiores e mais profícuos pensadores o justificaram de várias maneiras, incapazes de imaginar uma sociedade equilibrada sem a presença do escravo. A desvantajosa posição do escravo era justificada pelo que hoje entendemos como estereótipo, ou preconceito. Em um longo estudo sobre a escravidão, David Brion Davis explica:

> Os escravos brancos da Antiguidade e da Idade Média, freqüentemente, foram descritos em termos que couberam ao posterior estereótipo do negro. Por toda a história, costuma-se dizer que os escravos, embora em alguns casos tão leais e fiéis quanto bons cães, eram em sua maioria preguiçosos, irresponsáveis, espertos, rebeldes, desleais e sexualmente promíscuos.[8]

Como se vê, é o sistema que define as imagens consagradas socialmente, e não uma suposta característica inata de certas etnias. A escravidão esteve presente na maior parte das civilizações humanas: Egito antigo, Babilônia, Assíria, Grécia, Roma, Índia, China, em parte da Europa medieval e nas Américas.

A escravidão, contudo, sempre suscitou polêmicas, pelo simples fato de que o *status* do escravo o definia como um bem alienável (que se vende ou compra), ou seja, como "coisa", mas a sua condição humana, por outro lado, não podia ser ignorada. Essa contradição fundamental contribuiu para variações históricas e interpretações diversas.

---

[8] Davis, David Brion. *O problema da escravidão na cultura ocidental*. Rio de Janeiro, Civilização Brasileira, 2001. p. 77.

Em percurso histórico, Davis acredita que Platão, por entender que nem todos os indivíduos podiam alcançar a razão, deu os "elementos para uma teoria da inferioridade intelectual como a base natural da escravidão".[9] Aristóteles teria seguido a mesma linha, atribuindo supostas deficiências de beleza e de virtude da alma a alguns seres humanos, desde o nascimento. "Aristóteles obviamente foi atraído pela idéia de uma relação social fundada nas diferenças naturais, análoga à subordinação do corpo à alma, ou dos animais aos homens. Sem trabalho forçado não poderia haver *polis* e, portanto, nenhuma base para a virtude e a sabedoria."

O cristianismo introduziu a noção de que todos eram iguais perante Deus e, de acordo com alguns pensadores, abriu o caminho para melhorar progressivamente a situação do escravo até a sua libertação. Por outro lado, Davis lembra que a mais alta libertação para os cristãos estava na redenção em relação ao pecado:

> Chegamos, assim, a uma dualidade fundamental no Novo Testamento. Enquanto os homens se juntavam para se prepararem para o iminente Reinado, as distinções temporais não tinham muita importância. A mensagem de Cristo era universal; todos os homens eram irmãos na união com Deus. Mas por isso mesmo, se um homem era chamado a ser escravo, não devia tentar se tornar livre.[10]

Assim, de forma geral, era permitido aos primeiros cristãos manterem seus escravos, embora devessem tratar esses cativos como "irmãos espirituais".

Outro fator, contudo, teria influído mais tarde na escravidão: as hostilidades entre islamismo e cristianismo. "Irados com os ataques dos corsários sarracenos, os cristãos sentiram-se no direito de capturar qualquer mouro que pudessem ter em mãos, e consideravam todos os africanos como mouros".[11]

Evidentemente, não faltaram justificativas ao longo da História para a escravidão. Assim como também sempre houve idéias abolicionistas. O auge desse conflito dá-se na época do Iluminismo, quando ideais de liber-

---

[9] Ibid., pp. 86-89.
[10] Ibid., p. 105.
[11] BANCROFT apud DAVIS. Op. cit., p. 36.

dade conviviam com a escravidão nas Américas. E pensadores tendiam a, de uma forma ou outra, justificar o sistema sob o qual viviam. Para Voltaire, embora a igualdade fosse natural, "no mundo humano deveria haver sempre uma classe que comanda e uma classe que obedece".[12] E não estava sozinho:

> Embora Montesquieu tenha atacado as justificativas tradicionais para a escravidão, admitiu que a instituição teria uma base racional em um Estado despótico, em que os sujeitos nada teriam a perder por meio de sua própria venda à servidão.[13]

E isso aconteceria principalmente na América, em que "o calor tornava os homens indolentes e indispostos ao trabalho pesado, exceto devido ao medo de punição".[14] Muito do pensamento da época incorporava o dos filósofos gregos, que haviam assimilado a escravidão como fato necessário.

Outra justificativa estava no fato de haver escravidão na África. Os portugueses entendiam que haviam apenas se apropriado de um sistema já existente. Isso também serviu para explicar a preferência pela escravidão do negro em oposição à do indígena.

Mas, como podemos bem imaginar, os interesses econômicos eram determinantes, tanto para o pensamento como para as práticas de então. A conquista da América e os decorrentes novos fluxos de riqueza oriundos da conquista do novo mundo, para muitos, eram impensáveis sem a mão-de-obra escrava. Com otimismo, poder-se-ia acreditar, no máximo, na "lenta evolução das instituições". "Mesmo os radicais *Amis des Noirs* temiam a emancipação imediata e buscavam um esquema que, lentamente, transformaria o escravo em um trabalhador livre",[15] acrescenta Davis.

Hipocrisia e contradição parecem ser características inerentes ao homem, seja qual for a época. Montesquieu, apesar dos trechos citados acima, contribuiu para o pensamento antiescravocrata, expondo a parcialidade dos defensores da escravidão, ao observar sua reação diante de "um plano para uma loteria nacional que faria nove décimos da po-

---

[12] Apud Davis. Op. cit., p. 436.
[13] Davis. Op. cit., p. 438.
[14] Ibid.
[15] Ibid., p. 442.

pulação escravos absolutos do décimo remanescente".[16] Princípios defendidos com veemência muitas vezes esfacelam-se diante de evidências concretas. Um paralelo entre aquele mundo e o mundo de hoje pode ser traçado quando se lembra que os Estados Unidos invadiram o Iraque, alegando o risco de um regime ditatorial que desrespeitava os direitos humanos e o perigoso arsenal nuclear. Condições muito semelhantes presentes na dinâmica China, porém, não parecem animar os americanos a uma invasão similar, já que com esse país o que se deseja é intensificar os fluxos de comércio.

E quais foram as conseqüências da escravidão? De maneira geral, alguns estereótipos sobre o negro sobrevivem. Chegou-se até a dizer, nos anos de intenso comércio negreiro, que o negro era uma outra espécie, intermediária entre os humanos e os animais (inventou-se até uma nova categoria, *Homo sylvestris*). Os europeus argumentavam que os negros não haviam produzido nações civilizadas, ou indivíduos eminentes nas artes e ciências, portanto eram inferiores. O fato de ter o negro suportado a escravidão também era prova de inferioridade. Havia, por outro lado, opiniões positivas: "Um grande número de livros falava das maneiras polidas dos negros, de seus padrões de comércio bem estabelecidos, de seu conhecimento dos planetas e das constelações [...], e de suas danças habilidosas, mas 'lascivas'".[17] No Brasil, dizia-se até pouco tempo que o negro só se destacava no futebol e no samba. O fato de essas aptidões não dependerem de uma educação formal e continuada – a que o negro não tinha acesso, fato que agora está começando a mudar – não parecia iluminar muitas mentes a respeito de causas e conseqüências.

Um exame atento por certo indicaria que as sociedades africanas não eram melhores ou piores que as outras. O fato de terem os negros desempenhado um papel maior no tráfico de escravos pode ter sido motivo de desconforto para abolicionistas, no entanto mostra "o poder e a organização disciplinada que evidenciavam um alto nível de desenvolvimento cultural".[18]

De acordo com Davis, o negro, em suma, foi

---

[16]   Ibid., p. 451.
[17]   Ibid., p. 514.
[18]   Ibid., p. 516.

sobrecarregado pelo peso dos antigos medos associados à sua cor; sofreu as conseqüências de uma imensa barreira cultural, que atingiu seu auge por meio da sensibilidade dos europeus em relação à sexualidade não-reprimida; carregou o estigma de todos os vícios para os quais a escravidão o empurrou; e o próprio espírito da ciência secular que levou a emancipação à mente européia tendeu a relegá-lo a uma posição de inferioridade natural.[19]

Estão aí, nessa citação, as origens de muitos mitos associados ao negro: a sexualidade desenfreada, a inferioridade, os vícios diversos, entre os quais, o "paganismo e a idolatria", em oposição à fé cristã, o que pode explicar a desconfiança que as religiões de origem africana até hoje suscitam. Determinam, portanto, "imagens, estereótipos e preconceitos", aos quais devemos estar atentos.

O fim da escravidão não significou o fim dos preconceitos. Foi, ao contrário, um capítulo novo na história das desigualdades. Como observamos no item 3 da primeira parte, a sociedade do fim do século XIX era muito segmentada para transformar todos em "iguais". As diferenças, de alguma forma, deviam prevalecer, e o *racismo científico* entrou em campo. A ciência explicava porque as raças eram desiguais – dessa forma a elite, não apenas brasileira, justificava ideologicamente um sistema estratificado, evitando mudanças mais profundas.

O racismo científico foi muito mais amplo e disseminado do que podemos supor. Autores explicavam as diferenças sociais, as diferenças entre os países, em função das *raças superiores*, que evoluíam, produziam riqueza, enquanto as inferiores nem chegavam a ter uma civilização. Para muitos pensadores brasileiros isso fazia sentido: não avançávamos porque a nossa população era de segunda classe, miscigenada ou majoritariamente negra.

O inglês Buckle, que analisou o Brasil, com uma visão bastante pessimista, em apenas oito páginas, teve repercussão imensa. Aqui, não havia ainda uma intelectualidade independente, e a adesão ao racismo científico foi a regra. Gobineau, pensador racista, em visita ao Brasil, afirmou: "Todo mundo é feio aqui, mas incrivelmente feio: como macacos".[20]

---

[19] Ibid., p. 531.
[20] SKIDMORE, Thomas. *Preto no branco*. 2. ed. São Paulo, Paz e Terra, 1989. p. 47.

Louis Agassiz, outro visitante, também nos criticou pela "deterioração decorrente do amálgama de raças" – mas será que no Brasil, um país já "mesclado", ninguém poderia reagir contra essa forma de pensar, tão desfavorável conosco?

O fato é que os primeiros críticos dessa mentalidade só apareceram no século XX – e em minoria: Alberto Torres e Manuel Bonfim. Mesmo os autores que reconheciam a importância do negro, como Sílvio Romero e Euclides da Cunha, tendiam a aderir ao pensamento racista, às vezes explicando nossos problemas pela mistura racial. Cruz e Souza, poeta negro, foi uma exceção no século XIX. Em seu livro (de título sugestivo) *Emparedado*, Cruz e Souza lançou seu protesto "contra os argumentos da ideologia dominante no discurso antropológico".[21] Essa ideologia era uma das "paredes" que aprisionava o negro, negando-lhe a capacidade intelectual.

O resultado é o que podemos chamar de *paradoxo brasileiro*: criticávamos a nós mesmos pela mistura de raças, aderindo ao pensamento europeu ou norte-americano de forma acrítica. O caso mais extremo, e simbólico, é o de Nina Rodrigues, médico e antropólogo mulato da Bahia, que pesquisou e escreveu artigos e livros *contra* a miscigenação, como, por exemplo: "Antropologia patológica: os mestiços", "Degenerescência física e mental entre os mestiços nas terras quentes". Em seus escritos, deixava claro que o negro não constituíra civilizações, sendo portanto inferior. O que esse médico mestiço pensava a respeito de si próprio é algo que só podemos imaginar.

O racismo científico predominou a rigor entre 1880 e 1920. Mas, como seria impossível manter um discurso pessimista por tanto tempo, criou-se no Brasil a mentalidade do *branqueamento*: tínhamos a miscigenação, de fato, mas isso contribuiria para o clareamento da população. E com a constante imigração européia, esse processo se intensificaria, até o desaparecimento do negro. Processo que era explicado também pelo *darwinismo social*: o mais forte prevalece sobre o mais fraco; a diminuição do elemento negro já vinha acontecendo, em parte devido à sua baixa taxa de natalidade.

Aderindo a esse pensamento, a única dúvida, então, estava em determinar *quanto tempo* o negro levaria para desaparecer. João Batista

---

[21] Bosi, Alfredo. Poesia *versus* racismo. *Estudos Avançados*. São Paulo, v. 16, n. 44, jan./abr. 2002.

de Lacerda (diretor do Museu Nacional), em 1911, estipulou que seria um século. "A tese de João Batista de Lacerda foi criticada, todavia, por brasileiros, furiosos com sua estimativa de tempo – achavam muito longo um século".[22]

A tese encontrou grande (ou irrestrita) adesão: o problema racial brasileiro estava solucionado! Até o ex-presidente americano, Theodore Roosevelt, em visita ao Brasil, encantou-se com a idéia. E, para os brasileiros, a comparação com a realidade americana passou a ser extremamente favorável, pois, lá, a segregação entre as raças não permitiria a diluição do negro.

> Vocês nos Estados Unidos conservam os negros como um elemento inteiramente separado, e tratam-nos de maneira a infundir o respeito de si mesmos. Permanecerão como ameaça à sua civilização, ameaça permanente e talvez, depois de mais de algum tempo, crescente. Entre nós, a questão tende a desaparecer porque os próprios negros tendem a desaparecer e ser absorvidos... O negro puro diminui de número constantemente. Poderá desaparecer em duas ou três gerações, no que se refere aos traços físicos, morais e mentais.[23]

Isso foi o que disse um brasileiro a Roosevelt, passando a ser um motivo de orgulho nacional, assimilado e repetido por escritores e intelectuais, sendo esse ideal pouco questionado.

O fato é que o racismo, sob diversas roupagens, permaneceu forte e atuante no começo do século XX, no mundo todo. E as roupagens foram muitas:

> O darwinismo social, a eugenia, as teses lombrosianas do criminoso nato etc. condenaram a mestiçagem, usuram e abusaram da idéia de pureza racial. Resumindo, os pressupostos da inferioridade das raças não-brancas, da natureza racial das diferenças de classe (que inferioriza as massas, mesmo as de fenótipo branco) e da atribuição da degeneração racial à mestiçagem, tornaram-se os principais dogmas do racismo científico.[24]

---

[22] SKIDMORE, Thomas. Op. cit., p. 81.
[23] Ibid., p. 92.
[24] SEYFERTH, Giralda. O beneplácito da desigualdade: breve digressão sobre racismo. In: SEYFERTH, Giralda et al. *Racismo no Brasil*. São Paulo, Peirópolis, 2002. p. 27.

Por que esse sistema de pensamento durou tanto? Fatores como a disputa entre os Estados nacionalistas pela hegemonia econômica, a manutenção das colônias, o imperialismo e a luta de classes, por exemplo, podem explicá-lo. Seu apogeu se dá com o nazismo, que uniu a idéia de supremacia da raça à de hegemonia política. Mas, justamente por essas idéias terem sido levadas ao extremo, elas não poderiam ser aceitas no Brasil. A conclusão é que, se o *racismo científico* perde força, o ideal de *branqueamento* continua vivo: esse era mais um motivo para afirmar que a civilização brasileira estava à frente da alemã ou da americana. Afinal, nós não havíamos assassinado as "raças inferiores".

O branqueamento deu lugar, progressivamente, à idéia de "democracia racial". Depois da Segunda Guerra, com o movimento pelos direitos civis dos negros nos Estados Unidos, por exemplo, já não ficava tão bem afirmar que o ideal brasileiro era caminhar rumo ao "branco total". Nesse caso, portanto, dizer que o Brasil é uma "democracia racial", onde não há preconceito, pode ser considerado uma continuação do mesmo discurso, da mesma mentalidade, devidamente adaptada ao tempo.

E como se pensa a questão da raça, hoje? Em primeiro lugar, existe a crítica ao conceito "raça", preferindo-se o termo "etnias" para designar diferentes origens e culturas.

O conceito de *multiculturalismo* vem opor-se às hierarquias socioculturais e ao colonialismo, atuando na defesa de valores relativísticos e do pluralismo cultural. Contudo, essa noção também é criticada: "o discurso multiculturalista coloca grupos étnicos e minorias à parte do corpo nacional, o que significa uma acomodação e persistência das desigualdades".[25]

Como se percebe, as discussões e propostas feitas em torno dos temas "negritude" e "preconceito" são extensas e variadas. E, sendo assim tão amplas, não podemos aqui dar conta da tarefa de explicá-las todas, menos ainda de apontar a saída. Podemos, o que foi sempre nossa intenção, tentar reconhecer como os diversos preconceitos penetram nos discursos, e como as obras literárias que tratam do tema desembaraçam-se da questão.

Na primeira obra analisada, *Alucinado som de tuba*, de Frei Betto, o preconceito racial, ou étnico, aparece através da figura da personagem principal, Nemo, mas ele divide seu espaço com personagens denuncia-

---

[25] Ibid., p. 40.

doras de outros preconceitos: o travesti, o menino de rua, o deficiente. Embora a intenção de pintar um retrato dos excluídos seja louvável, ela se revela ambiciosa demais, pois nem a origem do preconceito de cor é questionada, nem a presença de tantas categorias excluídas pode ser compreendida. Por que eles estão à margem, ou o que fez com que fossem empurrados a essa posição? Talvez o autor tenha sido levado por uma visão jornalística: seria preciso abarcar a *totalidade* da exclusão, do contrário o retrato da realidade não seria fiel. Para os que rejeitam explicações mecanicistas, resta uma narração com toques poéticos e sem final moralista.

Na segunda obra analisada, *E agora?*, de Odete de Barros Mott, verificamos como o discurso adere um ponto de vista etnocêntrico: embora o preconceito racial seja admitido, a efabulação mostra o negro e o mestiço vivendo conflitos internos de auto-aceitação, situação que a bondade das personagens brancas não consegue modificar. É como se os brancos já tivessem esclarecido a questão, mas os negros ainda lutassem para assimilar a própria cor da pele. O ponto de vista etnocêntrico aparece em trechos como este:

> Enquanto a filha toma café, dona Antonieta alisa os cabelos duros, encarapinhados, e tenta se lembrar: "Foi depois daquela febrona? Antes? Ou depois do 'trabalho'? Eram duas velas, um pouco de cabelo, um sapo morto".[26]

A referência às religiões africanas, evidentemente, não parte de uma postura relativista: a passagem é curta demais para indicar um esforço de assimilação dessa cultura, ou do significado desses rituais. Situa-se no mesmo nível em que estão os preconceitos denunciados, pois a dominante cultura ocidental européia que articula esse discurso artístico não vê nada de positivo na associação de *velas, cabelo* e *sapo morto*. Há, ao contrário, como já havíamos comentado ao falar das religiões africanas, uma imediata associação com a feitiçaria, com o maligno.

Entre essa obra e *Amor não tem cor*, de Giselda Laporta Nicolelis, existe um salto, provavelmente explicável pela passagem do tempo em que foram compostas. Enquanto *E agora?* enaltece a beleza da pele clara,

---

[26] Mott, Odette de Barros. *E agora?*. 4. ed. São Paulo, Brasiliense, 1976. p. 10.

atribuindo o sentimento de inveja às irmãs escuras, *Amor não tem cor* faz o elogio da pele escura e do mestiço: o menino mulato é o escolhido pela candidata à mãe adotiva. Houve, certamente, nesse intervalo de tempo, uma conscientização social a respeito do que a beleza, ou o enaltecimento da beleza, pode significar para o indivíduo, fato ignorado por *E agora?*. Não por acaso, o movimento negro americano, nos anos 1970, elegeu o *slogan* "Black is beautiful" (Negro é bonito) como forma de combater o preconceito – ou seja, de nada adianta dignificar o negro, quando se diz que ele é feio.

No entanto, em *Amor não tem cor*, mais uma vez, temos a figura do mestiço que não aceita sua origem, escondendo-a. Embora bastante verossímil, essa solução parece sugerir que o preconceito é mais atuante no indivíduo negro ou no mestiço do que no branco. E esse ponto de vista, sob o qual se articula a obra, pode ser considerado também *etnocêntrico* por alguns estudiosos.

Piza (2000) levanta a hipótese de que, para brancos, o fato de não ser questionado sobre a cor em situações públicas ou privadas enfatiza a falta de sentido em se identificar racialmente. Ela destaca que aspectos da atitude branca – neutra, não reconhecível, negada, expurgada de seu potencial político – envolvem séculos de pensamentos e atos racistas.[27]

> Isso explica porque, na literatura ou na vida, faz mais sentido atribuir o preconceito ao próprio negro, que vive a situação da "diferença", do que ao branco. Isso, é claro, do ponto de vista do indivíduo branco, que se vê como "neutro": diferentes são os outros. Em suma, para um branco o racismo pode parecer absurdo, simplesmente porque nunca se deteve sobre o assunto, e para ele não há "sentido em se definir racialmente". Existe sutileza nessa abordagem, mas segundo os maiores interessados, os negros, ou afrodescendentes, ela é uma característica da sociedade brasileira. Afirma Hélio Santos: "Talvez o camaleão mais sofisticado que tenhamos seja exatamente o racismo brasileiro, porque ele é ibérico, é dissimulado, é competente e eficaz para manter tudo como se fosse não o problema de quem discrimina, e sim sobretudo de quem é discriminado".[28]

---

[27] BENTO, Maria Aparecida Silva. Racialidade e produção de conhecimento. In: SEYFERTH, Giralda et al. Op. cit., p. 49.

[28] SANTOS, Hélio. Negro não é problema, é solução. *Caros Amigos*, São Paulo, Ano VI, n. 69, p. 31, dez. 2002.

A solução para tais conflitos é o conhecido final feliz: a cor é assumida com o benefício da adoção não-preconceituosa. É um caminho mais otimista, de qualquer forma, do que aquele apontado por *E agora?*, onde não há conciliação possível.

Já a obra *A cor da ternura*, de Geni Guimarães, apresenta uma solução bastante pessoal para essas questões: o progressivo entendimento e aceitação da própria cor, de forma a se enfrentar o assunto, e até o preconceito alheio, com naturalidade. Alguns poderão dizer: uma solução pessoal *demais*, pois não aponta possibilidades coletivas no encaminhamento da questão. Sem dúvida, não existe na obra a idéia de um movimento negro lutando por suas conquistas; mas existe, por outro lado, a idéia de esforço individual e o não mascaramento do problema; se o enfoque é pessoal, isso se deve a uma maneira própria e a uma sensibilidade artística ao se lidar com o tema: o próprio livro é um exemplo dessa postura, pois não disfarça seu conteúdo autobiográfico. Além disso, do ponto de vista artístico, realiza-se integralmente.

As obras de Ziraldo, por sua vez, mostram-nos que a criatividade e o questionar constante, em *O menino marrom*, onde se conclui que o "preto" é marrom e o "branco" é cor-de-rosa (em referência à cor da pele), podem conviver com certo conformismo, presente também em *Os meninos morenos*. Isso porque a última obra constrói-se sobre um dos mitos brasileiros: o de que a miscigenação no Brasil foi tão extensa a ponto de podermos qualificar todos os brasileiros como *morenos*. O mito da democracia racial, contudo, já foi bastante criticado. Afirma Eliane Cavalleiro:

> A ideologia da "democracia racial" aparece como um elemento complicador da situação do negro. Essa ideologia, embora se tenha fundamentado nos primórdios da colonização e tenha servido para proporcionar a toda a sociedade brasileira o orgulho de ser vista no mundo inteiro como sociedade pacífica, persiste fortemente na atualidade, mantendo os conflitos étnicos fora do palco das discussões.[29]

O mesmo fenômeno é visto de forma ainda mais crítica por Maria de Lourdes Siqueira:

---

[29] CAVALLEIRO, Eliane. *Do silêncio do lar ao silêncio escolar;* racismo, preconceito e discriminação na educação infantil. São Paulo, Contexto, 2000, p. 28.

A visão etnocêntrica do mundo cria estereótipos, preconceitos, menosprezo de distintas formas. E tudo isso vai arquitetando uma ideologia que reforça e nega formalmente a existência de racismo no Brasil – como os discursos do racismo cordial, da igualdade racial, da miscigenação entre brancos, negros e índios, cujo resultado é, evidentemente, uma sociedade de mestiços também excluídos. E nesse encontro de argumentos é que se estrutura o mito da democracia racial e a Teoria do Branqueamento, uma e outra negando a existência do negro, do africano, dos conflitos políticos [...].[30]

Não é, portanto, insistindo na idéia de "morenidade" que o tema preconceito encontrará a sua melhor representação. *Os meninos morenos* de fato retira os "conflitos étnicos" ou o "racismo" do palco, e coloca em seu lugar uma afetividade tipicamente brasileira e uma tentativa de não-diferenciação; no entanto, essa afetividade, ou intimidade, também já foi entendida como um complicador a mais – longe de representar uma possível solução, como aponta Valter R. Silvério: "Além disso, a erosão da crença na democracia racial (um argumento biológico/cultural) [...] tem permitido o desvendamento de uma trama característica da sociedade brasileira, na qual a discriminação convive lado a lado com a intimidade (Cavalcanti, 1999, p. 106)".[31]

As obras de Monteiro Lobato, representativas de outra época, colocam negros e brancos em posições opostas – diríamos até trincheiras opostas. O conflito focal em *O presidente negro*, jogado para um tempo impossivelmente distante, dá-se entre as raças. Não é propriamente o maniqueísmo o ponto crítico da narrativa, já que ambos os grupos, negros e brancos, disputam o poder, e os brancos recusam o "presidente negro" por orgulho, como é salientado. O que transparece na narrativa, e nesse ponto há muita semelhança entre essa obra e *Histórias de tia Nastácia*, é a polarização que associa progresso e desenvolvimento aos brancos, e atraso social aos negros. Essa idéia, contudo, não é uma criação do autor; antes expressa um pensamento lentamente construído, como lembra Silvério:

---

[30] Siqueira, Maria de Lourdes. Identidade e racismo: a ancestralidade africana reelaborada no Brasil. In: Seyferth, Giralda et al. Op. cit., p. 80.

[31] Silvério, Valter Roberto. Sons negros com ruídos brancos. In: SEYFERTH, Giralda et al. Op. cit., p. 97.

No Brasil, ao se assumir aprioristicamente a inexistência de diversidade racial/cultural, diluída por meio da fabulosa síntese das três raças, restava, portanto, entender as causas dos nossos insucessos econômicos e sociais. E estes foram atribuídos, invariavelmente, ao nosso extenso passado escravista, o que nos proporcionou um grande atraso cultural. A modernização aparece como a redentora dos nossos males, mas seus teóricos desconsideram a especificidade da nossa formação social.[32]

A imigração européia, estimulada a partir do fim do século XIX, a fim de se criar uma massa de trabalhadores assalariados, traz em si a idéia de modernização e, de fato, representava uma modernização das relações de trabalho, como reconhece Hélio Santos:

> Havia necessidade realmente da mão-de-obra européia. Apesar de algumas pessoas do movimento negro criticarem, era mão-de-obra mais capacitada para o trabalho assalariado. E, no momento em que há imigração, que há a pseudo-abolição, são criadas as delegacias de vadiagem nos principais Estados brasileiros.[33]

Ocorre que, nas obras analisadas de Lobato, a pecha do atraso não é associada à escravidão, mas simplesmente aos negros enquanto indivíduos, ou como herdeiros de uma cultura inferior, já que as poucas referências à África são desabonadoras, mesmo quando se trata de uma fábula originada no Congo. De forma ainda mais direta, aponta Seyferth:

> Na verdade, os negros eram considerados "o problema" – razão do atraso brasileiro (o que acentuou o aspecto racial da questão da escravidão) – pois, também no Brasil, a desigualdade social era interpretada como expressão das leis universais da natureza, com suas implicações de inferioridade inata dos não-brancos.[34]

O elogio à beleza da pele branca presente no romance é também outro índice do etnocentrismo predominante à época. Marisa Lajolo, no já citado "A figura do negro em Monteiro Lobato", indica que a modernização no Brasil não poderia de fato se dar sem violência, já que nem

---

[32] Ibid., p. 96.
[33] SANTOS, Hélio. Op. cit., p. 32.
[34] SEYFERTH, Giralda et al. Op. cit., p. 35.

todos os setores, nem todos os indivíduos podiam participar dela. Assim, podia parecer normal, e até necessário, que se criassem "delegacias de vadiagem", como lembrou Hélio Santos. O resultado é que, ao final da escravidão, como apontou Siqueira, "os africanos foram atirados à sua própria sorte – obrigados a viver livres num país onde foram escravos e que os tornou livres sem nenhuma providência para serem trabalhadores assalariados".[35]

Ainda que tenha relatado tendências e movimentos de sua época, tais como a eugenia, a representação dos negros em *O presidente negro* é parcial. Jim Roy, o presidente eleito, é ingênuo o bastante para submeter-se aos raios ômega e adquirir aparência de branco, o que lhe é fatal. E o que querem os negros dessa ficção? Apenas modificar sua aparência ("melhorar", como foi dito), aproximando-se do ideal ariano. No entanto, em 1915 já havia sido fundado em São Paulo o primeiro periódico da imprensa alternativa negra, *O Menelick*, seguido por inúmeros outros. Esses veículos denunciavam o racismo e tratavam de problemas específicos da comunidade negra. Logo após a publicação do romance de Lobato, é fundada a Frente Negra Brasileira, organização de ideologia direitista que patrocinou a criação de uma milícia negra, abrindo a possibilidade de os negros serem aceitos pela Força Pública de São Paulo. Esse movimento espalhou-se pelo Brasil e acabou se transformando de fato em um partido político. Como se vê, a idéia de um movimento e um partido negros não era puramente ficcional. Ocorre que, na ficção, os negros não consideraram a hipótese de defender sua cultura e tradições, o que o Teatro Experimental do Negro, fundado em 1944, tentaria fazer, mostrando que a mitologia africana influenciou a cultura grega, por exemplo. Existe aí, portanto, uma adesão ao mito da inferioridade dos negros, ao qual já nos referimos. Até mesmo a representação do movimento feminista, com traços caricaturescos, é mais fiel à realidade do que a representação dos negros. A criação de um Partido Feminino, cujo apelo parece cômico, de fato aconteceu.

A parcialidade dessa construção ficcional, contudo, é contrabalançada pelo equilíbrio entre engajamento, denúncia e emoção no conto "Negrinha", do mesmo Monteiro Lobato, que expõe a falácia da

---

[35] SIQUEIRA, Maria de Lourdes. Op. cit., p. 78.

abolição da escravatura em um flagrante choque dos discursos oficiais com a realidade.

A obra de Monteiro Lobato parece ainda mais polêmica quando lembramos que seu *Jeca Tatu*, caboclo, era um símbolo do atraso. As reações contrárias fizeram com que Lobato se retratasse, publicando "A ressurreição de Jeca Tatu", onde admitiu que o problema era de saúde pública e não do caboclo em si. Mas indícios de preconceito aparecem em sua correspondência. Tudo isso nos leva a concluir que é a obra, e não o homem, que devemos de fato levar em conta. Esse é o espírito crítico a ser estimulado no leitor. A obra de arte, sim, reflete a realidade, mas a realidade, e os que a vivem, apresentam muitas contradições.

Ana Maria Machado enreda palavras com intenções militantes. *Menina bonita com laço de fita* é uma resposta direta ao etnocentrismo que durante séculos exaltou padrões de beleza europeus. Como analisamos, o elogio da beleza branca pode penetrar os discursos de forma sutil, erigindo uma ideologia indestrutível pelo fato de ser aparentemente natural. Machado rompe esse paradigma de forma clara, e dirige-se a jovens mentes no esforço de não permitir que se instaure uma mentalidade que, mais tarde, dificilmente será suplantada. O fato de não ser essa obra também feminista, como avaliamos, não diminui seu impacto na frente em que pretende atuar. No entanto, em *Do outro mundo*, sobram boas intenções e falta compromisso com a realidade presente. Falando dos horrores da escravidão, pouco ou nada se diz dos efeitos da escravidão sentidos ainda hoje. Há, nessa abordagem, uma quase adesão ao mito da democracia racial, pelo menos no que diz respeito às situações contemporâneas descritas na obra. Sentimos que essa é de fato uma força atuante na sociedade e, portanto, na literatura brasileira: a tendência a eludir o conflito, com palavras e imagens que denotam afetividade e acomodação.

O grande dilema de um pequeno Jesus, de Júlio Emílio Braz, e *Pingo-Pingo*, de Lúcia Pimentel Góes, introduzem a questão do preconceito, ou a questão étnica, sem o recurso do discurso engajado. No primeiro caso, o preconceito existe e se manifesta, mas não é esmiuçado, ficando apenas como indicação de um tema a ser discutido em outro momento. Uma solução é apontada na decisão do protagonista de não se ver como "diferente". Na segunda obra, existe apenas uma alusão às negativas que o negro, ou a criança, podem encontrar na sociedade, mas o preconceito não é tematizado. Antes, é a naturalidade da presença do negro em seja qual for o contexto que se pretende construir. Provavelmente nessas abordagens influiu o fato de serem obras voltadas ao leitor iniciante ou em formação, portanto, podem ser consideradas o primeiro passo na construção de um caminho. Ambas partem da premissa de que o negro tem um lugar a ocupar na sociedade, mesmo que este espaço lhe seja negado.

Histórias da preta e *Contos africanos para crianças brasileiras*, obras recentes, incorporam a tendência atual de abordar a cultura africana, valorizando-a. O pressuposto é o mesmo, no entanto a realização artística é díspar: a primeira utiliza o discurso engajado, a segunda vale-se das fábulas. Qual é mais eficiente? A resposta envolve uma discussão ampla, a mesma com que iniciamos este estudo: *Livros devem ser escritos em prol de uma causa?* Acreditamos que a resposta foi dada ao longo desse trabalho. A conclusão dependerá de inclinações individuais, sem dúvida, mas, principalmente, de como cada uma das obras que abordam o tema responde – artística e ideologicamente – a essa questão.

4. AS OPÇÕES SEXUAIS E A CULTURA

Por uma série de fatores que não cabem ser analisados aqui, a sexualidade humana foi, durante séculos, fonte de tabus e interdições, tornando-se, por isso mesmo, matéria de interesse de escritores e poetas. Através de um incessante trabalho, as verdades ocultas, os desejos não realizados, as inclinações sublimadas, foram aos poucos ganhando expressão escrita. Muitas vezes, essas realizações serviram como inspiração para atos e gestos de seres humanos reais, como aconteceu durante o romantismo alemão: o suicídio da personagem Werther (no romance de mesmo título) estimulou suicídios que teriam como motor o mesmo motivo descrito por Goethe: a impossibilidade de realizar a paixão amorosa. Estava ali, naquele gesto, a rebeldia contra o jugo e os ditames da sociedade em relação ao que o indivíduo tem de mais íntimo e pessoal: suas emoções e seus desejos sexuais.

De forma análoga, outros escritores indicaram o peso dos costumes sobre os indivíduos, através de personagens que via de regra rompiam limites, despertando, por isso mesmo, a atenção dos leitores.

Com a revolução sexual dos anos 1960, o tema aparentemente perdeu seu impacto, mas só aparentemente, pois narrativas sobre novas e impensadas possibilidades de amar parecem ainda gerar muita curiosidade e polêmica. Publicado na França em 2001, o livro *A vida sexual de Catherine M.*, no qual a conceituada crítica de arte Catherine Millet relata de forma autobiográfica suas aventuras sexuais com centenas de homens, foi grande sucesso editorial.

A procura por temas polêmicos não está presente só na literatura, mas na imprensa e também na televisão. Um dos últimos limites a ser explorado, já que a sexualidade de forma geral encontrou inúmeras representações, é o homossexualismo. Nos últimos tempos, revistas, jornais e canais de televisão não ficam muito tempo sem apresentar uma nova matéria, um novo ângulo sobre a questão *gay*, sem dúvida de olho na audiência e na multiplicação de exemplares. A polêmica vende.

E esse tema, que (paradoxalmente) está na "moda" mas ainda é tabu, teve também algumas representações literárias, embora poucas tenham sido destinadas aos jovens. Provavelmente porque, nesse caso, a polêmica seria contraproducente, já que a literatura infanto-juvenil vem cercada de cuidados dos pais, dos professores, dos editores, que a expurgam de conteúdos por demais incômodos e controversos.

Em *Praticamente normal; uma discussão sobre o homossexualismo*, Andrew Sullivan, inglês radicado nos Estados Unidos, expõe a forma com que a sociedade e os políticos lidam com a questão, embora limite-se ao ponto de vista norte-americano. Sua análise volta-se aos argumentos utilizados e às soluções apontadas por grupos de diferentes matizes políticos frente à questão: os proibicionistas, os liberacionistas, os conservadores e os liberais. Como essas "agremiações" são designadas por sutis diferenças que, para nós, brasileiros, não são particularmente relevantes, falaremos apenas do primeiro e do último grupo.

Representando o extremo, os proibicionistas encaram o homossexualismo como uma aberração, portanto deve ser dissuadido e punido:

> De fato, legitimizar o homossexualismo é atacar o cerne da possibilidade da civilização – a união heterossexual e sua afirmação social – e perverter o desígnio natural macho-fêmea como as partes complementares essenciais do universo.[36]

---

[36] SULLIVAN, Andrew. *Praticamente normal;* uma discussão sobre o homossexualismo. São Paulo, Companhia das Letras, 1996. p. 26.

A passagem faz referência ao fato de que a identidade heterossexual é construtora da idéia de civilização, visto possibilitar a continuidade da espécie humana e de sua cultura. Talvez, por isso, exista ainda a pena de morte para o homossexualismo em alguns países, pois esta prática parece atentar contra princípios sagrados. O "proibicionismo" está presente não apenas em sociedades islâmicas, mas também, em menor grau, em culturas ocidentais.

A idéia de que o homossexualismo atenta contra a "natureza", de funda raiz religiosa, é utilizada para justificar o proibicionismo. Mas qual seria a essência da natureza humana? A resposta, nada simples, traz implícita uma concepção de sociedade e das práticas adequadas à sua existência. Quando se fala da natureza humana, a argumentação não se baseia em dados científicos, mas em ideais de convivência e organização social. Assim como se afirmava existirem diferenças *naturais* entre os seres humanos, justificando a idéia de escravidão, também a noção de uma natureza humana ideal não está desvinculada de interesses específicos – interesses que, vale acrescentar, variam ao longo do tempo, pois, diferentemente das construções teóricas que explicavam a escravidão e a inferioridade da mulher na Antiguidade, o homossexualismo não foi banido da Grécia antiga; ao contrário, foi promovido.

A mera observação da natureza indicaria que, até mesmo entre alguns animais, ocorrem atos homossexuais esporádicos. No entanto, como dissemos, a argumentação não é de base científica. Santo Tomás de Aquino entendeu que a sexualidade de todos os seres humanos é ligada à procriação – e dessa observação inferiu uma norma, traduzida por Sullivan: "Como isso pode acontecer como a conduta sexual, deve acontecer sempre. É *para isso* que serve a atividade sexual. É esse o nosso destino".[37]

E o nosso destino, sabemos, expressa a vontade de Deus. Os proibicionistas também utilizam o Antigo Testamento como justificativa, pois ali qualifica-se o homossexualismo como "aberração". Contra essa argumentação, afirma-se que o mesmo texto também chama de aberração o "comer carne de porco ou ter relações sexuais durante a menstruação". Outras práticas, hoje costumeiras, também são proscritas pelo Levítico.

---

[37] Ibid., p. 35. (Grifo nosso.)

A resposta a esses impasses foi dada pela própria Igreja Católica. A razão está no fato de que a existência de indivíduos homossexuais pode ser observada em todos os tempos e em todas as sociedades. Se essa é uma verdade universal, como poderiam ser classificados esses indivíduos, ou como poderiam ser proscritos? Em um documento intitulado "Declaração sobre certas questões relativas à ética sexual", de 1975, a Igreja admite a existência de homossexuais e reconhece que esta condição é inata. Aprofundando o tema, em um documento de 1986, "O cuidado pastoral das pessoas homossexuais", o cardeal Ratzinger, o atual papa, explica melhor a posição da Igreja Católica: "A inclinação particular da pessoa homossexual não é um pecado", e acrescenta que pessoas com esta inclinação são com freqüência "generosas e altruístas". Lamenta ainda que os homossexuais tenham sido motivo de violenta animosidade. No entanto, mantém a proibição aos atos homossexuais, e os condena veementemente, chamando essa atividade de "auto-indulgente". O documento nos pede que amemos o pecador, mas odiemos o pecado. O paradoxo, evidente, pode ser mais bem entendido quando lembramos que a Igreja Católica também condena a masturbação, o sexo pré-marital, a contracepção e o divórcio. Trata-se, no fundo, de coerentemente condenar toda atividade sexual que não leve à procriação monogâmica.

No outro extremo, o grupo definido como "liberais" permite que Sullivan faça uma extensa análise de cunho político. O conceito de "democracia liberal", ou Estado liberal, é muito importante aqui. É sabido que a separação entre Igreja e Estado abre espaço para a idéia de um Estado laico, democrático e "liberal". A ideologia liberal advoga a menor interferência possível do governo, num ambiente definido principalmente pela *liberdade*: os cidadãos têm direito de se associar, de seguir qualquer religião, de atuar empresarialmente e de se expressar. Essa idéia teve especial relevância para aplacar as escaramuças entre grupos religiosos, que por vezes se transformavam em guerra civil: o Estado deveria ser neutro justamente para permitir que as diferenças pudessem coexistir.

As liberdades políticas e civis que tal concepção de Estado proporciona enfrentaram resistência, pois a influência da religião e das tradições não cessou de imediato – essa a razão pela qual o divórcio, por exemplo, demorou tanto a ser aprovado. No entanto, a concepção liberal predomina na civilização ocidental, e as constituições de muitos países seguem esse ideário. Havendo um Estado que outorga a seus cidadãos as liberdades citadas acima, o "proibicionismo" perde muito de sua força.

No entanto, essa mesma concepção de Estado foi, recentemente, transformada pelos movimentos civis. Se no início bastava garantir a liberdade de cada indivíduo, mais tarde se percebeu que a liberdade não era plenamente exercida, porque o poder econômico, a força das maiorias sobre as minorias, as práticas preconceituosas, conseguiam restringir muito a atuação de algumas pessoas. E nesse sentido surgiram leis para corrigir esse estado de coisas, fazendo com que os negros americanos, por exemplo, fossem contratados por empresas, entrassem em escolas nas quais nunca haviam entrado, tivessem, enfim, vantagens cujo objetivo maior era corrigir uma injustiça passada: a chamada *ação afirmativa*. Portanto, o Estado deixa de exercer uma influência mínima e passa a exercer uma grande influência, com o objetivo de garantir direitos eqüitativos e o bem de todos. Deixa, portanto, de ser neutro.

Para Sullivan, essa é uma deturpação da primeira concepção de Estado liberal, porque as atividades privadas dos indivíduos e das empresas passam a ser limitadas por essas leis ("o Estado podia aplicar multas punitivas a empresas privadas que adotassem práticas de contratação que levavam a um desequilíbrio racial".)[38] Não obstante, reconhece que, no caso dos direitos civis dos negros, ela trouxe ganhos e mudou para melhor a vida dessa população nos Estados Unidos. Mas, no que se refere a leis semelhantes para os homossexuais, ele entende que elas não têm o mesmo efeito, pois, se a raça ou etnia é uma condição inequívoca, a sexualidade não o é: um indivíduo pode demorar a descobrir suas verdadeiras preferências, pode mudá-las ao longo da vida, pode ser obrigado a ocultá-las em função de sua família. E, também, porque esse é um tema que envolve arraigadas emoções: obrigar empresas a contratar homossexuais, por exemplo, pode simplesmente gerar mais hostilidade e mais divisão entre os tolerantes e os intolerantes, ou entre os pró e os contra *gay*. Para o autor, essa é uma questão mais emocional e individual do que coletiva: "Quando uma pessoa se confronta com seu homossexualismo, em geral está também completamente sozinha".[39]

---

[38] Ibid., p. 39.
[39] Ibid., p. 122.

A solução estaria em garantir que o Estado, em todos os seus níveis, fosse imparcial e neutro, como a ideologia liberal o supõe. "Essa política procuraria chegar à plena igualdade pública para aqueles que, sem ter nenhuma culpa disso, por casualidade, são homossexuais."[40] Essa política significaria o fim da discriminação: o fim das leis anti-sodomia, a inclusão dos fatos sobre o homossexualismo na escola pública, a possibilidade de alistamento nas forças armadas e o casamento e o divórcio homossexuais legais. Seguindo esse raciocínio e fazendo um paralelo, é como se, no Brasil, o governo pudesse instituir as cotas para negros na universidade *pública*, mas não interferisse nas universidades *privadas*.

Como se vê, a ênfase aqui recai sobre o político e o enfoque é realmente americano, pois lá os movimentos civis têm enorme força. O que falta enfatizar ainda é o fato de a educação ter um papel central a desempenhar no enfrentamento da questão. Como o próprio autor indica, o negro nasce e vive entre seus iguais (sua família), ao passo que o homossexual torna-se um estranho em sua própria casa – e isso acontece especialmente com os adolescentes. Por isso mesmo, ele certamente estaria menos "sozinho" se o tema fosse introduzido e pacientemente discutido no ambiente escolar, que atuaria, como no caso da mulher e do negro, no sentido de possibilitar o debate e diminuir o estigma que foi imposto a ele. Partindo-se do pressuposto inicial de que sempre existiu e sempre existirá uma parcela da população com essas características, trata-se talvez do único encaminhamento possível: a questão tem, portanto, uma dimensão coletiva relevante, e não apenas individual, ainda que diga respeito a uma minoria, que pode ser de 2 a 10% da população adulta, seja qual for o número correto.

A obra de Giselda Laporta Nicolelis, *O amor não escolhe sexo*, foi bastante feliz no tratamento do tema. Com inteligência, evitou todos os argumentos "proibicionistas" que surgiriam se a trama fosse mais licenciosa; falando de adolescentes e de emoções apenas adivinhadas, desarma aqueles religiosos que poderiam qualificar de pecaminosos quaisquer atos homossexuais, mesmo que só esboçados. O tema é discutido em profundidade, até mesmo valendo-se de informações médicas, mas permanece na maior parte do tempo apenas na *imaginação* de uma das personagens – o que é coerente com o universo adolescente.

---

[40] Ibid., p. 144.

Os mais conservadores poderão até mesmo utilizar a narrativa para sugerir um desfecho compatível com seus valores: apesar das dúvidas, comuns na idade, Marco Aurélio resolve seguir o caminho seguro da heterossexualidade. Por outro lado, a maldosa figura de Tamires, pintada com tintas maniqueístas, indica que a intolerância e estridência em relação ao tema não são posturas adequadas ao momento atual. A obra indica a necessidade de uma postura mais tolerante e humana, assim como a existência de opções sexuais com as quais o adolescente se defronta e que poderão ou não fazer parte de sua vida, mas que não devem ser encaradas como tabu. Essa obra assume sua função "informativa" (ou "ilustrativa", tal como no Iluminismo, ao discorrer sobre o tema), que não se confunde com a função estética. No entanto, ambas convivem sem gerar um choque, harmoniosamente, talvez porque o percurso da personagem principal seja verossímil; em outras palavras, porque ele tem necessidade real daquelas informações.

Muito diferente é o conto cabo-verdeano *A caderneta*. Longe de abordar a questão diretamente e propor uma discussão, o conto merece ser usufruído por suas qualidades literárias. A primeira leitura não é conclusiva, portanto é o esforço de desvendamento o que se propõe. Propicia também uma discussão sobre o gênero conto, visto por teóricos como o meio adequado para o exercício da concisão e da economia de recursos expressivos. E, nesses quesitos, revela-se exemplar: *A caderneta* é o registro de uma única voz, ou da voz de uma única personagem, que se torna polifônica, ecoando traços e valores de toda uma sociedade. Quanto aos preconceitos revelados ali, é uma lição de como seres humanos podem ser subjugados por eles e, também, deles se apropriar para obter uma vantagem momentânea; talvez esse seja o único exemplo, entre as obras analisadas, da "utilidade" que os preconceitos podem encontrar no meio social, em que grupos têm interesses diversos. O autor mostra, portanto, como se articula o *poder*: não apenas através de interesses financeiros, mas também de conteúdos simbólicos, de tabus sexuais, enfim, de elementos culturais que podem até subverter as distinções sociais de classe.

O menino que brincava de ser também aborda uma questão polêmica relativa à sexualidade, mas o viés não é sexual, pois a personagem está na primeira infância. Volta-se então para a questão da *identidade*. Sem apontar saídas fáceis, a autora sugere que a rígida divisão dos papéis sexuais (homem *versus* mulher) pode ser uma limitação, ou uma camisade-força, que leva a frustrações ou separações, pois até o afeto (entre pai e filho) fica comprometido pelos estereótipos. A visão de mundo implícita na obra indica, assim, a necessidade de uma revisão dos papéis tradicionais, para que o indivíduo possa se expressar integralmente, e isso diz respeito tanto ao adulto quanto à criança, porque ambos podem ser aprisionados por eles. Sugerindo, muito mais do que afirmando, a narrativa proporciona uma série de indagações ao leitor, o que contribui para uma discussão em que todos esses conceitos sejam colocados em xeque.

5. CONCLUSÃO

O conjunto de obras analisadas aqui nos faz refletir a respeito do vínculo entre *sociedade* e *literatura*, algo questionado logo no início do volume.

Aprendemos que as forças do tempo são determinantes; os escritores, em sua maioria absoluta, guardam relação próxima com a sociedade em que vivem, ecoam parte de seus valores e reproduzem alguns de seus mecanismos. A individualidade criadora não é, portanto, garantia de isenção, ou de inquestionáveis ideais libertadores. O antigo mescla-se com o novo e, nessa mistura de valores, podemos identificar tanto posturas progressistas, quanto ideologias conservadoras. A originalidade na construção do edifício literário não impede que idéias passadistas e até preconceituosas, na visão de alguns estudiosos, estejam representadas ali.

Tudo isso significa que o escritor é, sim, fruto do seu tempo, fato não indicador de maior ou menor talento. Identificamos até obras muito semelhantes entre si, simplesmente porque havia uma sintonia entre o fazer artístico e as exigências dos novos tempos – ou seja, escritores não coincidem apenas nas antigas formas de ver o mundo, mas também por aderir a novos valores. Em um caso e no outro, existe a simbiótica relação entre obra literária e sociedade.

Mas, afinal, pode-se ainda perguntar: é adequado se valer da literatura em prol de uma *causa*? Essa é uma discussão que, de fato, extrapola esta pesquisa. Edmir Perrotti, estudando a literatura infantil, distingue entre o "discurso utilitarista" e o "discurso estético".[41] O primeiro se

---

[41] PERROTTI, Edmir. *O texto sedutor na literatura infantil*. São Paulo, Ícone, 1986. pp. 30-34.

vale de artifícios didáticos, mesmo que disfarçados, para que o leitor assimile valores ou informações. Já o discurso estético tem autonomia: a forma e a beleza são mais importantes, e a "utilidade" do discurso perde sua razão de ser. São, portanto, tendências opostas da literatura.

Se a literatura infanto-juvenil é vista com *preconceito*, como uma arte menor, isso se deve justamente ao fato de ser, em grande parte das vezes, usada com propósitos *utilitaristas* (em outras palavras, pedagógicos, ou didáticos).

No entanto, o próprio Perrotti admite que existe uma zona intermediária entre essas posições. Adorno diferencia a obra *tendenciosa* da obra *engajada*. A primeira quer convencer o leitor de alguma coisa, de forma direta, impondo sua visão; já a obra engajada pode trazer uma leitura que provoca mudanças de pensamento ou percepção – o discurso é multifacetado, aberto, como é o verdadeiro discurso artístico. Na sua visão, a arte será sempre engajada, pois parte da realidade empírica, fazendo uma *interpretação* dessa realidade – a neutralidade seria, portanto, impossível. E pensadores como Engels ou T. S. Eliot seguem uma linha de raciocínio semelhante. Perrotti mostra predileção pelo discurso *estético* em detrimento do *utilitário*, mas admite: "Ultrapassar o utilitarismo não significa deixar de reconhecer que a obra literária educa, ensina, transmite valores, desanuvia tensões etc.".[42] Quanto a isso, não podemos discordar, principalmente porque, hoje, *engajamento* não deve ser entendido apenas como postura política, mas como algo maior, que abarca as posturas individuais em todas as relações humanas, assim como o espaço social onde se desenvolvem – o que inclui a existência ou não do preconceito. Se a arte é minimamente crítica, tem o poder de fazer emergir as contradições entre o homem e seu meio. E são essas contradições que fazem com que a sociedade não permaneça estática.

Em última análise, pode-se dizer, segundo esse raciocínio, que não existe arte que não seja engajada, ainda que alguns criadores afirmem sua fé na "arte pela arte".

Mas, nesse caso, se o escritor é refém de seu meio, da ideologia corrente, do seu tempo, em que medida pode ser realmente inovador? Trata-se de uma questão de grau. A idéia de uma obra literária em todos

---

[42] Ibid., p. 22.

os aspectos independente, crítica e original é tão-somente um ideal a ser alcançado. Obras específicas podem chegar um pouco mais perto desse ideal; no entanto, pode-se sempre afirmar que reaproveitam formas, conteúdos e técnicas conhecidos. Acreditamos que, entre as obras analisadas, *A bolsa amarela*, de Lygia Bojunga Nunes, e *A cor da ternura*, de Geni Guimarães, são as que mais se aproximam de uma total independência criadora. *Negrinha*, de Monteiro Lobato, e *O menino marrom*, de Ziraldo, também são momentos altos. Essa avaliação nada tem a ver com a fama do escritor, tampouco é uma análise de fundo ideológico. Percebemos que, nas obras acima citadas, embora pudesse haver a intenção inicial de abordar um tema relevante para a sociedade, os discursos não se articulam no esforço de uma mensagem; não são refém nem da ideologia corrente, nem de uma contra-ideologia. Apenas situam-se em uma posição pertinente: do ponto de vista de uma obra que revela e elabora uma realidade significativa. Uma realidade que, diz também o espírito do tempo, não pode ser ignorada. E isso é tudo.

Muitas das obras analisadas, entretanto, registram a marca de valores conhecidos: aderem a procedimentos previsíveis ou a conteúdos sobre os quais há consenso. Talvez não pudesse ser de outra forma. Hoje, escritores certamente policiam-se para não demonstrar nenhum tipo de preconceito, sabendo o quanto essa atitude é execrada. É possível que muitos se valham de um mecanismo observado há algum tempo na indústria cinematográfica de Hollywood: misturam-se personagens representantes de várias etnias, de forma a contentar as demandas por uma visibilidade proporcional à participação daqueles grupos na sociedade.

E, mesmo assim, reconhecemos traços de etnocentrismo, ou *branco-centrismo*, em muitas obras analisadas. Isso não significa que os autores estejam contra o negro. O que acontece é que a nossa cultura é, de fato, etnocêntrica. Valores, imagens, construções simbólicas penetram a consciência de todos os indivíduos, mesmo dos artistas. E mesmo que haja a preocupação de questionar alguns desses valores, é quase impossível questionar *todos* os valores ao mesmo tempo. O artista, assim, continua sendo um representante do seu tempo, da sua sociedade, mesmo que isso só possa ser verificado em detalhes sutis.

O artista brasileiro, particularmente, foi sobrecarregado com alguns mitos relativos à realidade racial. Podemos assim concluir, com Skidmore: "Os formadores de opinião vivem ainda com o legado intelectual do compromisso que seus pais e avós fizeram um dia com a teoria racista. Acreditam ainda, implicitamente, num Brasil mais branco, mesmo que tenha deixado de ser respeitável falar nisso".[43]

Essa afirmação, contudo, foi feita nos anos 1970, e, embora existam resquícios desse legado intelectual, acreditamos que, hoje, a consciência nacional sobre a questão tenha evoluído muito. De qualquer forma, é bom lembrar a afirmação de Florestan Fernandes, ainda atual: os brasileiros têm "o preconceito de não ter preconceitos",[44] e se aferram ao mito da democracia racial. Quanto aos outros preconceitos (contra a mulher, o homossexual), eles também aparecem disfarçados aqui e ali.

Percebemos, por outro lado, que o preconceito pode aparecer sob a forma de esterótipos simplesmente em função de uma "economia de meios". O "lugar comum" é um porto seguro, onde leitores diferentes podem assimilar a mensagem sem a necessidade de muita reflexão. Falar da "mulata provocante", por exemplo, pode ser conveniente em um determinado discurso, em que o que se quer é uma assimilação imediata de uma idéia, em função das necessidades da obra. O estereótipo tem, sem dúvida, uma função: apazigua as mentes ao confirmar as velhas formas de ver o mundo; em termos de comunicação, "uma imagem vale por mil palavras", por isso as imagens são úteis em certos momentos: para criar um efeito cômico, para contrapor tipos. Contudo, incluir membros de várias etnias em um enredo, dando-se a entender que o preconceito não existe, é uma postura simplista. A oposição entre Eu e Outro faz parte da construção ontológica do ser humano. Mas não basta citar o Outro: é preciso compreendê-lo. Se o discurso é artístico, esse compromisso deve ser ainda maior.

Levantamos no início deste trabalho a hipótese de haver na literatura um movimento que poderia ser considerado Antipreconceito. Sabemos agora que não se trata de "movimento": é uma tendência presente na sociedade, à qual a literatura responde de modo plural. Por tudo o visto, acreditamos que essa tendência será mantida por tempo indeterminado, que o assunto continuará sendo relevante. Novas obras focalizando o preconceito surgirão, exigindo reflexão constante, especialmente daqueles que acreditam na função humanizadora da literatura.

---

[43] SKIDMORE, Thomas. Op. cit., p. 239

[44] Apud SKIDMORE, Thomas. Op. cit., p. 237.

Esta reflexão sobre o preconceito evidenciou que muitas das palavras utilizadas para qualificar um grupo específico podem servir para outros grupos: o mecanismo social que exclui e desvaloriza é, como demonstramos, muito semelhante. Não surpreende que analogias tenham sido feitas entre negros, mulheres e homossexuais. "A mulher é o negro do homem", afirmou Beauvoir.

Os grupos sociais destacados ao longo deste trabalho vivenciam situações parecidas. Uma delas poderia ser definida como o *silêncio* – o silêncio experimentado em situações sociais nas quais a singularidade de sua condição existencial nunca é referida de forma direta. Não só o homossexualismo, considerado tabu, é cercado de eufemismos, meias-palavras e disfarces. O negro também vive essa experiência: o estudo *Do silêncio do lar ao silêncio escolar*, de Eliane Cavalleiro, revela, no próprio título, o quanto a questão do preconceito racial é pouco debatida e exposta, enfim, verbalizada. Não se fala daquilo que perturba e incomoda. No entanto, trata-se de um silêncio pesado.

A idéia básica deste livro é contribuir para a quebra desse silêncio. Imaginamos um mundo quase ideal em que todos esses temas serão apresentados e discutidos desde a mais tenra infância. Será que nesse caso o preconceito deixará de existir? Provavelmente, como as obras estudadas indicam, ele nunca estará ausente. E mesmo que o silêncio fosse quebrado, devemos lembrar que existem maneiras e maneiras de fazê-lo: provocar uma discussão sobre um assunto polêmico, na qual apenas um ou dois indivíduos estarão em foco, pode ter um efeito contrário ao desejado; um efeito, talvez, intimidador. Como em todos os assuntos humanos, a sensibilidade nesse caso vale mais do que um exigente engajamento.

Pode ainda haver dúvidas, por parte dos professores, sobre como abordar as obras analisadas em classe. Não entramos nesse mérito específico (com uma única exceção) porque as propostas são inúmeras. Podemos apenas comentar uma bibliografia que vai diretamente ao assunto, preenchendo também lacunas deixadas aqui. São livros como:

✓ *Faces do preconceito*, organizado por Jaime Pinsky.[45] Essa coletânea de ensaios aborda, nesta ordem, o preconceito contra mulheres, negros, homossexuais, idosos, jovens, o preconceito lingüístico, o que discrimina gordos, baixinhos, judeus, deficientes,

---

[45] PINSKY, Jaime (Org.). *Faces do preconceito*. São Paulo, Contexto, 2004.

migrantes e, por fim, o preconceito de classes sociais. Cada grupo vive dificuldades específicas. "Preconceito lingüístico? Tô fora!", um dos ensaios do livro, de autoria de Marcos Bagno, surpreende ao atribuir um fundo ideológico à noção de correção gramatical, explicando a significação erudita do "falar errado". Isso mostra que ter consciência do preconceito implica refletir sobre tudo, e nunca aceitar uma crença como verdade definitiva.

✓ *Preconceito e autoconceito; identidade e interação na sala de aula*, de Ivone Martins de Oliveira.[46] Já nos referimos a esse estudo, feito *in loco*, mostrando como os próprios alunos aderem aos preconceitos, discriminando uns e outros. Sem dúvida, ajudar cada aluno a criar uma *auto-imagem* positiva não é uma tarefa simples. Mas o aproveitamento escolar também depende disso, e a professora, ou professor, precisa estar consciente dessa dinâmica de valorização/desvalorização, a fim de permitir que todos tenham o estímulo para participar das atividades propostas.

✓ *Inclusão social na escola; quando a pedagogia se encontra com a diferença*, de Antonio Efro Feltrin.[47] Embora não focalize a questão específica das minorias, o autor se volta para as *diferenças*, ou mais especificamente alunos com NEE (Necessidades Educativas Especiais) em geral devido à exclusão social. Para a escola que se quer *inclusiva*, não basta trazer os alunos com problemas para dentro da sala. O professor deve ser preparado, ou se preparar para as dificuldades que inevitavelmente surgirão. O autor discute questões como *punição* e *disciplina*. Partindo de uma postura humanista, deixa clara a necessidade de compreensão do Outro, de respeito da individualidade de cada aluno; e esta reflexão ajuda o professor a conscientizar-se do seu papel. Pois, como diz o autor: "É muito mais fácil ter raiva do que ter paciência. É muito mais fácil castigar do que buscar o caminho próprio para a correção".[48] Assim, é um convite para o professor, ou professora, reavaliar o seu papel na criação das diferenças e das desigualdades, e o da escola, que muitas vezes quer "homogeneizar" a todos.

---

[46] OLIVEIRA, Ivone Martins de. *Preconceito e autoconceito*; identidade e interação na sala de aula. 3. ed. São Paulo, Papirus, 2004.

[47] FELTRIN, Antonio Efro. *Inclusão social na escola*; quando a pedagogia se encontra com a diferença. 2. ed. São Paulo, Paulinas, 2006.

[48] Ibid., p. 134.

✓ *Superando o racismo na escola*, organizado por Kabengele Munanga.[49] Publicação governamental que traz ensaios variados com os seguintes tópicos: "História e conceitos básicos sobre o racismo e seus derivados"; "O direito à diferença"; "Buscando caminhos nas tradições"; "Construindo a auto-estima da criança negra"; "As artes e a diversidade étnico-cultural na escola básica"; "A geografia, a África e os negros brasileiros"; e "Racismo, preconceito e discriminação". A variedade de opiniões fornece ao leitor um leque de possibilidades de trabalho, de enfoques e, principalmente, é um grande auxílio para o professor adaptar suas atividades às exigências da Lei n. 10.369/03, que institui o estudo da África e dos povos afrodescendentes.

✓ *Leitura prazer; interação participativa da criança com a literatura infantil na escola*, de Maria Alexandre de Oliveira.[50] O que fazer com o livro literário em sala de aula? A autora responde, dando sugestões, dentro dos parâmetros educativos estabelecidos por Vygotsky, Paulo Freire e outros. A leitura não deve ser transformada em *dever*, sob pena de se destruir todo o potencial libertador e criativo que ela detém. Sendo assim, vale-se de conceitos como "interação" e "comunicação", entre aluno e professor, entre aluno e livro: a questão não é mais transmitir um saber, mas permitir que o aluno desenvolva seu próprio saber, a partir da sua realidade, o que transforma a sala de aula em um ambiente democrático e dialógico. Por outro lado, o ato de ler não consiste apenas em prazer e divertimento. A autora insiste em que os profissionais estejam atentos para trabalhar os "aspectos formativos" das histórias, isto é, os valores por elas sugeridos. Exemplos práticos, a partir de textos literários específicos, são esmiuçados, mostrando o potencial da literatura infantil. Sugestões e técnicas são complementadas por outro livro da mesma autora, *Dinâmicas em literatura infantil*.

✓ *Racismo no Brasil*, organizado por Giralda Seyferth e outros.[51] Este livro, bastante citado em nosso trabalho, traz também visões distintas, mas sempre críticas da situação do negro no Brasil. Au-

---

[49] MUNANGA, Kabengele (Org.). *Superando o racismo na escola*. 2. ed. Brasília, MEC/BID/UNESCO, 2006.

[50] OLIVEIRA, Maria Alexandre de. *Leitura prazer*; interação participativa da criança com a literatura infantil na escola. 3. ed. Paulinas, São Paulo, 2004.

[51] SEYFERTH, Giralda et al. *Racismo no Brasil*. São Paulo, Peirópolis, 2002.

xilia na compreensão do que chamamos de "branco-centrismo" da nossa cultura. Para os que nunca se detiveram no assunto, é uma experiência capaz de modificar seus arraigados conceitos; para os que sentiram a opressão de um sistema que não lhes era favorável, traz a possibilidade de se enxergar dentro de um sistema sociopolítico e de um processo histórico; ou seja, fatos banais do dia-a-dia podem ser explicados e entendidos a partir dessa perspectiva.

Por fim, concluímos que a análise do ponto de vista implícito nas obras estudadas indica não haver uma postura ideal a respeito do tema "preconceito", capaz de agradar a todos. Restrições serão feitas a essa ou àquela abordagem; o tema, definido como uma das paixões humanas, não pode ser encarado como uma doença a ser curada pelo poder mágico da razão. A razão estará presente, mas não com a capacidade de destruir emoções, preferências, inclinações, raivas justificadas com tolos argumentos. Faríamos melhor, portanto, em olhar para dentro de nós mesmos, observando os preconceitos que lá repousam, na sua prosaica mas importante função de proteger-nos contra o desconhecido, o diferente, o "outro", enfim, contra tudo aquilo que possa desnudar e ressaltar a nossa própria fragilidade.

Referências bibliográficas

BIBLIOGRAFIA TEÓRICA

ABDALA JUNIOR, Benjamin. *Fronteiras múltiplas, identidades plurais*. São Paulo, Senac, 2002.

AGUIAR, Joaquim Alves de. *Espaços da memória*; um estudo sobre Pedro Nava. São Paulo, EDUSP, 1998. (Ensaios de Cultura, 15).

ARISTÓTELES. *Poética*. Tradução de Eudoro de Souza. São Paulo, Nova Cultural, 1987. (Coleção Os Pensadores).

AZEVEDO, Ricardo. Livros para crianças e literatura infantil: convergências e dissonâncias. Net, São Paulo, 20 out. 2004. Disponível em: <http://www.ricardoazevedo.com.br>. Acesso em: 20 out. 2004.

BEAUVOIR, Simone de. *O segundo sexo*; 1. Fatos e mitos. Tradução de Sérgio Milliet. Rio de Janeiro, Nova Fronteira, 1980.

BETTELHEIM, Bruno & JANOWITZ, Morris. *Dynamics of prejudice*. New York, Harper Brothers, 1950.

BOSI, Alfredo. Poesia *versus* racismo. *Estudos Avançados*. São Paulo, v. 16, n. 44, jan./abr. 2002.

CAMPBELL, Joseph. *O herói de mil faces*. 9. ed. Tradução de Adail Ubirajara Sobral. São Paulo, Cultrix, 2004.

CANDIDO, Antonio. *Literatura e sociedade*. 8. ed. São Paulo, T. A. Queiroz; Publifolha, 2000.

_____. Preconceito e democracia. *Remate de males*. São Paulo, Unicamp, pp. 97-104, 1999. Número especial.

CARRILHO, Maria. *Sociologia da negritude*. Lisboa, Edições 70, 1975.

CAVALLEIRO, Eliane. *Do silêncio do lar ao silêncio escolar;* racismo, preconceito e discriminação na educação infantil. São Paulo, Contexto, 2000.

CHAUI, Marilena. *O que é ideologia*. 2. ed. São Paulo, Brasiliense, 2001. (Primeiros Passos, 13).

COELHO, Nelly Novaes. *Dicionário crítico da literatura infantil e juvenil brasileira*. São Paulo, Edusp, 1990.

_____. *Panorama histórico da literatura infantil/juvenil*. 4. ed. São Paulo, Ática, 1991.

_____. *Literatura infantil*; teoria, análise, didática. 7. ed. São Paulo, Moderna, 2000.

CRISTALDO, Janer. O visionário de Taubaté. Net, O Alpharrabista, 22 out. 2002. Disponível em: <http://www.jornaleco.vpg.com.br/J11/oalpharrabista.htm>. Acesso em: 22 out. 2002.

CROCHIK, José Leon. *Preconceito, indivíduo e cultura*. 2. ed. São Paulo, Robe, 1997.

DAVIS, David Brion. *O problema da escravidão na cultura ocidental*. Rio de Janeiro, Civilização Brasileira, 2001.

ECO, Umberto. *Six walks in the ficcional woods*. Cambridge, Harvard, 1995. [Ed. bras.: *Seis passeios nos bosques da ficção*, Rio de Janeiro, Difel, 1995].

FAVA, Antonio Roberto. *Cazuza*, ou a cartilha das virtudes. Net, Campinas, *Jornal da Unicamp*, 17 jun. 2002. Disponível em: <http://www.unicamp.br/unicamp/unicamp_hoje/ju/junho2002/unihoje_ju177pag11.html>. Acesso em: 17 jun. 2002.

FELTRIN, Antonio Efro. *Inclusão social na escola*; quando a pedagogia se encontra com a diferença. 2. ed. São Paulo, Paulinas, 2006.

FIORIN, José Luiz; SAVIOLI, Francisco Platão. *Para entender o texto*; leitura e redação. São Paulo, Ática, 1990.

GÓES, Lúcia Pimentel. *Introdução à literatura infantil e juvenil*. 2. ed. São Paulo, Pioneira, 1991.

_____. *Olhar de descoberta*. 2. ed. São Paulo, Paulinas, 2003.

GRAMSCI, Antonio. *Literatura e vida nacional*. 2. ed. Seleção e tradução de Carlos Nelson Coutinho. São Paulo, Civilização Brasileira, 1978.

HOUAISS, Antonio. *Dicionário Houaiss de língua portuguesa*. Rio de Janeiro, Objetiva, 2001.

LAMARÃO, Sérgio. Os Estados Unidos de Monteiro Lobato e as respostas ao "atraso" brasileiro. Net, *Lusotopie*, 22 jan. 2005. Disponível em: < www.lusotopie.sciencespobordeaux.fr/lamarao.pdf >. Acesso em: 22 jan. 2005.

LAJOLO, Marisa. A figura do negro em Monteiro Lobato. Net, *Revista Brasil de Literatura*, 22 jan. 2005. Disponível em: <http://members.tripod.com/~lfilipe/lobato.htm>. Acesso em: 22 jan. 2005.

LINS, Osman. O mundo recusado, o mundo aceito e o mundo enfrentado. In: RAMOS, Graciliano. *Alexandre e outros heróis*. 20. ed. Rio de Janeiro, 1981.

LUKÁCS, Georg. *Ensaios sobre literatura*. Tradução de Leandro Konder. Rio de Janeiro, Civilização Brasileira, 1965.

MACHADO, Álvaro Manuel & PAGEAUX, Daniel-Henry. *Da literatura comparada à teoria da literatura*. 2. ed. Lisboa, Presença, 2001.

MAGALHÃES, Ligia Cademartori & ZILBERMAN, Regina. *Literatura infantil:* autoritarismo e emancipação. São Paulo, Ática, 1982.

MENDES, Maria dos Prazeres. Diálogos autorais, leituras de obras contemporâneas de Brasil e Portugal. In: MESQUITA, Armindo (Org.). *Pedagogias do imaginário.* Lisboa, Asa, 2002.

MORAES, Tereza de. *Literatura e escritura;* caminhos da liberação feminina. Araraquara, Unesp, 2001. (Tese de doutorado).

MUNANGA, Kabengele (Org.). *Superando o racismo na escola.* 2. ed. Brasília, MEC/BID/UNESCO, 2006.

OFENSAS racistas afetam desempenho escolar. *O Estado de S. Paulo*, São Paulo, 7 fev. 2007.

OLIVEIRA, Ivone Martins de. *Preconceito e autoconceito;* identidade e interação na sala de aula. 3. ed. São Paulo, Papirus, 2004.

OLIVEIRA, Maria Alexandre de. *Leitura prazer;* interação participativa da criança com a literatura infantil na escola. 3. ed. São Paulo, Paulinas, 2004.

_____. *Dinâmicas em literatura infantil.* São Paulo, Paulinas, 1995.

PEDROSO, Consiglieri. *Contos populares portugueses.* 3. ed. Lisboa, Veja, 1985.

PIMENTEL, Figueiredo. *Contos da Carochinha.* Rio de Janeiro, Garnier, 1992.

PERROTTI, Edmir. *O texto sedutor na literatura infantil.* São Paulo, Ícone, 1986.

PINSKY, Jaime (Org.). *Faces do preconceito.* São Paulo, Contexto, 2004.

PLON, Michel; ROUDINESCO, Elisabeth. *Dicionário de psicanálise.* Tradução de Vera Ribeiro e Lucy Magalhães. Rio de Janeiro, Jorge Zahar, 1997.

REIS, Carlos. *Técnicas de análise textual.* Coimbra, Almedina, 1976.

ROSEMBERG, Fúlvia. *Literatura infantil e ideologia.* São Paulo, Global, 1985.

SANDRONI, Laura. O universo ideológico de Lygia Bojunga Nunes. Net, Rio de Janeiro, Consultoria de Língua Portuguesa e Literatura, nov. 2002. Disponível em: <http:/www.collconsultoria.com/artigo2.htm>. Acesso em: nov. 2002.

_____. *De Lobato a Bojunga;* as reinações renovadas. Rio de Janeiro, Agir, 1987.

SANTOS, Hélio. Negro não é problema, é solução. *Caros Amigos*, São Paulo, Ano VI, n. 69, dez. 2002.

SANTOS, Joel Rufino dos. *O que é racismo.* 15. ed. São Paulo, Brasiliense, 1994. (Primeiros Passos, 8).

SANTOS, Milton. É preciso ir além da constatação. In: TURRA, Cleusa; VENTURI, Gustavo (Orgs.). *Racismo cordial.* São Paulo, Ática, 1995.

SARTRE, Jean-Paul. *A questão judaica.* São Paulo, Ática, 1995.

_____. Orfeu Negro. In: _____. *Reflexões sobre o racismo*. 5. ed. Tradução de Jacó Guinsburg. Difel, São Paulo, 1968.

SAVATER, Fernando. A paisagem dos contos. *O Correio da Unesco*, Rio de Janeiro, ano 10, n. 8, ago. 1982.

SEYFERTH, Giralda et al. *Racismo no Brasil*. São Paulo, Peirópolis, 2002.

SILVA, Maria Aparecida da. Multiculturalismo e educação. Net, Geledés, jan. 2005. Disponível em: <http:www.geledes.com.br>. Acesso em: jan. 2005.

SKIDMORE, Thomas. *Preto no branco*. 2. ed. Tradução de Raul de Sá Barbosa. São Paulo, Paz e Terra, 1989.

SULLIVAN, Andrew. *Praticamente normal*; uma discussão sobre o homossexualismo. Tradução de Isa Mara Lando. São Paulo, Companhia das Letras, 1996.

TODOROV, Tzvetan. *As estruturas narrativas*. Tradução e prefácio de Leyla Perrone-Moisés. São Paulo, Perspectiva, 1969.

_____. *Introdução à literatura fantástica*. Tradução de Maria Clara Correa Castello. São Paulo, Perspectiva, 1975.

VOLTAIRE. *Tratado sobre a tolerância*. Tradução de Paulo Neves. São Paulo, Martins Fontes, 1993.

WARREN, Austin & WELLEK, René. *Teoria da literatura e metodologia dos estudos literários*. Tradução de Luis Carlos Borges. São Paulo, Martins Fontes, 2003.

BIBLIOGRAFIA DE FICÇÃO

BARBOSA, Rogério Andrade. *Contos africanos para crianças brasileiras*. Ilustrações de Maurício Veneza. 3. ed. São Paulo, Paulinas, 2006.

BETTO, Frei. *Alucinado som de tuba*. São Paulo, Ática, 2000.

BRAZ, Júlio Emílio. *O grande dilema de um pequeno Jesus*. São Paulo, Larousse, 2004.

CORREIA, Viriato. *Cazuza*. 35. ed. São Paulo, Companhia Editora Nacional, 1988.

GÓES, Lúcia Pimentel. *Pingo-Pingo*. Ilustrações de Marcelo Moreira. Belo Horizonte, Miguilim, 1993.

GUIMARÃES, Geni. *A cor da ternura*. São Paulo, FTD, 1982.

LIMA, Heloísa Pires. *Histórias da preta*. São Paulo, Companhia das Letrinhas, 2002.

LOBATO, Monteiro. *Histórias de tia Nastácia*. 15. ed. São Paulo, Brasiliense, 1974.

_____. *Negrinha*. São Paulo, Brasiliense, 1956.

_____. *O presidente negro ou o choque das raças*; romance americano do ano 2228. São Paulo, Brasiliense, 1945.

LOPES, Baltasar. A caderneta. In: _____. *Os trabalhos e os dias*. Linda-a-Velha, ALAC, 1987.

MACHADO, Ana Maria. *História meio ao contrário*. Ilustrações de Humberto Guimarães. São Paulo, Ática, 1979.

_____. *Do outro mundo*. São Paulo, Ática, 2003.

_____. *Menina bonita do laço de fita*. 7. ed. Ilustrações de Claudius. São Paulo, Ática, 2004.

MARTINS, Georgina da Costa. *O menino que brincava de ser*. 2. ed. Ilustrações de Pinky Wayner. São Paulo, DCL, 2000.

MOTT, Odette de Barros. *E agora?*. 4. ed. São Paulo, Brasiliense, 1976.

MÜLLER, A feiticeira e a pombinha. In: _____ (Sel.). *Os mais belos contos tradicionais*. Lisboa, Civilização, 1998.

NICOLELIS, Giselda Laporta. *O amor não escolhe sexo*. São Paulo, Moderna, 1997.

_____. *Amor não tem cor*. São Paulo, FTD, 2002.

NUNES, Lygia Bojunga. *A bolsa amarela*. Rio de Janeiro, Casa Lygia Bojunga, 2003.

PEDROSO, Consiglieri. *Contos populares portugueses*. 3. ed. Lisboa, Veja, 1985.

PIMENTEL, Figueiredo. *Contos da carochinha*. Rio de Janeiro, Garnier, 1992.

RAMOS, Graciliano. A terra dos meninos pelados. In: _____. *Alexandre e outros heróis*. Rio de Janeiro, Record, 1981.

ROCHA, Ruth. *Procurando firme*. São Paulo, Ática, 2000.

ZIRALDO. *O menino marrom*. São Paulo, Melhoramentos, 2002.

ZIRALDO & AK'ABAL, Humberto. *Os meninos morenos*. São Paulo, Melhoramentos, 2004.

Impresso na gráfica da
Pia Sociedade Filhas de São Paulo
Via Raposo Tavares, km 19,145
05577-300 - São Paulo, SP - Brasil - 2008